2020年度教育部人文社会科学研究青年基金项目"精准治理视角下的我国体育服务综合体建设路径及其实施保障体系研究"(项目编号:20YJC890037)研究成果

精准治理视角下的
我国体育服务综合体建设路径及其实施保障体系研究

杨文刚　杜熙茹　著

东南大学出版社
SOUTHEAST UNIVERSITY PRESS
·南京·

图书在版编目(CIP)数据

精准治理视角下的我国体育服务综合体建设路径及其实施保障体系研究 / 杨文刚,杜熙茹著. —— 南京：东南大学出版社,2023.8

ISBN 978-7-5766-0299-9

Ⅰ.①精… Ⅱ.①杨… ②杜… Ⅲ.①群众体育-社会服务-研究-中国 Ⅳ.①G812.4

中国版本图书馆 CIP 数据核字(2022)第 208743 号

责任编辑：陈 淑　　责任校对：韩小亮　　封面设计：王 玥　　责任印制：周荣虎

精准治理视角下的我国体育服务综合体建设路径及其实施保障体系研究

著　　者	杨文刚　杜熙茹
出版发行	东南大学出版社
社　　址	南京市四牌楼2号　邮编:210096
出 版 人	白云飞
网　　址	http://www.seupress.com
电子邮箱	press@seupress.com
经　　销	全国各地新华书店
印　　刷	江苏凤凰数码印务有限公司
开　　本	787 mm×1092 mm　1/16
印　　张	17.75
字　　数	368 千字
版　　次	2023 年 8 月第 1 版
印　　次	2023 年 8 月第 1 次印刷
书　　号	ISBN 978-7-5766-0299-9
定　　价	89.00 元

本社图书若有印装质量问题,请直接与营销部联系,电话:025-83791830。

体育服务综合体是我国新时期体育产业融合发展的理论创新成果,作为新时代的产物备受各界学者的关注。我国体育服务综合体的发展正处于萌芽期,作为一种全新的城市经济业态,与其他成熟的经济业态相比,我国体育服务综合体处于一个相对较新的经济领域,其建设和运营还处于积极发展阶段,没有太多具有中国特色的现成优秀案例可供参考借鉴,也没有相对成熟科学的理论可供系统指导。围绕体育服务综合体建设的发展理念、顶层设计、规划路径、政策协调、运营模式等多方面的工作,各省市区仍处于积极的探索阶段。作者根据从中央到地方对体育服务综合体建设的指导意见,在原有研究成果的基础上,持续深挖问题、剖析根源、拓宽研究思路及视角,融合多学科理论基础作为研究的切入点,对体育服务综合体的内涵取得了新认识。

截至2020年,国家体育总局遴选出49个体育服务综合体典型案例,本书选取部分体育服务综合体作为研究对象,它们具有一定的代表性。现阶段我国体育服务综合体的功能定位趋于多元化、多功能发展,有别于早期大型体育场馆单一的功能定位。

从国家政策层面来看,2014—2019年政府先后出台体育产业推动体育消费升级、体育服务综合体发展等相关产业政策。《国务院关于加快发展体育产业促进体育消费的若干意见》《体育发展"十三五"规划》等文件提出,以体育设施为载体,以体育服务综合体为服务形式,重点关注体育服务业中长期处于低位态势的细分行业,增加行业规模,提高行业在整个体育服务业中的占比;除了体育用品及相关产品制造业以外,通过提升体育服务行业中体育竞赛表演、体育旅游、运动休闲等"弱势"业态,将体育服务综合体建筑与住宅、文化、商业、娱乐、教育等主要业态高度融合,推动"体育+X""X+体育"的体育服务综合体新业态,提出体育产业与其他主要业态融合发展的共赢思路。从地方政府政策层面来看,各省市区陆续出台推动体育服务综合体发展的落实政策,特别是江苏省先后推出《江苏省体育服务综合体评估及认证标准》《关于促进全民健身和体育消费推动体育产业高质量发展行动方案》等政策,其中《江苏省体育服务综合体评估及认证标准》是首个在国内提出的体育服务综合体建设评价标准,通过对当地体育服务综合体评估标准的制定,结合本省发展实际,明确了江苏省体育服务综合体的特色定位和发展规划,有助于长三角地区城市打造具有地区辐射效应和产业集群效应的体育服务综合体特色发展道路和模式。

本书从服务综合体、产业集聚功能、产业融合等若干角度,对体育服务综合体基本概念进行梳理,厘清并缕析体育服务综合体与城市综合体、大型体育场馆、体育服务中心等概念之间的差异,完成了本研究的基本理论准备。运用钻石理论,以生产要素、需求条件、相关及支持性产业、企业战略等方面作为切入点,通过产业维度、功能维度、形态维度和制度维度完成指标体系构建,并从总体、分项和特色三个方面就国内体育服务综合体发展进行评估。本书主要基于"扎根理论",形成我国体育服务综合体建设路径影响因素的概念模型并提出研究假设,明确我国体育服务综合体建设路径影响因素。同时本书依托精准治理理论来推动体育服务综合体各项工作,落实主体及具体实施路径。在创建过程中,不同的创建主体在不同的支撑体系下会产生不同的创建路径。

本书有着较强的时代性和适应当下民众现实需求的重要社会价值,紧扣体育产业高质量发展和全民健身的建设实践,立足国内大型体育场馆先行试点的地区发展现状,为我国体育服务综合体发展探索一条切实可行的发展路径,能够对解决当前社会主要矛盾、推动经济结构转型和产业升级起到重要作用。

体育产业是前景十分广阔的朝阳产业,具有推动群众体育、竞技体育协调发展,加快建设体育强国的重要作用。体育服务综合体的春天正在到来,兼具体育属性和商业属性的新业态,已经成为我国经济发展新常态下城市发展模式的有益探索,亦是我国体育场馆转型升级、体育产业动力强化和全民健身战略实践的主战场之一。北京、上海、广州等大城市探索的体育服务综合体已成燎原之势,中国的体育服务综合体建设已进入快速发展期。未来我国的体育服务综合体发展势必将更加理性,PPP模式也将朝向定位准确、运作科学、机制合理的方向发展,与此同时,政府与社会资本的合作关系也将更加趋于稳定,更符合契约精神与公共利益,体育服务综合体的治理也将更加精准,多元协调形成治理合流。

金　凯

东南大学体育系主任

2022年10月16日

前　言

改革开放40余年,在中国共产党的坚强领导下,我国在经济、文化、教育、医疗等诸多方面取得了举世瞩目的伟大成就,短短几十年间,我国已成为世界第二大经济体。当前在国际环境重大变局和中华民族伟大复兴重大历史交汇期的双重背景下,党的十九届五中全会审议通过的《中共中央关于制定国民经济和社会发展第十四个五年规划和二〇三五年远景目标的建议》中明确提出"加快建设现代化经济体系,加快构建以国内大循环为主体、国内国际双循环相互促进的新发展格局"。这一指示提出了当前新时期我国社会经济发展和面向未来挑战的重大历史任务,更是基于当前外部国际环境挑战所做出的主动性发展选择。

2014年国务院印发《关于加快发展体育产业促进体育消费的若干意见》,2016年国家体育总局颁布《体育发展"十三五"规划》,2019年国务院办公厅颁发《关于促进全民健身和体育消费推动体育产业高质量发展的意见》,同年国家体育总局印发了《体育强国建设纲要》,2021年国家体育总局发布《"十四五"体育发展规划》,都是在不断总结我国体育产业发展现状,力争突破解决瓶颈问题,加快推动我国体育事业不断发展。

本书对体育服务综合体基础理论体系进行了构建,对中外体育服务综合体发展水平进行评价及差距析因,明确了我国体育服务综合体建设路径影响因素,探索了我国体育服务综合体建设路径,并对我国体育服务综合体建设路径实施保障体系进行了建构;阐述了体育服务综合体在发展过程中如何结合自身的区位优势嵌入特色体育项目以及提高综合管理水平从而使其作为一种新载体推进体育产业集聚、体育产业创新和体育产业升级的问题;力求为推进体育强国建设、加快体育产业转型升级、推动体育服务综合体建设与改革做出一点绵薄之力。

此书是2020年度教育部人文社会科学研究青年基金项目"精准治理视角下的我国体育服务综合体建设路径及其实施保障体系研究"的研究成果。课题组成员克服了各种困难,终将此书著成。

本书由东南大学杨文刚副教授和广州体育学院杜熙茹教授撰写。在编写中得到了东南大学体育系和东南大学出版社的大力支持,特此致谢。另外,西安航空学院张震博士,西安石油大学董晨博士,安徽外国语学院范志远博士,华南师范大学夏成龙博士,广州体育学院雷婷、毛伊晴和杨跃,广州体育职业技术学院谈群林副教授,广东金融学院的郭琴副教授和东南大学的金凯主任、姬晶晶副主任、顾瑿佶老师等同仁也提供了无私的帮助,在此一并致谢,最后感谢一直支持我的家人。

由于作者水平有限,书中不妥之处,敬请广大读者、同行和专家批评指正。

杨文刚
2022 年 8 月 8 日

目 录

1 导论 ·· 001
  1.1 选题依据 ·· 001
    1.1.1 研究背景 ·· 001
    1.1.2 研究目的、任务、意义 ·· 009
    1.1.3 研究设计与创新点 ·· 011
  1.2 研究视角、研究思路及核心概念诠释 ·· 012
    1.2.1 研究视角 ·· 012
    1.2.2 研究思路 ·· 013
    1.2.3 核心概念诠释 ·· 013

2 文献综述 ·· 018
  2.1 体育服务综合体的起源与发展 ··· 018
    2.1.1 体育服务综合体的雏形 ··· 018
    2.1.2 国外体育服务综合体的发展 ·· 024
    2.1.3 我国体育产业的发展现状 ·· 026
    2.1.4 我国首批体育服务综合体建立 ·· 028
  2.2 基于文献计量学对体育服务综合体国内外研究现状的述评 ···················· 030
    2.2.1 文献计量学在研究中的应用 ·· 030
    2.2.2 国内研究现状 ·· 032
    2.2.3 国外研究现状 ·· 048
  2.3 基于 ArcGIS 对我国体育服务综合体空间分布特征及形成因素分析 ······ 059
    2.3.1 ArcGIS 软件介绍 ··· 059
    2.3.2 我国各省市地域的划分 ··· 059
    2.3.3 数据来源 ·· 060
    2.3.4 我国体育服务综合体的空间分布态势 ··· 062
    2.3.5 我国体育服务综合体空间分布特征总结 ····································· 071

  2.3.6　我国体育服务综合体空间分布的形成因素 …………………………… 073
 2.4　我国体育服务综合体的运营现状及发展模式 …………………………………… 077
  2.4.1　体育服务综合体的运营现状 …………………………………………… 077
  2.4.2　体育服务综合体的发展模式 …………………………………………… 078

3　体育服务综合体的理论探索 …………………………………………………………… 081
 3.1　体育服务综合体的理论基础 ……………………………………………………… 081
  3.1.1　区域经济学理论 ………………………………………………………… 081
  3.1.2　产业经济学理论 ………………………………………………………… 082
  3.1.3　产业集聚理论 …………………………………………………………… 089
  3.1.4　休闲游憩理论 …………………………………………………………… 092
 3.2　体育服务综合体概念及内涵界定 ………………………………………………… 098
  3.2.1　体育服务综合体概念 …………………………………………………… 098
  3.2.2　现代服务综合体概念界定 ……………………………………………… 099
  3.2.3　产业集群概念界定 ……………………………………………………… 099
  3.2.4　产业融合概念界定 ……………………………………………………… 103
 3.3　概念的区分 ………………………………………………………………………… 103
  3.3.1　城市综合体 ……………………………………………………………… 103
  3.3.2　大型体育场馆 …………………………………………………………… 104
  3.3.3　体育服务中心 …………………………………………………………… 104
 3.4　体育服务综合体特征分析 ………………………………………………………… 104
  3.4.1　体育服务综合体的基本特征 …………………………………………… 104
  3.4.2　体育服务综合体的产业特征 …………………………………………… 105
  3.4.3　体育服务综合体的功能特征 …………………………………………… 106
  3.4.4　体育服务综合体的形态特征 …………………………………………… 106
  3.4.5　体育服务综合体的规模体量 …………………………………………… 107

4　基于钻石模型的体育服务综合体发展水平评价指标体系 ………………………… 109
 4.1　钻石模型 …………………………………………………………………………… 109
  4.1.1　钻石模型的诠释 ………………………………………………………… 109
  4.1.2　钻石模型的应用价值 …………………………………………………… 110
 4.2　中外体育服务综合体发展状况 …………………………………………………… 111
  4.2.1　中国体育服务综合体发展现状 ………………………………………… 111
  4.2.2　中外体育服务综合体发展水平的对比 ………………………………… 116

4.3 体育服务综合体发展水平评估框架 ·············· 118
4.3.1 产业维度发展水平 ·············· 118
4.3.2 功能维度发展水平 ·············· 119
4.3.3 形态维度发展水平 ·············· 119
4.3.4 制度维度发展水平 ·············· 120
4.4 体育服务综合体发展水平评估指标 ·············· 120
4.4.1 评估指标的选取 ·············· 120
4.4.2 评估指标体系建构 ·············· 121
4.4.3 评估的视角 ·············· 145
4.5 体育服务综合体发展水平综合分析模式研究 ·············· 145
4.5.1 指标的评价方法 ·············· 145
4.5.2 基于钻石模型的指标法 ·············· 146
4.5.3 体育服务综合体指标评价 ·············· 147
4.6 中外体育服务综合体发展水平评价及差距析因 ·············· 148
4.6.1 评价对象 ·············· 148
4.6.2 不同类型体育服务综合体发展水平现状 ·············· 148
4.6.3 不同类型体育服务综合体发展差距及原因 ·············· 150

5 基于扎根理论的我国体育服务综合体建设路径影响因素分析 ·············· 152
5.1 扎根理论 ·············· 152
5.1.1 扎根理论的诠释 ·············· 152
5.1.2 扎根理论的应用价值 ·············· 154
5.2 体育服务综合体建设路径的影响因素概念模型的建立 ·············· 155
5.2.1 体育服务综合体建设路径影响因素的概念化、范畴化 ·············· 155
5.2.2 体育服务综合体建设路径影响因素的主范畴筛选 ·············· 160
5.2.3 体育服务综合体建设路径影响因素的概念模型 ·············· 160
5.3 体育服务综合体建设路径影响因素的检验与优化 ·············· 167
5.3.1 体育服务综合体建设路径影响因素的筛选 ·············· 167
5.3.2 我国体育服务综合体的调查结果 ·············· 182
5.3.3 调查数据的因子分析 ·············· 184
5.4 体育服务综合体建设路径影响因素结构模型的构建 ·············· 194
5.4.1 体育服务综合体建设路径作用因素假设模型建构 ·············· 194
5.4.2 体育服务综合体建设路径影响因素假设模型的阐述 ·············· 194

  5.4.3 体育服务综合体建设路径影响因素结构方程模型构建的理论 ………… 195
  5.4.4 体育服务综合体建设路径影响因素假设模型识别与拟合 ………… 198
 5.5 模型路径分析 ……………………………………………………………… 202
  5.5.1 测量模型路径分析 …………………………………………………… 202
  5.5.2 结构方程模型路径分析 ……………………………………………… 202
  5.5.3 中介效应分析 ………………………………………………………… 203
  5.5.4 结果分析 ……………………………………………………………… 204

6 精准治理视角下的我国体育服务综合体建设路径研究 ……………………… 206
 6.1 精准治理理论 ……………………………………………………………… 206
  6.1.1 精准治理理论的诠释 ………………………………………………… 206
  6.1.2 精准治理理论的应用价值 …………………………………………… 208
 6.2 体育服务综合体建设路径的探索 ………………………………………… 209
  6.2.1 体育服务综合体的创建主体 ………………………………………… 209
  6.2.2 体育服务综合体的支撑体系 ………………………………………… 211
 6.3 体育服务综合体的分类及分析 …………………………………………… 212
  6.3.1 体育服务综合体的类型 ……………………………………………… 212
  6.3.2 体育服务综合体治理主体多元化和智库化 ………………………… 215
  6.3.3 体育服务综合体运行机制平台化和网络化 ………………………… 215
  6.3.4 体育服务综合体创新体系常态化和本土化 ………………………… 215
  6.3.5 体育服务综合体绩效评估精细化及分析 …………………………… 216
 6.4 构建我国体育服务综合体建设路径理论模型 …………………………… 216
  6.4.1 理论价值 ……………………………………………………………… 216
  6.4.2 实际应用价值 ………………………………………………………… 217

7 我国体育服务综合体建设路径实施保障体系建构 ……………………………… 218
 7.1 体育服务综合体建设路径实施保障体系构建的理论及原则 …………… 218
  7.1.1 体育服务综合体建设路径保障体系构建的理论 …………………… 218
  7.1.2 体育服务综合体建设路径保障体系构建的原则 …………………… 219
 7.2 我国体育服务综合体建设路径实施保障的现状模式 …………………… 220
  7.2.1 我国体育服务综合体建设路径实施保障的现有保障模式 ………… 220
  7.2.2 我国体育服务综合体建设路径实施保障现状模式的内容 ………… 224
  7.2.3 我国体育服务综合体建设路径实施保障现状模式的效果 ………… 226
  7.2.4 我国体育服务综合体建设路径实施保障现状模式的瓶颈 ………… 227

  7.3　我国体育服务综合体建设路径实施保障的发展模式 …………… 228
    7.3.1　国外体育服务综合体建设路径实施保障模式的启示 ……… 228
    7.3.2　我国体育服务综合体建设路径实施保障体系的发展模式 …… 235
  7.4　构建我国体育服务综合体建设路径保障体系理论模型 …………… 240
    7.4.1　理论价值 ……………………………………………………… 240
    7.4.2　实际应用价值 ………………………………………………… 241

参考文献 …………………………………………………………………… 242

附录 A　"体育服务综合体发展水平评价指标"专家咨询表（第一轮）……… 250

附录 B　"体育服务综合体发展水平评价指标"专家咨询表（第二轮）……… 255

附录 C　"体育服务综合体发展水平评价指标"专家咨询表（第三轮）……… 260

附录 D　我国体育服务综合体建设路径的影响因素调查问卷（小样本测试）
    ……………………………………………………………………… 265

附录 E　我国体育服务综合体建设路径的影响因素调查问卷（正式问卷）
    ……………………………………………………………………… 268

附录 F　问卷专家效度表 ………………………………………………… 271

1 导 论

1.1 选题依据

1.1.1 研究背景

改革开放以来,在中国共产党的坚强领导下,我国在经济、文化、教育、医疗等诸多方面取得了举世瞩目的伟大成就,经济发展多年处于高位增长态势,并始终向健康良好有序方向不断迈进。短短几十年间,我国已成为世界第二大经济体。新中国成立以来,实现了从农业国到工业国的华丽蜕变,短短几十年间,我国一次性经历了三次工业革命,成为世界上唯一拥有全部工业门类的工业国家,并完成了世界上最大规模的农村贫困人口脱贫攻坚战。在当前国家工业化、现代化进程中,经济增长方式已经从过去单一追求高增长模式向高质量发展方向转变,我国广大地区及城市经济规模迅速扩大,经济总量持续增长,城镇化率持续提升,城镇人口不断增加,经济发展和社会进步均达到了令人欣喜的局面。

然而,在发展中,一些长期存在的社会问题和发展桎梏未得到根本性改变和摆脱,改善区域间经济不平衡发展,促进产业结构转型,转变经济增长方式,促进产业技术升级,扩大劳动就业规模,提高人民收入水平,完善教育、医疗、卫生健康保障机制等方面的需求,依然是中国特色社会主义事业发展要解决的根本性问题。

1.1.1.1 "双循环"新格局下,促进体育产业及消费的发展

当前在国际环境重大变局和中华民族伟大复兴重大历史交汇期的双重背景下,党的十九届五中全会审议通过的《中共中央关于制定国民经济和社会发展第十四个五年规划和二〇三五年远景目标的建议》中明确提出"加快建设现代化经济体系,加快构建以国内大循环为主体、国内国际双循环相互促进的新发展格局"。这一指示提出了当前新时期我国社会经济发展和面向未来挑战的重大历史任务,更是基于当前外部国际环境挑战所做出的主动性发展选择。

自2008年美国次贷危机以来,世界经济陷入衰退,贸易保护主义不断抬头,国际贸

易摩擦不断加剧,过去"以出口为导向"的外贸式经济增长方式面临极大外部风险。2021年中国国内生产总值(GDP)达114.37万亿元,约占全球GDP总量的18%,人均GDP突破1万美元。国民经济的不断增长为"双循环"新发展格局构建提供了坚实的物质基础。同时我国拥有14.13亿人口,是世界上最大的消费市场,这也为新发展格局的实践提供了内部条件。

"双循环"新发展格局是以国内市场为主要导向,将国际市场与国内市场有机连接,力图打造国内市场与国际市场双向流通场域。其中,畅通国内循环是前提,畅通国际循环是支撑和保障。在新发展格局的带动下,辅助培育新型产业业态,提升国内消费意识,激发消费主体活力,形成更大规模的国内消费市场,吸引全球各类资源及生产要素进入到国内大环境,聚集形成更重要的"引力场"地位,对我国经济发展的资源聚集,科技进步及产业结构优化起到推进作用,从而促进我国的国际竞争力提升。现阶段,我国经济发展已由高速增长阶段向高质量发展阶段过渡,这一时期也是提升产业结构、合理转变经济增长方式、寻找新的经济增长着力点的关键时期。推动体育产业高质量发展是贯彻新时期新发展理念核心意涵的重要举措,也是促进形成新发展格局的具体内容实践。

推动体育产业高质量发展,本质上是对体育产业结构优化升级,产业效率提高和产业价值扩大化的追求。从产业内部看,推动体育产业高质量发展,一方面要杜绝当前单一追求粗放式的规模增长的方式;另一方面要寻求体育供给和体育需求间的平衡性和匹配性。围绕着结构优化升级的推动落实,要摆脱原有单一追求规模效应这一旧的发展理念,立足新发展格局,紧紧抓住供需关系这一对核心要素进行调配,推动制造业转型升级,促进体、医、农、工、商之间的产业融合,进一步推动深化供给侧改革进程,开发多元化创新性体育产品和服务,更好地满足国民的群体性需求和个体性需求。产业效率自始至终贯穿于产业发展的全过程,极大程度上取决于供需间适配关系的好坏。体育产业价值的增加主要来自市场主体的创造性,其本质是为适应消费主体体育需求而采取的自发性调试和内部动员。

2014年国务院印发的《关于加快发展体育产业促进体育消费的若干意见》首次提出:"以体育设施为载体,打造城市体育服务综合体,推动体育与住宅、休闲、商业综合开发"[1]。2019年国务院办公厅下发《关于促进全民健身和体育消费推动体育产业高质量发展的意见》(国办发〔2019〕43号),提出多个深化改革意见,并就当前体育产业发展现状给出"完善产业政策""增加要素供给""改善产业机构""丰富产品供给""促进融合发展"[2]

---

[1] 中国政府网.国务院关于加快发展体育产业促进体育消费的若干意见(国发〔2014〕46号)[EB/OL].(2014-10-20)[2022-04-19]. http://www.gov.cn/zhengce/content/2014-10/20/content_9152.htm.

[2] 中国政府网.国务院办公厅关于促进全民健身和体育消费推动体育产业高质量发展的意见(国办发〔2019〕43号)[EB/OL].(2019-09-24)[2022-04-19]. http://www.gov.cn/zhengce/content/2019-09/17/content_5430555.htm.

等多条具体工作思路。至此,体育产业发展议题被推上前台,成为新时期我国社会发展工作的重要领域。

至2035年,体育产业要达到成为国民经济支柱产业的目标。就当前看,我国体育产业总体规模较小,占国民经济比重仅有1%,参考欧美国家体育产业规模占国民经济3%~4%的比重,我国体育产业实现上述总体目标,发展空间较大。现阶段,我国体育产业发展处于多路径多优势并重,多元化方向的发展阶段,也是从高速发展向高质量发展的赛道转换期,在赛道转换过程中,既要基本保持产业产值增长率,增加产业产值,又要向高质量发展方向迈进。高质量发展是一项系统工程,既要把握整体推进和重点突破的关系,又要在提升效率和兼顾公平之间找到平衡点,更要在破除旧有动能,培育新动能方面重点发力,推动供给侧结构性改革的不断深化,实现发展质量的提升。具体来看,要想真正实现体育产业高质量发展,新动能培育和机制建设是核心问题。随着我国社会经济快速发展,全民健身消费需求不断增加,应将体育消费需求引导和进一步刺激作为重要动能发起点。虽然全民健身事业和体育产业发展在核心主体、发展指向、目标等方面不尽相同,但两者在发展过程和最终目的上有很强共性,其内部环境中也存在诸多相似的共生要素和共生机制,因而全民健身消费需求活力的激发,在很大程度上能够为我国体育产业更高水平发展起到助推作用。一方面,全民健身是具有普适性的体育事业,其参与人数众多,活动规模较大,活动内容多样,自1995年以来,全民健身理念深入人心,早已成为人们日常生活的一部分,具备现实基础。另一方面,无论是体育产业发展,还是全民健身事业的不断推进,无不出于体育公共服务的顶层设计,通过政府政策引导,有效制度设计及安排,合理匹配各项资源要素,打通要素流通管道,从而提供符合人民需要的体育消费产品及服务。

1.1.1.2 《体育强国建设纲要》宏大构想,助推我国体育综合体建设

2019年国务院办公厅印发《体育强国建设纲要》(简称《纲要》),从"三大阶段战略目标""五大战略任务""九大工程项目""六大政策保障"四个方面系统阐述了将我国建成体育强国目标的总体设计方案。《纲要》针对体育强国建设提出了五个方面战略任务:一是从完善全民健身公共服务体系、推进全民健身智慧化发展等方面,落实全民健身国家战略,助力健康中国建设。二是从建立中国特色现代化竞赛体系、推进职业体育发展等方面,提升竞技体育综合实力,增强为国争光能力。三是从激发市场主体活力、加强体育市场监管等方面,加快发展体育产业,培育经济转型新动能。四是从推动运动项目文化建设、丰富体育文化产品等方面,促进体育文化繁荣发展,弘扬中华体育精神。五是从构建体育对外交往新格局、提升中国体育国际影响力、深化对港澳台地区体育交流合作等方

面,加强对外和对港澳台体育交流,服务大国特色外交和"一国两制"事业①。

2017年,习近平总书记在会见全国体育先进单位和先进个人代表时的讲话,明确要求要"精心谋划,狠抓落实,不断开创我国体育事业发展新局面,加快把我国建设成为体育强国"。近年来,随着体育改革工作的不断深化,全民健身活动蓬勃开展,竞技体育不断创造佳绩,体育产业规模不断扩大,我国在体育事业各个领域取得了长足进步,但参考西方发达国家,当前我们的体育工作仍然存在着诸多不足。体育事业发展失衡失调问题依然严重,城乡体育发展差距较大,区域间体育发展不平衡,群众体育和竞技体育发展投入严重倒挂,群众体育投入落后,体育促进全民健康作用发挥不显著,公共体育服务体系尚不健全,市场主体活力发挥不充分,非政府组织(NGO)建设发展不规范,体育产品和服务供给不充足,人民群众的体育需求得不到充分满足,始终存在较突出的"失配""错配"现象。

随着社会的不断发展,人们的生活环境和健康方式也发生了巨大的转变,自体育强国战略提出以来,体育问题得到高度的重视,体育服务综合体的建设也从以往的"零星分散"转变为"集中服务",人们的体育需求也日益增长,需求层次也逐步提升,呈现出需求内容的多样化、需求消费的便捷化、综合服务质量的高标准化等态势。因此,仅仅依靠单一的体育服务载体为人们提供体育服务,已难以满足人们的体育需求,供需不平衡的矛盾逐渐出现,这便要求在政府的引导下建设能够提供全方位体育服务的综合体,向人们提供内容更加丰富的、更加专业的体育服务。值得关注的是,体育服务综合体不仅仅是开展体育活动的场所,而且因为空间充足、资产的流通性较强,因此可以承担体育方面的交流与合作。

长期以来,我国体育产品和服务供给依赖政府的提供,甚至出现了专门承接政府订单的企业,市场主体活力未得到充分释放,消费潜力没有得到进一步挖掘。现有公共体育服务供给水平不高,城乡差异过大,区域间发展不平衡,服务体系和需求表达机制不健全,竞技体育和社会体育发展不协调等一系列问题尤为突出。体育服务综合体的建设是体育强国战略下的具体表现形式,是公共体育服务的新业态、新模式,体育服务综合体的建设具有增加全国健身人口,促进新时代我国体育事业的快速增长,助力体育公共服务发展的功能。体育公共产品和服务的供给、投放不仅仅是场地、器材的大批量投放,同时也应该建立高效精准的供需对接运行机制,更应该包括政府的政策引导、市场和第三方机构等多元化服务内容的提供。

---

① 中国政府网.体育强国建设纲要[EB/OL].(2019-09-02)[2022-04-22].http://www.gov.cn/zhengce/content/2019-09/02/content_5426485.htm.

1.1.1.3 夯实"十四五"国民经济和社会发展目标,满足人民对美好生活的渴望

"十三五"时期,是我国全面建成小康社会的决胜阶段,在这一时期,以习近平同志为核心的党中央带领广大人民群众,顶住了新冠肺炎疫情的严重冲击,捍卫了全体民众的健康福祉。面对复杂多变的国际环境,党和政府屡屡化解严峻挑战。经济运行总体平稳,经济结构不断优化,GDP突破100万亿人民币,人均GDP超过1万美元,5 575万农村绝对贫困人口实现脱贫,实现了世界范围内最大规模的人口脱贫,充分彰显了中国特色社会主义制度的优越性。2020年,全国居民人均可支配收入32 189元,其中城镇居民人均43 834元,农村居民人均17 131元。人民生活水平不断提高,教育公平得到促进,高等教育普适性得到进一步提高,基本医疗养老保险覆盖人数超过13亿。当前世界正面临百年未有之大变局,新技术革命不断发展,国家间实力对比深刻变化,世界经济长期低迷,不确定因素明显增加。我国已经迈向高质量发展阶段,这个阶段也是中华民族实现伟大复兴的关键时期。在新时期,我国发展不平衡不充分问题依然突出,重点领域关键环节改革任务艰巨,一些高新技术领域创新能力不足,存在"卡脖子"技术,还不能适应和满足高质量发展的客观需要,城乡区域发展和收入分配差距较大,民生保障和社会治理还存在明显短板①。

在十三届全国人大四次会议上通过了《关于国民经济和社会发展第十四个五年规划和2035年远景目标纲要》决议。规划纲要提出了"十四五"时期国民经济和社会发展主要目标,如表1-1所示:

表1-1 我国"十四五"时期国民经济和社会发展主要目标

类别	指标	2020	2025	年均/累计	属性
经济发展	1. 国内生产总值(GDP)增长(%)	2.3	—	保持在合理区间、各年度视情况提出	预期性
	2. 全员劳动生产率增长(%)	2.5	—	高于GDP增长	预期性
	3. 常住人口城镇化率(%)	60.6*	65	—	预期性
创新驱动	4. 全社会研发经费投入增长(%)	—	—	>7,力争投入强度高于"十三五"时期实际	预期性
	5. 每万人高价值发明专利拥有量(件)	6.3	12	—	预期性
	6. 数字经济核心产业增加值占GDP比重(%)	7.8	10	—	预期性

---

① 中国政府网. 中华人民共和国国民经济和社会发展第十四个五年规划和2035年远景目标纲要[EB/OL]. (2021-03-13)[2022-04-19]. http://www.gov.cn/xinwen/2021/03/13/content_5592681.htm.

续表 1-1

类别	指标	2020	2025	年均/累计	属性
民生福祉	7. 居民人均可支配收入增加(%)	2.1	—	与GDP增长基本同步	预期性
	8. 城镇调查失业率(%)	5.2	—	<5.5	预期性
	9. 劳动年龄人口平均受教育年限(年)	10.8	11.3	—	约束性
	10. 每千人拥有执业医师数(人)	2.9	3.2	—	预期性
	11. 基本养老保险参保率(%)	91	95	—	预期性
	12. 每千人拥有3岁以下婴幼儿托位数(个)	1.8	4.5	—	预期性
	13. 人均预期寿命(岁)	77.3*	—	(1)	预期性
绿色生态	14. 单位GDP能源消耗降低(%)	—	—	(13.5)	约束性
	15. 单位GDP二氧化碳排放降低(%)	—	—	(18)	约束性
	16. 地级及以上城市空气质量优良天数比率(%)	87	87.5	—	约束性
	17. 地表水达到或好于Ⅲ类水体比例(%)	83.4	85	—	约束性
	18. 森林覆盖率(%)	23.2*	24.1	—	约束性
安全保障	19. 粮食综合生产能力(亿吨)	—	>6.5	—	约束性
	20. 能源综合生产能力(亿吨标准煤)	—	>46	—	约束性

注：1. 括号内为5年累计数。2. 带*的为2019年数据。3. 能源综合生产能力指煤炭、石油、天然气、非化石能源生产能力之和。4. 2020年地级及以上城市空气质量优良天数比率和地表水达到或者好于3类水体比例指标值受新冠肺炎疫情等因素影响，明显高于正常年份。5. 2020年全员劳动生产率增长2.5%为预计数。

资料来源：《中华人民共和国国民经济和社会发展第十四个五年规划和2035年远景目标纲要》专栏1。

1) 经济发展取得新成效

邓小平同志曾提出"发展才是硬道理"这一论断，发展是解决现实困境和解决实际问题的开山之匙，也是解决我国当前经济建设和社会演进过程中矛盾的基础和关键，在新阶段既要发扬"扬弃"精神，又要坚持新发展理念，注重质量提升，带动效益进步，在此基础上，充分激发增长潜力，提升劳动生产效率，扩大国内市场需求，突破科学技术创新，优化新经济产业结构，实现制造业技术升级，提高产业链现代化水平，聚集产业区域内集成化程度，巩固农业基础，坚守农业基本线，统筹兼顾城乡经济社会协调发展，进一步提升我国城镇人口比重，实现适应我国国情的经济体系现代化建设的突破。

2) 改革开放迈出新步伐

自1978年改革开放以来，在领导人高瞻远瞩的引领下，创造性地将市场经济机制纳入中国社会运行体制，这也是世界上社会主义国家运用市场经济机制，运转国民经济及社会发展的首个案例，至今也仅有中国创造性地实现了这一壮举，并取得巨大经济社会进步成就。在改革开放早期的践行进程中,我们结合了数百年西方经济学的大量经典理论,并成功运用到中国的各项事业改革发展实践中。西方经济理论是基于欧美资本主义国家这一系列内生环境,其理论认知及规律形成也是基于以英、美等发达国家的经济模式和具体实践。中国是社会主义国家,幅员辽阔,人口众多,资源丰富,并受到数千年来儒家文化深刻影响,其政治制度、文化传统和社会运行方式有着自身独特的优势和特点,与传统西方国家具体国情有着明显的差异性。西方经济理论虽然经历了长时间的不断发展和完善,但仍有着自身的局限性,经济基础决定上层建筑,其理论成果建立在自身的政治制度和文化传统之上,但西方国家的政治制度、经济模式及认知基础是前工业革命时期奠定的,几百年来,其经济理论及经济体系虽取得新的成果,但其经济体系和认知并未取得变革性突破和根本性进步。世界范围内已经完成了三次重大技术革命,在不久的未来,就要迎来第四次技术革命,因而现有的西方经济理论有其自身难以克服的局限性。

基于上述分析,中国经济的发展和制度创新,一定是立足中国基本国情,在中国特色社会主义制度和理论体系的指导下,积极吸取市场经济经验和西方经济学的有益成分,经过消化吸收后,形成具有创新色彩的中国特色社会主义市场经济制度和理论实践,并最终作用于中国国民经济增长和社会进步的实践中。"十四五"期间是新时期中国经济社会转型的关键阶段,经济发展由过去高增长向高质量发展的赛道转换,这也必然要求我国社会主义市场经济体制更加完善,用高标准市场体系更加充分地激活市场主体,并要求在生产要素配置、流通领域取得更大进展,并进一步健全市场公平机制,形成更加开放的新经济体制。

3)民生福祉达到新水平

在"十四五"期间,党和政府更加重视人民群众生活水平的提升,通过扩大就业岗位数量,提升就业质量,实现居民生活水平提高,促进社会经济成果二次分配方案优化,促进中国社会结构向橄榄型方向转变,即通过消除绝对贫困,改善困难群众的生活质量,降低社会底层人口比重。加大二次分配力度,健全社会保障体系,完善教育公平机制和提升教育质量,提高公共服务均等化水平,增加中等收入群体数量。

4)国家治理效能得到新提升

社会主义民主法治更加健全,社会公平正义进一步彰显,国家行政体系更加完善,政府作用更好发挥,行政效率和公信力显著提升,社会治理特别是基层治理水平明显提高,防范化解重大风险体制机制不断健全,突发公共事件应急处置能力显著增强,自然灾害防御水平明显提升,发展安全保障更加有力,国防和军队现代化迈出重大步伐①。

---

① 中国政府网.中华人民共和国国民经济和社会发展第十四个五年规划和 2035 年远景目标纲要[EB/OL].(2021-03-13)[2022-04-19]. http://www.gov.cn/xinwen/2021/03/13/content_5592681.htm.

"十四五"时期推动高质量发展,必须立足新发展阶段、贯彻新发展理念、构建新发展格局。把握新发展阶段是贯彻新发展理念、构建新发展格局的现实依据;贯彻新发展理念为把握新发展阶段、构建新发展格局提供了行动指南;构建新发展格局则是应对新发展阶段机遇和挑战、贯彻新发展理念的战略选择。

一直以来,党和国家高度重视民生福祉事业的不断推进和发展,党的十九大明确提出,我国当前社会主要矛盾由"人民日益增长的物质文化需要同落后的社会生产之间的矛盾"(1981年)转变成"人民日益增长的美好生活需要和不平衡不充分的发展之间的矛盾"(2017年)。并且指出,人民群众对美好生活的需要日益广泛,不仅对物质文化生活提出了更高要求,而且对民主、法治、公平、正义、安全、环境等方面的要求日益增长。为了有效回应这些新需要,解决社会的新矛盾,十九大报告在加强和创新社会治理领域,提出要建立共建共治共享的社会治理格局[1],这一历史转变是基于新时期社会发展进程的重要历史论断,也是未来较长一段时间内,党和国家大政方针制订实施过程中的重要着力点。美好生活是中国人民最切实、最本质、最朴素的渴望,塑造良好的体育综合体形象将有利于提升人民群众生活的幸福感,满足人民对美好生活的渴望。习近平总书记在重大会议中多次强调"中国共产党人的初心和使命,就是为中国人民谋幸福,为中华民族谋复兴"。我们党和国家始终把人民对美好生活的向往作为奋斗目标,中国特色社会主义道路是实现社会主义现代化、创造人民美好生活的必由之路,这说明了党重在服务群众,中国人民美好生活的愿望也将在党的带领下逐渐实现,我们党关于人民美好生活的判断是准确的,是前沿的。体育服务综合体的建设重在满足人民的精神需求和身体健康需求,实现人民对美好生活的向往和追求。

体育服务综合体的建设离不开治理体系和治理能力的现代化。社会治理是一项廓清社会公共问题,寻求有效治理对策,最终完满解决社会问题的公共活动[2]。社会治理是一套完整的公共工程,具有很强大的系统性和逻辑性,是政府公共治理层面的重要组成部分。近年来,精准治理作为国家治理理论体系中新近涌现的概念,在与中国国情实际结合后发展、演化,是更具针对性、准确性的公共治理。精准治理是中国场景下政府治理范式的进化。传统的政府治理范式在治理的主动性、政策的靶向能力以及治理主体的反应能力方面尚不能应对中国目前剧烈转型期的各种矛盾[3],"精准治理"突破了传统泛政治化的治理思路和实践模式,以及侧重规范限制性的管理主义治理倾向,摆脱了政府自

---

[1] 向春玲.十九大关于加强和创新社会治理的新理念和新举措[EB/OL].(2017-12-11)[2022-04-19]. http://theory.people.com.cn/n1/2017/1211/c40764-29697335.html.

[2] 吴丹丹.提升社会治理精准度的四个着力点[EB/OL].(2017-06-05)[2022-04-19]. http://theory.people.com.cn/n1/2017/0605/c40531-29316771.html.

[3] 李大宇,章昌平,许鹿.精准治理:中国场景下的政府治理范式转换[J].公共管理学报,2017,14(1):1-13,154.

上而下的局限治理思路。结合我国当下经济社会发展的现实矛盾和治理困境,通过"精准治理"这一理念的充分运用,以当前人民群众公共服务产品的真正需求为治理导向,以知识挖掘为支撑,就经济社会发展进程中出现的具体问题,给予政策和相关配套匹配的治理回应,来应对新时期我国经济社会发展进程中技术革新和现实治理需求的重大变化。精准治理这一概念的提出,是国家现代化进程中科学技术发展及信息传播沟通效率提高的更高客观需要,也是对治理过程中出现定位误判、选择失误等"失灵""失准"问题而进行的理论和实践方面的积极创新和探索。通过精准治理范式,可以提升治理主动性,解决治理回应滞后矛盾,准确靶向民众需求和具体关切,弥合"政策—需求"鸿沟。

体育服务综合体建设是近年来国家层面就当前经济社会高质量发展新阶段提出的新发展思路,通过《体育强国建设纲要》《中华人民共和国国民经济和社会发展第十四个五年规划和2035年远景目标纲要》《全民健身计划(2021—2025年)》《关于加快发展体育产业促进体育消费的若干意见》等一系列文件出台,为体育服务综合体建设提供了充分的政策支持,促进了体育产业发展,培育了新时期经济发展新动能,塑造了现阶段国民经济的新支柱产业。

随着2022年北京冬奥会的成功举办,北京成了世界上首个"双奥之城",中国体育代表团取得了9金4银2铜的历史最佳成绩,首次位列冬奥会金牌榜三甲,在冬季项目综合实力层面初步站稳了脚跟。冬奥会的举办,进一步激发了广大人民群众全民健身的热情,并带动全民参与冰雪运动,增加冰雪运动人口,进一步刺激体育消费需求,带动体育产业规模增加。以人民群众全民健身现实需求为基础,借助2022年北京冬奥会成功举办和"三亿人参与冰雪运动"的东风,各地方政府先后推出符合当地实际的现实举措和实践方案,建立起一批大型运动场馆和"体育+X""X+体育"的新型体育服务业态,形成了初步的新体育服务综合体样板,取得了一定的社会效益,但无论是理论建设,还是实践探索还处于初期阶段,体育产业区域经济效益创造和体育服务全产业链条打造还需时日。

1.1.2　研究目的、任务、意义

1.1.2.1　研究目的与任务

研究目的:体育服务综合体在发展过程中如何结合自身的区位优势、特色体育项目的嵌入以及如何提高其综合管理水平从而作为一种新载体推进体育产业集聚、体育产业创新和体育产业升级是本研究需要解决的问题。

研究任务包括:(1)进行体育服务综合体基础理论体系的构建;(2)基于钻石模型的中外体育服务综合体发展水平评价及差距析因;(3)基于扎根理论(Grounded Theory)对

我国体育服务综合体建设路径影响因素进行分析;(4)依托精准治理理论探索我国体育服务综合体建设路径;(5)进行我国体育服务综合体建设路径实施保障体系建构。

1.1.2.2 研究意义

1) 研究的理论意义

本研究从精准治理视角出发,结合区域经济学、产业经济学、产业集聚、休闲游憩园区、城市综合服务体等理论及研究范式,对我国体育服务综合体建设路径及其实施保障体系进行系统研究,立足推进体育强国建设、加快体育产业转型升级的背景,探究体育服务综合体概念、内涵、外延、效应、机制等理论问题,对拓展体育场馆运营理论的内容与范围,完善体育产业理论具有重要的学术价值,为学界研究体育服务综合体提供精准治理这一新视角与框架。

2) 研究的现实意义

2008年北京奥运会和2022年冬季奥运会的成功举办,是对改革开放以来包括竞技体育在内的社会各项事业发展成果的集体检阅,中国通过举办国际重大赛事,进一步彰显了国家强大的经济、文化、科技、体育方面的总体实力。奥运会的举办,进一步强化了体育作为强国战略举措的重要价值,也对后奥运时代群众体育事业发展起到强烈的号召作用、对民众全民健身意识觉醒起到重要启发作用。通过研究国外资料发现,以美、日、德为代表的西方主流国家,在后奥运时代均力图通过大力发展群众体育事业,达到提高全体国民身体素质之目的。同时,对社会体育事业高度重视,对体育工作重点规划,强化各项事业发展规划和税收政策,突破创新融资渠道,完善法律保障内容及体系,并在体育事业发展实践中打破竞技体育和社会体育投入的不平衡现象。现阶段,我们一方面依靠"举国体制"取得竞技体育赛场的辉煌成绩,另一方面竞技体育和社会体育投入比严重失衡,竞技体育后备人才基础面收窄,国民健康水平多年下滑,"过劳""996工作制度"引发的民众健康问题层出不穷。2020年新冠病毒全球肆虐,这一系列社会问题无疑给全民健康问题都带来了严峻挑战。

当下,我们正面临着最为重大的体育发展方向和路径优化选择议题,更加重视国民健康,加大社会体育事业投入,进一步深入普及全民健身,探索适应我国国情、符合全体国民需求的社会体育发展路径,这也是未来新时期体育行业转向和产业结构调整的必然选择。要不断夯实群众体育基础,提升业态发展水平,强化公民体育意识,进一步激发市场主体参与体育产业经济活动,建构科学合理的运行系统,实现新时期社会体育事业的不断完善和发展。

本研究立足精准治理视角,采用实证研究的方法,运用"钻石理论"对国内体育服务综合体的典型案例进行审视,以区域经济、产业经济、产业集聚、休闲游憩、城市服务综合体等理论作为支撑,总结当前体育产业发展现状,诊断病灶,为相关部门呈现我国体育服务综合体发展的整体风貌、发展水平、存在问题及制约发展的影响因素;总结国内外体育服务综合体规划、建设及运营的成功经验,有利于《体育强国建设纲要》所提出的"体育特色鲜明、服务功能完善"的体育服务综合体的标杆示范作用的推广和模式的复制;研究体育服务综合体建设路径的实施保障体系,有利于政府、企业等主体精准把握服务功能实现的切入点、扩展绩效空间、实现持续成长。

1.1.3 研究设计与创新点

自 2014 年《关于加快发展体育产业促进体育消费的若干意见》出台以来,在国家层面首次提出"打造城市体育服务综合体"这一战略。"体育服务综合体"作为新时期的产物,学界大体上还处于初步探索阶段,众多学者就其概念、内涵、外延、分类及特征展开了探索,并对一些地方性大型体育场馆的实践经验进行了总结,取得了初步成果。目前,我国体育服务综合体的发展之路还存在着一些理论和实践问题。这其中包括以下几个方面:

(1) 现有的理论研究还处于探索阶段,还需要做进一步的深入研究。

(2) 目前体育服务综合体的实践还处于"摸着石头过河"阶段,还未能形成完善的运作体系。

(3) 理论与实践的探索都还处于初步阶段,两个层面还未能形成相互促进,辩证统一的协同进展局面。

(4) 从体育服务综合体发展的外部环境上,相关配套还需要做全面而长期的规划,在内容供给配套、城市规划、业态发展重点方向的确定及政府和市场的权责划分上,都还有大量具体工作需要落实。

本研究将广州天河体育城、拉斯维加斯美高梅中心、杭州奥体博览城、北京奥体文化中心、洛杉矶斯台普斯中心、纽约麦迪逊花园广场、济南奥体中心、南京奥体中心、杭州黄龙奥体中心、老特拉福德球场、休斯顿丰田体育中心等中外体育服务综合体作为评价对象,运用评价体系指标进行中外体育服务综合体的发展现状评价,并从中找出差异及产生差距的原因。

基于扎根理论,运用 NVivo12 软件得出建设路径影响因素概念模型,并对国内几大体育服务综合体的政府、市场、NGO 等相关专业人员发放专业调查问卷,数量约 500~600 份。问卷形式为李克特五分量表。问卷发放与收集后,本研究组成员完成数据统计、归纳和收集,并进行验证性因子分析,完成我国体育服务综合体建设路径影响因素的量化研究工作。

就本研究而言,研究工作有以下几方面的创新:

(1) 在选题方面有着较强的时代性和适应当下民众现实需求的重要社会价值。2019年国务院办公厅下发《关于促进全民健身和体育消费推动体育产业高质量发展的意见》,提出多个深化改革意见,并就当前体育产业发展现状给出多条具体工作思路。本研究紧扣体育产业高质量发展和全民健身的建设实践,立足国内大型体育场馆先行试点的地区发展现状,为我国体育服务综合体发展探索一条切实可行的发展路径,能够对解决当前社会主要矛盾,推动经济结构转型和产业升级起到重要作用。

(2) 在研究的视角、内容和研究领域上有所创新,本研究通过调研国内体育服务综合体的试点场馆及地区,将我国体育服务综合体发展现状纳入精准治理视角范围内进行研究,以国家政策及地方具体落实办法等文件作为研究依据,以多个学科及相关理论作为研究基础,对体育服务综合体体系构建作进一步探讨。

(3) 在研究成果及相关政策建议上给出新的思路和观点,并力图在研究深度及广度上有所突破。本研究借鉴过往众专家学者的研究成果,根据调研对象的实际情况,通过专家访谈法、数理统计法等手段开展定性与定量相结合的相关研究,得出我国体育服务综合体发展的保障体系及权重,结合调研对象的具体情况,给出具有代表性的样本和建设路径,并依据各地出台的城乡规划和相关政策,提供切实可行的政策建议及对策。

1.2 研究视角、研究思路及核心概念诠释

1.2.1 研究视角

第一,从服务综合体、产业集聚功能、产业融合等若干角度,对体育服务综合体基本概念进行梳理,厘清并缕析体育服务综合体与城市综合体、大型体育场馆、体育服务中心等概念之间的差异,完成本研究的基本理论准备。

第二,运用钻石模型,以生产要素、需求条件、相关及支持性产业、企业战略等作为切入点,通过产业维度、功能维度、形态维度和制度维度完成指标体系构建,并从总体、分项和特色三个方面对国内体育服务综合体发展现状进行评价。

第三,主要基于扎根理论形成我国体育服务综合体建设路径的影响因素概念模型并提出研究假设,明确我国体育服务综合体建设路径影响因素。

第四,依托精准治理理论来确定推动体育服务综合体各项工作的主体及具体实施路径。在创建过程中,不同的创建主体在不同的支撑体系下会产生不同的创建路径。

1.2.2 研究思路

本研究从精准治理视角结合区域经济、产业经济、产业集聚、休闲游憩、城市综合服务体等理论及研究范式,探究体育服务综合体发展水平的评估体系,明确我国体育服务综合体建设路径影响因素,探索体育服务综合体创建路径,进行我国体育服务综合体建设路径实施保障体系建构,从而形成了逻辑自洽、主线分明的研究思路(图1-1)。

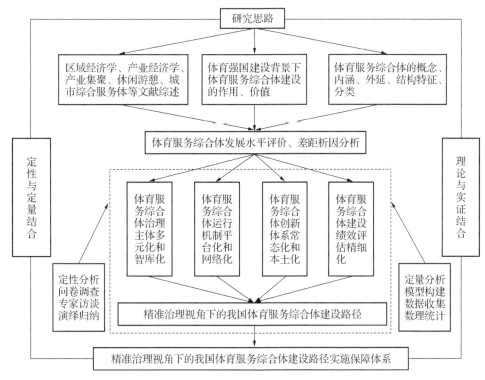

图1-1 本书研究思路示意图

1.2.3 核心概念诠释

1.2.3.1 精准治理

根据现代汉语释义,"公共"即为"公有的、公用的"之意,也有"众人共有的"的意涵。公共治理是由开放的公共管理与广泛的公众参与二者整合而成的公域之治模式[①]。在公

---

① 百度.百度百科[DB/OL].(2018-09-27)[2021-09-01]. https://baike.baidu.com/item/%E5%85%AC%E5%85%B1/3398497?fr=aladdin#ref_[1]_187903.

共治理中,参与治理的意识和行为的主体是多元化的,不仅仅是国家和政府,还包括社会组织中其他行使公共权力的主体,不同属性的治理主体在社会的各个不同领域承担着不同的治理角色,根据多种多样的法律或协议,发挥各自不同的治理功能。因而,不仅治理主体呈现出多元化特征,其治理依据和方式也呈现出多样化特点。

荀子曰"明分职,序事业,材技官能,莫不治理",孔子言"吾欲使官府治理,为之奈何",主要强调政府如何通过政治权力强化统治,巩固政权,更好地维护政治安定和社会有序发展的理念。公共治理理论是基于西方语境中逐渐兴起并逐步影响全球的理论,是政府有效行使职能和管理社会以及对现有局面进行深化改革的思考,也是在现代国家发展进程中,对政府职能及角色定位作出改革性认知的更新。从历史发展沿革和各自地域的政治、文化传统上看,中外对于国家治理和公共管理既有着共通性,也有着差异性。各个国家的总体体量、政治体制、经济基础、人口规模和社会发展进程处于不同的阶段,公共治理理论作为舶来品,不加辩证地用于指导中国社会治理是不合适的,近年来推出的有些举措并未真正解决社会问题和发展困境,也能说明这一点。我们已经意识到运用西方理论,需要根据中国现实国情进行改良,实现西方治理理论本土化,才能对现代中国公共治理和社会进步起到积极作用。

新中国从建国初期的计划体制时期到改革开放阶段,再到当下以深度改革为标志的新时期,政府的职能实践和角色定位都发生了显著变化。新中国成立初期政府通过计划制订国家各项事业发展的指标,全能地扮演着全社会管理者的角色,从政府职能角度来看,这正是中国传统意义上的国家治理理念,是朴素意义上的。自改革开放以来,受科技进步和社会客观需求内外两方面的驱动,政府治理方式经历了从"精细化管理"到"精准治理"的转变,特别是在中国共产党十八届三中全会提出"全面深化改革的总目标是完善和发展中国特色社会主义制度,推进国家治理体系和治理能力现代化"后,政府治理的精进日趋成为中国政府主动追求的"总体目标"。李大宇等人认为,在中国政府当前的政府治理实践中,治理主体通过知识源网络获取治理个体的精准个体化信息,并通过知识挖掘等手段对这些信息进行处理和分析,从而对治理个体的公共政策需求和公共问题的特征、实质及成因进行精准性把握,同时通过知识推理等手段主动预判治理个体对政策和服务的需求,进而再通过对知识源的回溯性挖掘和知识推理等工具,将还未形成集束效应的治理个体的政策和服务的需求与根据历史最佳实践得到的政策备选集、治理策略集、服务对象及方式等政策集合相匹配,在必要时开启政策之窗,这个过程被认为是"精准治理"[①]。

"精准治理"是公共治理理论进一步的深刻演变,也是当前中国社会剧烈变革时期和

---

① 李大宇,章昌平,许鹿.精准治理:中国场景下的政府治理范式转换[J].公共管理学报,2017,14(1):1-13,154.

长期发展情势的客观需求,更是公共治理理论基于中国场景下的具体理论演进,这一理念强化了信息化、科学化的问题分析方法,突出了政策出台与需求表达之间的时效性,明确了问题靶向和政策针对的精准性,是治理主体主动治理这一精进追求的外部表达。因而这一理念的提出,是我党解决传统治理范式局限性的重大理论创新,也是解决政府治理过程中出现的"政策—需求"鸿沟、政策反馈滞后及治理行为失据等一系列问题的大胆实践探索。

1.2.3.2 城市综合体

建筑综合体是由指多个功能不同的空间组合而成的建筑。其为复杂而统一、具备复合功能和高效率特性的城市建筑载体。18世纪,英国率先迎来了第一次大规模的工业化、城市化进程,随之西欧各国在工业化进程中,都不同程度地出现了城市与乡村之间的土地矛盾、农业与工业的土地矛盾,例如著名的英国"圈地运动"。基于当时的社会背景,现代建筑综合体雏形开始在欧洲出现,餐饮、娱乐和购物等功能被粗放地简单集聚,形成初级的商业街形态,在20世纪20年代,概念意为"中央商务区"[①]。其作为城市商业中心,虽未提及"城市综合体"这一概念,但该理论已涉及城市商业零售、商务办公及娱乐休闲等主要功能集聚,可视作泛城市综合体,也是早期对于城市结构和城市功能分区提出的现代理论构想。

20世纪70年代,受冷战背景和能源危机双重影响,在西方社会,政治、经济、文化、心理等方面引发的矛盾和冲突,以及城市发展和经济活力等内在驱动力的共同作用,促使人们对城市未来发展重新思考。基于这种思潮,西方主要国家出现了多样性城市回归现象。1986年,法国巴黎诞生了世界上第一个现代城市综合体,其位于巴黎西北部的拉德芳斯。我国则在20世纪90年代中后期进入现代化城市综合体发展的初步实践探索阶段。城市综合体是随着城市规模的不断扩大,城市文明程度的不断提高,民众对城市功能不断集约化需求而产生的一种多生态形式社会学概念。西方学者将其称为"HOPSCA",即由酒店(Hotel)、办公楼(Office)、公园(Park)、购物中心(Shopping)、会展中心(Convention)、公寓(Apartment)等功能连缀起来的一个产业集合、建筑空间集合。[②]其产生是基于城市发展过程中出现的体量不断增加、城市用地趋于减少和城市配套功能要求更高之间的矛盾关系,需要完善城市规划,合理布局城市功能,提高城市土地及建筑利用率,满足居民日常社会生活需求,实现城市经济和社会发展的高效运转,以期解决社会问题,获得良好经济效益、社会效益和环境效益。相较而言,城市综合体是建筑综合体发展到一定程度后的高阶进化开发产物,其综合体内所搭载的服务内容、业态及各主营

---

① Burgesg E W. The Growth of the city[M]. Chicago: University of Chicago Press, 1925: 47 - 62.
② 汪毅. 消费升级:下一个值得期待的风口[J]. 财富时代, 2019(10): 15 - 22.

业务配置是根据城市发展现实需要制定的,各个组成部分实现了相互共生且普遍联系的整体集群服务效应,克服了单一功能或业态的局限性,不是简单的产业集聚组合形式,也不是单一功能类型的叠加,而是多种功能的科学系统优化组合。城市综合体的出现,打破了传统建筑综合体所存在的局限性,是功能更全,覆盖面更广,规模更大,集约化程度更高,服务效率更优的新型开发模式。

1.2.3.3 城市体育服务综合体

我国经过40多年改革开放,经济上取得了巨大成就,用相对短的时间完成了西方几百年的工业化进程,但在包括城市规划和公共治理现代化在内的诸多具体方面,还有不少功课要去完成。随着改革开放进程的不断推进,经济增长和社会发展所仰赖的人口红利释放趋尽,原有粗放的经济增长方式难以为继,我国的改革进程业已进入深水区,调整产业机构,优化经济增长方式,促进国内消费升级正是我国当前的现实形势。对标西方发达国家,我们需要根据现实国情,辩证地借鉴西方成熟经验。

有鉴于此,2014年国务院办公厅印发的《关于加快发展体育产业促进体育消费的若干意见》中提出:"以体育设施为载体,打造城市体育服务综合体,推动体育与住宅、休闲、商业综合开发。"这是我国首次提出"打造体育服务综合体"这一战略。随后出台的《体育发展"十三五"规划》和《体育强国建设纲要》(2019)等文件中一再提到"体育服务综合体"这一概念,并对其未来中长期建设给出了发展意见和建设要求,特别是在《体育发展"十三五"规划》中首次回答了城市体育服务综合体"是指将城市体育场馆设施建设与住宅、休闲、商业等业态融合,为参与体育竞赛、全民健身、体育培训的群体提供配套服务,拉长服务链,把场馆设施打造成为以体育为主题、功能丰富、综合配套齐全、可经营性强、充满活力的服务性实体"。

通过对中文数字期刊网相关资料的检索发现,近几年国内学界对体育服务综合体进行了初步探索,主要研究成果大体集中在体育服务综合体的理论研究和案例研究等方面。其中在理论层面上,王家宏、蔡朋龙等学者就"城市体育服务综合体"概念的内涵解读、功能定位及政策层面进行了相关研究。丁宏和张强等则基于各自研究基础对城市体育服务综合体发展的路径选择给出不同的思考。在实证研究层面,学者们多是基于当地调研对象和具体的城市体育服务综合体发展现状展开研究,得出一系列符合当地实情的实践建设经验。放眼世界,国际上对"城市体育服务综合体"领域的相关研究已经较为成熟,结合国际上较为成功的案例来看,现阶段国内在该领域的相关研究和实践发展,还存在不足之处。

目前现有的理论研究中,有相当一部分是从政策视角来展开,而城市综合体、体育旅游、体育产业园区、体育产业集群等经济理论研究中涉及体育服务综合体范畴的却较为鲜见。从事实上看,这样的研究并不完全是学术性的,更多的是一种无完备理论体系下的探索式、先验式的研究,充其量是观念性的介绍和推广;从现有研究成果上看,对城市体育服务综合体建设的评价、标准和保障体系理论构建尚未涉及,理论研究和实证研究彼此脱节,理论成果未能与社会实践充分结合,同时也必然是不完善且缺乏深度的。

2 文献综述

本章主要介绍国内外体育服务综合体的起源、发展、现状以及我国体育服务综合体的建立背景及相关的政策,并对我国体育服务综合体运营现状和发展模式进行了深入的探讨。

体育服务综合体是由建筑综合体、城市综合体等建筑体逐渐演变形成的产业集群,是为顺应和促进社会经济发展而形成的。

2.1 体育服务综合体的起源与发展

2.1.1 体育服务综合体的雏形

2.1.1.1 西方国家体育服务综合体的雏形

古希腊是欧洲文化的发源地,最早的建筑综合体可以追溯到古希腊广场。早期的古希腊广场没有固定的形式,都是根据当地的实际情况而建的。芒福德认为古希腊广场必定是在古老的村落中形成的,村民在广场上进行交易、集会,并且很有可能在这里举办运动会[①]。在雅典广场的考古中发现,这里大约在公元前2000年就已经存在人类居住,经过千年的发展才形成初具规模的广场。保萨尼阿斯描述称,广场建筑可分为古式和爱奥尼亚式两种形式,且均是为古希腊人民各种活动提供服务的露天聚会场所[②]。

国外体育服务综合体的雏形可以追溯到古希腊的奥林匹亚运动场。据史料记载,古奥林匹克竞技会是众多古希腊竞技会中的一种。公元前776年,伊利斯、比萨和斯巴达三个城邦在达成了和平休战月协议的前提下,在伯罗奔尼撒半岛的奥林匹亚举办了第一届奥林匹亚竞技会暨古奥林匹克竞技会,并由此规定每隔四年举办一次古奥林匹克竞技

---

① 曹文明. 城市广场的人文研究[D]. 北京:中国社会科学院,2005.
② 百度. 百度百科[DB/OL]. (2020-12-18)[2021-02-18]. https://baike.baidu.com/item/%E5%8F%A4%E5%B8%8C%E8%85%8A%E5%B9%BF%E5%9C%BA/55523476?fr=aladdin.

会①②。由于时代的变迁,古希腊与古罗马的体育文明在历史的长河中形成了短暂的合流后,因罗马文明逐渐取代希腊文明,以及宗教信仰的更迭,延续了一千多年的古奥林匹克竞技会在公元394年被东罗马皇帝狄奥多西宣布废止,奥林匹亚运动场也在经历地震和洪水后被湮没在历史的尘埃中。

在这个被赋予神话传说的国度,关于古希腊竞技会的传说有着不同的说法,其中"祭神说"广为流传。古奥林匹克竞技会是为祭祀众神之父宙斯而举办的,当然也是古希腊最高规格的祭祀活动,出于对神灵的敬畏,最初的奥林匹亚运动场并没有设置看台座位及其他服务设施,古希腊人民通常都是站着观看比赛③。

实际上,古希腊竞技会的产生与古希腊的神话传说及当时社会的宗教信仰、政治军事教育制度、经济实力、文化艺术的传播等方面有着密切的关系。考古发现,早在公元前10世纪以前就有了祭祀活动④⑤。英国著名历史学家约翰·史蒂文森认为,奥林匹亚城在公元前1000年已开始为本地自由人民举办体育竞技会⑥。祭祀之初,人们只是用简单的歌舞表达对神的崇敬之心,并以此祈求神灵保佑实现风调雨顺、五谷丰登、出征胜利等愿望。随着祭神仪式的发展,在祭神活动中又加入了祭神歌舞、体育竞技和戏剧表演。

随着希腊城邦制度的兴起,各城邦之间为争夺资源、土地而爆发的战事连年不断。各城邦统治者为扩充兵源和训练士兵,教育引导本城邦公民要以成为优秀勇士作为自身社会价值的体现,英雄的崇拜和尚武成了各城邦统治阶级的政治手段。斯巴达勇士的教育和成才经历就是其中的典型,按规定男性儿童年满7岁就会接受专门的体育教育和军事训练,待他们成年后,统治者们会从中选取年富力强、骁勇善战的斯巴达勇士为本城邦效力。统治者们通过竞技比赛的方式遴选成绩卓越的勇士,由此衍生了以军事展演和军事比武为主要目的的竞技会,也促进了古希腊竞技会的发展。

在举办竞技会期间,短暂的"休战"给人们带来了久违的快乐和祥和。随着社会的发展和奴隶制经济、民主政治的完善,人们迫切渴望和平,更希望经济复苏并得以快速发展。于是,举办竞技会的目的逐渐变为促进和平与友谊。各城邦为展示本邦实力,促进盟邦友好往来及贸易通商,在各城邦之间也开始举办各类象征着和平的竞技会。

据考证,四年一届的古奥林匹克竞技盛会,其竞技项目已由最初的一项短跑比赛增设至鼎盛时期的10个比赛项目,主要有短跑、往返跑、长距离赛跑、拳击、混斗、五项竞

---

① George A C. The Olympic Games in Ancient Greece[C]. Ekdotike Athenon S. A. Athens,2003:38,112.
② 路光辉.古代奥运会的宗教起源[J].体育学刊,2008(11):25-28.
③ 李涛.宙斯的奥运笔记[M].北京:新华出版社,2018:2-21.
④ 王以欣.神话与竞技[M].天津:天津人民出版社,2008:45-46,351.
⑤ 路光辉.古代奥运会的宗教起源[J].体育学刊,2008(11):25-28.
⑥ (英国)约翰·史蒂文森.欧洲史[M].李幼萍,刘嘉琪,张源,等译.广州:南方日报出版社,2018:5,25-27.

技、赛车、赛马、武装赛跑和少年竞技项目①。智慧且善于创造的古希腊人民根据不同竞赛项目的不同特征,发明了作为跑道起点的"起跑线"、帮助起跑的"助跑鞋"、用于跳远的"平衡棒"等运动辅助器材②。人们在盛会期间举行诗歌朗诵会、辩论会等社交活动,同时各城邦公民会借此机会进行商业贸易往来。

宗教祭祀活动、军事政治及教育体制的发展,促进着古希腊竞技会的发展,赛事的举办又推动着经济的发展和文化艺术的传播。研究众多古希腊文物可以发现,古希腊的艺术家会为竞技优胜者建造纪念雕像,诗人们会为他们作诗称颂。另外,古希腊陶瓶常被作为奖品用来奖励优胜者和激励世人,优胜者们会在颁奖台接过刻画着古希腊竞技会图案且装满橄榄油的陶瓶奖杯。

随着时代的发展,古希腊人民对竞技会的需求发生了变化,人们参与竞技会的目的由最初祭祀的需要逐渐拓展为娱乐、观赏、社交、社会地位的展现等。随着对祭祀、集会、诗歌朗诵会、辩论会等活动需求的提升,古奥林匹亚体育场成了一座多功能复合型的体育场(图2-1),主要设有举行祭祀活动的神殿区、举办竞技会的体育赛场、举办会议的会议厅等。因此,古希腊竞技会与社会的发展是相互依存、相互促进的,古奥林匹亚运动场也是历史上最早出现的体育服务综合体。

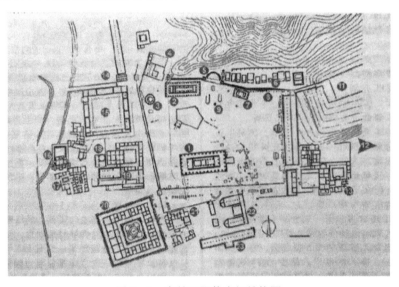

图2-1 奥林匹亚体育场结构图

资料来源:整理自陈彦,关维涛编著的《话说奥运——奥运之光》。
图注:由神庙、祭坛和祠堂组成的神殿区、各项体育赛场、会议厅、菲迪亚斯工作室、浴室和旅馆等,宙斯神庙居于中央,体育场僻处一隅③。

---

① 路光辉.古代奥运会的宗教起源[J].体育学刊,2008(11):25-28.
② 李涛.宙斯的奥运笔记[M].北京:新华出版社,2018.2:3-21.
③ 陈彦,关维涛.话说奥运:奥运之光(公元前776年—公元1896年)[M].沈阳:东北大学出版社,2011:3-32.

然而与古希腊竞技会不同的是,古罗马帝国的竞技会不但沿袭了古希腊文明的尚武精神,并且将古希腊人民坚强、勇敢的体育精神发展成了粗犷的战斗精神,罗马广场上的角斗士表演、大竞技场上的战车竞赛皆是如此。

古罗马的角斗表演可追溯至公元前264年由尤尼乌斯·佩拉在牲畜市场为其父亲的葬礼举办的角斗表演,最初的角斗比赛是私人举办的葬礼中的一项活动。截至罗马共和国晚期,古罗马广场上的角斗表演需付费观看,广场上为付费观众专门设置了临时座位①。公元前27年罗马帝国建立,随后在古罗马城建成了第一个用石料筑成的圆形竞技场,随后古罗马又修建了很多竞技场,此时的角斗表演已转变为由地方长官承担费用的公共庆祝活动。到公元1世纪末,只有皇家才有权举办角斗比赛表演。

古罗马竞技场建筑的代表作——古罗马斗兽场始建于公元72年,位于古罗马的城市中心——古罗马广场附近,后来在其不远处建立了图拉真市场。古罗马斗兽场原名弗拉维圆形剧场(Amphitheatrum Flavium),也有人叫它罗马大角斗场、罗马竞技场。

到过古罗马斗兽场的人会有一种身临其境的感觉,好像是站在了现代的体育场之中,正是因为古罗马所有的圆形竞技场改良了古希腊半圆形剧场看台的建筑理念,将古罗马人的智慧和艺术造诣发挥到了极致,将两个"半圆"合并成了一个"圆形"。整个斗兽场的梯形结构观众席约有60排,共分为四个区域,可容纳四种不同社会阶层的人群观看比赛,看台上的每个座位标有号码使观众可以轻而易举地找到自己的座位。建造者们发明了世界上最早的体育场馆应急疏散系统,发生突发事件时观众可以在短时间内迅速撤离。斗兽场上端装着伸缩式遮阳棚,这是古罗马人通过对航海的船帆制造技术进行改良的杰作,可为观看角斗比赛的人们遮挡酷暑及刺眼的阳光。斗兽场的地面下是关押奴隶、猛兽及存放兵器、道具的地下室,其良好的排水系统可供角斗场上模拟水战场景表演时使用。

每一场角斗比赛都是一场劳民伤财的活动,也可以说古罗马的角斗比赛是古罗马帝国走向衰亡的附骨之疽。在罗马帝国日薄西山、行将就木之际,基督教成了让角斗活动式微的致命一箭。

纵观欧洲古代史,奥林匹亚运动场和古罗马角斗场可谓是两种不同类型的典型体育服务综合体雏形。对比古希腊和古罗马的运动场可以看出,同样处于奴隶制社会,在不同的政治制度下,其体育场馆的功能用途也存在着差异。如果说古希腊建筑是欧洲建筑史的宏伟开篇之页,古罗马建筑则是欧洲建筑史的转折点。

2.1.1.2 我国体育服务综合体的雏形

在2008年北京奥运会的开幕式上,一幅徐徐展开的画卷向世界展示了我国古人武

---

① 约翰·史蒂文森.欧洲史[M].李幼萍,刘嘉琪,张源,等译.广州:南方日报出版社,2018:121-123.

术、舞蹈等活动的场景,这些画面来自广西的花山岩画。新疆阿勒泰市被誉为人类滑雪的起源地,在阿尔泰山陡峭的山岩上镌刻着1万多年前远古人民的滑雪景象[①]。内蒙古阴山岩画是从旧石器时代晚期至明清时期的十个历史阶段人们共同智慧的杰作,在50 000余幅岩画中有许多是展示古代运动场景的,这些岩画让人们对体育运动的起源、发展及场所有了更直观的认识[②]。

远古人们在满足温饱、适应环境、部落间竞争等各类生存条件的要求下逐渐学会了奔跑、攀爬、投掷、游泳、滑雪等技能。在适应生存条件的过程中,远古人民很可能在偶然之间发现了这些技能能够帮助他们更高效地获取胜利,便开始有意识、有针对性地进行练习,这就是人类对体育这类行为认知的最初萌芽。

随着文明的进步、生产的发展,古人们从事的体育活动也逐渐发生了分化。刘秉果在整理我国古代典籍《古今图书集成》时发现,"人事典""戎政典""艺术典"三篇将古代体育活动划分为三类,意为传授延年益寿之道的养生体育、为备战而操练武艺技艺的军事体育、具有观赏性和娱乐性的竞技体育[③]。

《周礼》《仪礼》和《礼记》合称"三礼",诠释着华夏文明以来的礼法和礼义。《礼记·射义》记载和解释了上古时期华夏男子的射箭礼仪,指出"古者诸侯之射也,必先行燕礼……射者,所以观盛德也……射者,男子之事也",上古时期的奴隶主们会按参加人员的社会地位举行不同级别的射箭比赛。春秋时期出现的投壶同样也是一种宾客宴饮礼仪,只是将相对烦琐的礼仪进行了简化。这种比赛的场地可能就设在与宴会同处的宫殿或者是奴隶主的家宅、别院里。

《左传》有云:"国之大事,在祀与戎。"春秋时期国与国之间为争夺财富和土地资源燃起了纷纷战火,时政迫使各国国君选拔军事人才,统治者们通过举行跑步、游泳、格斗、射箭等比赛招募或训练士兵。《管子·轻重甲》记载了公元前680年齐国国君在北伐前为防御越国乘虚而入,下令修建许多大水池,开展全民练兵,组建成一支五万人的水军。《荀子·议兵》详细介绍了齐国和魏国都是以奖励的方式推动军事体育的发展:齐国注重培养善于"技击"的格斗人才,魏国则是在征兵时选拔全副武装身穿迎战装备跑步的"武卒"人才。春秋战国时期适应于军事作战需要的体育运动迅速发展,然而这一时期没有严格定义的体育场,各练兵场成了军事体育活动的主要场所,也可以说古代各国的练兵场是我国最早的体育场。

春秋末年,奴隶制逐渐被瓦解,人们生活相对富足,更乐于饱食终日、安居乐业,在闲暇之余会开展一些娱乐活动。纵横家苏秦曾向齐宣王阐述了齐国人民的生活状况及人

[①] 张芳.新疆阿尔泰山系岩画的宗教象征性初探[D].新疆:新疆师范大学,2015:2.
[②] 张晓彤.内蒙古阴山岩画视觉语言研究[D].内蒙古:内蒙古师范大学,2020:1-2.
[③] 刘秉果.中国古代体育简史[M].北京:中华书局,上海古籍出版社,2010:23-53.

民喜爱的休闲娱乐活动——蹴鞠。不过,此时的蹴鞠活动仅仅是单人耍玩的娱乐游戏。

蹴鞠流传至汉代已发展成为一项6人对6人的团队竞赛项目,汉代皇帝提倡蹴鞠,同时将其作为军事训练的一种手段。刘向在《别录》中提出:"蹴鞠,兵势也,所以练武士,知有材也,皆因嬉戏而讲练之。"汉代建立了很多蹴鞠场,宫廷及贵族家中也建有蹴鞠场,其中以平乐馆最为闻名,皇帝在这里观看蹴鞠比赛时,宫人们就将皇帝的御座摆放在球场边上的检阅台上。平乐馆不仅可以蹴鞠,还可供汉朝子民观看角抵,《汉书》记载"元封六年夏,京师民观角抵于上林平乐馆",平乐馆只是汉代上林苑的其中一馆。

平乐馆和昆明池都是汉代皇家上林苑中的一部分,《史记·平准书》记载:"是时越欲与汉用船战逐,乃大修昆明池,列观环之……棘上林,作昆明池。"我国多部古籍记载了昆明湖起初是训练水兵之所,但是到了昭帝时期已不再练习水战,而是改为在池中养鱼。再后来直至唐代,古人将昆明池作为泛舟游玩的地方,南齐诗人谢朓在《泛水曲》中描述了"罢游平乐苑,泛鹢昆明池"的出游景象。

徐卫民在对有关昆明池及上林苑的史料研究中提出昆明池的功能分别是:操练水兵、完善城市供水和调节漕运、发展养殖业、模拟天象、宣示皇家威严①。徐卫民描述了上林苑的葡萄园种着张骞出使西域带回来的葡萄,并且专门开设了西域乌孙语的学堂,引出"元封三年(公元前108年)春,作角抵戏,以享外国朝献者,三百里内人皆观"②,揭示了上林苑对古丝绸之路的作用,可见上林苑是对外文化贸易交流之所。《西京杂记》《初学记》都提到昆明池中养的鱼,除去供给诸陵祠后,把所剩余的鱼拿到长安的集市上出售,都出现"鱼乃贱"的场景,说明鱼产量之大,同时可以肯定的是出售昆明池中鱼可为上林苑带来经济效益③④。

上林苑始建于秦朝,《史记·秦始皇本纪》记载:"诸庙及章台、上林皆在渭南……乃营作朝官渭南上林苑中,先作前殿阿房","渭南"意为渭水之南,可见上林苑最初的地理位置,但是对于秦时上林苑的记载也仅限于此。汉代上林苑于建元三年(公元前138年),在秦旧苑基础上改造而成,建成后的汉代上林苑参照现代的方位,位于西安市以西,地跨长安、鄠邑、西咸、周至、蓝田五个区、县,占地面积约340平方公里。"荡荡乎八川分流,相背而异态。东西南北,驰骛往来。"这是西汉文学家司马相如在《上林赋》中用渭、泾、沣、涝、潏、滈、泸、灞八条河流在上林苑中川流的景象描绘了汉代上林苑的恢弘壮阔。《羽猎赋》《西都赋》《西京赋》分别以不同视角描述了上林苑中的景观。苑内层峦耸翠、枝繁叶茂、潺潺流水,孕育了无数鸟兽鱼鳖,灌溉着各类奇珍异草。汉代上林苑的建立是我国汉代经济实力的体现,上林苑是我国古代皇家最大的宫苑。

---

① 徐卫民,裴蓓.西汉昆明池的前世今生[J].秦汉研究,2020(1):123-143.
② 《汉书·五行志》:"元狩三年夏,大旱。是岁,发天下故吏伐棘上林,穿昆明池。"
③ 《西京杂记》:"武帝作昆明池,欲伐昆明夷,教习水战,因而于上游戏养鱼。鱼给诸陵庙祭祀,余付长安市卖之。"
④ 《初学记》:"至昭帝幼冲,不复习战。于中养鱼,以给诸陵祠。余付长安市,鱼乃贱。"

汉代经过文景之治后到汉武帝刘彻继位时,国力已是相当雄厚,汉武帝在位期间积极推行财政和货币制度的改革,兴建水利、发展农业生产力,通丝路、开放对外贸易,开疆扩土、抗击匈奴。自元狩四年(公元前119年)起,汉武帝启用精于轻重之术的兴利之臣,制定了一系列经济政策,同时颁布并实施了整治工商界的法令,以快速恢复经济、增加财政收入、保障军事储备。法令条文规定:"中家以上大抵皆遇告……其没入奴婢,分诸苑养狗马禽兽"作为处罚方式之一,这也是补充各苑劳动力资源的一条途径[①]。

所以说,偌大的汉代上林苑不仅是军事操练、体育运动、娱乐、游猎的场地,还可以作为政治会见、外贸交流、葡萄种植及推广的场所。上林苑受朝廷财政的扶持,同时也是汉代盛世水利工程的核心之地,为朝廷带来经济效益。上林苑是汉代以来最大的园林,当属汉代建筑典范,是集皇家宫苑、植物园、动物园、户外体育场所为一体的综合性的园林,可以说上林苑是我国体育服务综合体的雏形。

对比欧洲体育场遗迹,为什么我国古代体育场只在文献中出现而没被很好地保存呢?因为古希腊体育场的建材是大理石,古罗马体育场的建材是混凝土,而我国古代建筑多是土木结构。到过秦始皇兵马俑的人都知道,每列秦俑坑两侧的夯土墙上缘呈现类似波浪形,那是墙与墙之间所搭圆木留下的痕迹,采用坚实的圆木起到支撑上层建筑保护下层秦俑的作用。圆木经千年的风化到人们发现秦始皇兵马俑1号坑时,已不见了踪影,只留下了残垣上曾被圆木重压过的痕迹。这就是我国古代的体育场为什么不能像古希腊、古罗马的体育场那样被保存下来的原因。

2.1.2 国外体育服务综合体的发展

大约在公元100年至110年,世界上最早商业综合体——图拉真市场在距离古罗马斗兽场约800米处被修建而成。这个世界上最早的购物中心是为罗马市民提供日常所需的采买之所;与图拉真市场相对而立的是图拉真广场,从建造时间推测应该是罗马帝国所建的最后一个集会、议事的场所,广场两侧环绕着两所图书馆及两所宏伟的大会堂,广场中间筑有一根刻着图拉真皇帝雕像的功绩柱。

自罗马帝国衰亡,欧洲开始走向战争及分裂道路。在随后的很长一段时间,欧洲的统治者们都不重视体育的发展,他们相对重视文化、艺术、科学、生产力及建筑业的发展。

到了18世纪,欧洲文明达到了自古希腊文明以来的又一新高度。18世纪60年代工业革命开始以后,工业化发展促使城市成为区域经济发展的中心,城市结构和规模也随之发生改变。随着社会需求的与日俱增、建造技术的不断提升,原本单一功能的城市

---

① 徐媛.评汉武帝的经济政策[D].南京:南京师范大学,2005:26.

建筑已不能满足人民日常生活所需。商业拱廊的出现初步满足了欧洲人民对美好生活的向往，其功能汇集了购物、餐饮、娱乐等，成为此后约一百年间拱廊建筑形态发展的范本。

在"现代奥林匹克运动之父"顾拜旦的倡议下，第一届现代奥林匹克运动会于1896年4月6—15日在希腊雅典举行，"现代体育"这一概念逐渐被人们所重视。很多国家为举办各类体育竞技比赛，快速地建立专门用于竞技比赛的运动场馆。

1928年，一个国际现代派建筑师的国际非政府组织——国际现代建筑协会（法语：Congrès International d'Architecture Modern，简称"CIAM"）在瑞士成立。经过多次会议先后提出了关于有效利用土地、功能城市的《雅典宪章》、住宅、邻里单位、城市交通等方面的问题和观点。随着西方国家城市化进程的发展，城市空间形态也随之发生改变，城市建筑的建设模式逐步由传统的建筑模式向具有功能主义的单功能综合体建筑形式迈进[1]。

第三次科技革命开始，科学技术的革新推动了社会经济、政治、文化领域的大变革[2]。科学技术的进步、生产效率的提高，进一步促进了人们对美好生活的向往，在劳动之余开始追求丰富多彩的娱乐和游憩项目。城市建筑形态由单功能的城市综合体向多功能的城市综合体发生转变。世界上第一个城市综合体拉德芳斯（法语：La Défense）始建于20世纪50年代，位于巴黎城西的上塞纳省，邻近塞纳河畔纳伊。1989年，随着拉德芳斯的完工，一种新型的、多功能的、融合建筑空间和消费空间于一体，集商务办公、休闲娱乐、商业消费、居住区域、城市交通等功能的建筑群落也随之诞生。拉德芳斯的诞生使城市综合体成为世界各国城市建设和发展的趋势与亮点，也是西方国家在居住空间中融入多种城市功能的城市综合体大肆兴起之起点。

20世纪60—70年代以来，社会经济形态的巨大变革促使人们努力探寻体育产业与商业的结合点，最终在当时以市场经济为导向的社会体制中，探索到了体育产业的新出路——商业化。体育场馆的商业化经营与管理是体育产业在市场经济中求得生存的必然归宿[3]。在这个大型体育赛会展示国家综合实力的时代，体育场馆建设过程中也会考虑到体育赛事所带来的经济效应，人们逐渐认识到体育场馆的商业化是体育产业转型发展的必经之路。

城市综合体是城市化进程中社会经济发展的必然产物，是建筑的升级和城市空间的整合利用，是城市中商业、居住、娱乐、社交等各项功能复合的空间聚集地。随着城市化进程的推进及经济的发展，各产业顺应居民的消费需求而发展，商业、旅游、田园等各类

---

[1] 邹颖,卞洪波.对中国城市居住小区模式的思考[J].世界建筑,2000(5):24-24.
[2] 人民教育出版社历史室.世界近代现代史[M].2版.北京:人民教育出版社,2006:109.
[3] 张小刚.体育场馆的经营管理模式与设计[D].上海:同济大学,2007.

综合体相继出现,以体育服务为核心功能的体育服务综合体随之诞生(表2-1)。

表 2-1 国外部分体育服务综合体一览表

名称	建造形式	辅助功能
法兰西体育场	新建	报告厅、宴会厅、展厅、会议厅、商业空间、办公空间、酒吧、零售亭
法国的里尔体育场	新建	体育诊所和康复中心、商业空间、办公空间、餐饮、酒店
英国考文垂体育综合体	改造	购物中心、办公空间、赌场、餐饮、零售、宾馆、多功能演唱厅
悉尼奥林匹克公园	改造	住宅、办公、超市、邮局、银行、商店以及餐馆、海滨自然景观、奥运人文景观
日本墨田区体育馆	改造	体育产业、休闲娱乐场所

资料来源:根据陈元欣、姬伟、刘戈研究成果总结而成[1][2][3]。

2.1.3 我国体育产业的发展现状

党的十一届三中全会开启了我国社会主义现代化建设的新征程,是我国探索中国特色经济发展之路的新起点[4]。在新中国从"站起来"到"富起来"再到"强起来"的三个历史阶段中,改革开放是"强起来"的历史性开端,党领导团结人民进行着各项事业的全面改革。1984年,我国体育事业的改革与发展获得了在奥运赛场上"升国旗、奏国歌"的骄人成就[5]。

中国体育这张"名片",带领中国"冲出亚洲、走向世界",让世界重新认识这个更加开放的中国,并吸引更多外资投入到社会主义经济建设中来。国家奥林匹克体育中心(以下简称"国家奥体中心")和亚运村的建设是为了迎接1990年的北京亚运会。这是一次在国际舞台上展示我国综合体实力的机会,也是我国改革开放以来让世界看到新中国变化的窗口,更是我国打开国门引进外资的大好契机。北京市为办好这次亚运会而广纳资源,积极兴建各类社会基础设施及商业建筑。同年8月30日,中国国际贸易中心建成开业,该中心不仅为客商提供差旅处所,还以商业谈判、新闻发布、商务会展及宴请联欢、休闲娱乐、购物消费等高档商务服务作为设计理念和市场定位的初衷,是我国建筑业实现

---

[1] 陈元欣,李国立,王健.大型体育场馆余裕空间利用研究[J].北京体育大学学报,2014,37(4):27-31,80.
[2] 姬伟.悉尼奥林匹克公园赛后开发与利用研究[D].北京:北京体育大学,2010:12-14.
[3] 刘戈.日本东京墨田区综合体育馆的社会服务及其启示[J].体育文化导刊,2015,(6):27-30.
[4] 谢春涛.历史的轨迹中国共产党为什么能?[M].北京:新世界出版社,2012:106.
[5] 毛振明,罗帅呈,盖清华.论建党百年体育发展中的"民族振兴梦想"[J].武汉体育学院学报,2021,55(7):5-12.

向多功能城市综合体的首次跨越[①]。

北京亚运会后,体育产业作为市场化改革的新兴产物得到了初步发展并形成了较为完整的产业形态,体育建筑业、体育旅游业、体育用品业等相关产业开始蓬勃发展。北京奥运会的成功申办带动了我国各领域和各行业的发展,在政府政策、城市发展战略与规划的指引下,社会资本积极投资建设各类体育产业项目。据国家体育总局发布的全国体育及相关产业统计公报显示,2006—2008年全国体育及相关产业的从业人员数量增加,体育产业增加值也飞速上升(图2-2)。体育产业的快速发展增加了财政收入,还解决了人民的就业问题,在社会保障支出层面减少了政府的财政支出。

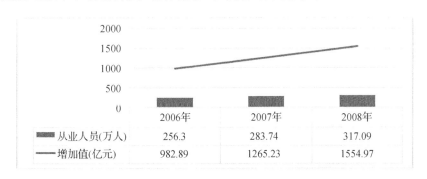

图2-2 2006—2008年间体育产业增加值及从业人员变化数据图

数据来源:国家体育总局发布的全国体育及相关产业统计公报[②]。

2010年,我国已成为世界第二大经济体,GDP呈稳步增长态势发展,我国经济发展环境也随之发生了巨大变化。经济发展方式从投资驱动转向创新驱动,产业的转型发展面临着巨大挑战。

结合马斯洛需求层次理论分析我国体育产业的发展概况,经济的发展带动了人均收入水平的提高,必然会推动消费观念更新步伐的加快,在满足日常生活必需品的同时,越来越多的人开始追求高质量、高品质的精神需求[③]。"全民健身"理念深入人心,人们的健身意识不断提高,对体育锻炼的获得感不断升高,体育消费需求也随之方兴日盛。然而,体育产业供给与各层次人民消费需求达不到平衡的问题日益突显,以承办赛事活动和运动训练为主要功能的传统体育场馆的发展模式已很难满足人民群众日益增长的体育需求,以至于人民群众参与体育锻炼及消费的满意度指数不乐观。

究其原因,我国大型体育场馆大多是为公共体育服务的场所,一般具有公益性,原本

---

① 何仲山,庞桂香.耸立在北京的世界第三大世贸中心:中国国际贸易中心的筹建与辉煌[J].百年潮,2001(6):22-31.
② 国家体育总局.2006—2008全国体育及相关产业统计公报[EB/OL].(2010-04-29)[2021-09-05]. https://www.sport.gov.cn/n4/n97/n101/c211955/content.html.
③ 赵祥,殷宁宇.城市化制度与产业结构优化升级研究[M].北京:人民出版社,2020:32-33.

只依靠政府财政支持得以运营,其长期单一的运营模式衍生出一系列的现实问题,主要表现为:管理体制和机制老旧、场馆空间利用率不高、经济社会效益低下甚至呈现"赤字"状态、去体育化现象严重等[①]。

如何保障人民群众日常体育锻炼、消费的需求,如何使体育健身场所的人均运动面积达标,如何实现体育场馆转型等一系列问题已成为一项社会问题。在体育产业领域,消费类型已经开始悄然变化:一是,从单一型产品消费向复合型产品消费转变;二是,从个体消费方式向社群消费方式转变;三是,从大众化产品消费向个性化产品消费转变。国内体育服务产业逐渐形成了以参与性体育消费为主导消费类型的健身娱乐类体育产业业态和以观赏性体育消费类型为主导的竞技表演类体育产业业态两大消费市场[②]。适应体育消费价值转换的走向和趋势是体育产业实现高质量发展的必由之路。

国家奥体中心作为北京奥运会的主场馆,是全国运动场馆建设的标杆,相关部门高度重视体育场馆的赛后利用,积极探索"政府引导、市场化运作"的奥运项目建设和运营运作模式,将体育场馆打造成为集竞赛训练、全民健身、休闲娱乐为一体的体育艺术中心。新改扩建完工的国家奥体中心作为北京奥运会主会场,与奥林匹克公园、奥林匹克森林公园和奥运村隔路相望,标志着体育产业融入城市经济建设的城市经济新业态星星之火开始"燎原"。

2.1.4 我国首批体育服务综合体建立

在公共体育场馆原有性质不改变的前提下,拓宽服务业务范围,积极发展旅游、会展、休闲及文艺汇演等与体育运动文化元素相关的产业集群,提升体育服务质量,辐射带动周边区域经济发展,越来越成为体育产业发展的现实需要。过去体育场地设施资源属于国有,由于长期受这种产权制度影响,我国体育服务综合体更凸显自上而下政策引导和推动的特征。

体育产业是前景十分广阔的朝阳产业,具有推动群众体育、竞技体育协调发展,加快建设体育强国的重要作用。国家体育总局早在2012年就已成立了大型体育场馆运营管理工作领导小组[③]。2013年10月,习近平提出:"中国经济已经进入新的发展阶段,正在

---

① 丁云霞,潘时华.体育综合体转型发展的逻辑动因与路径:基于"以人民为中心"的体育价值取向[J].上海体育学院学报,2018,42(6):30-35.
② 姚建.对我国体育产业问题的哲学思考[J].武汉交通科技大学学报(社会科学版),2000(4):72-74.
③ 国家体育总局.大型体育场馆运营管理工作领导小组成立暨第一次工作会议在京召开[EB/OL].(2012-04-13)[2022-04-19]. https://www.sport.gov.cn/jjs/n5032/c658454/content.html.

进行深刻的方式转变和结构调整。"2013年10月28日,体育总局等八部委联合下发《关于加强大型体育场馆运营管理改革创新提高公共服务水平的意见》(以下简称《意见》),首次提出了打造体育运动文化特色鲜明、服务功能多元化的体育服务综合体①。我国体育产业总规模不断扩大,形成了以体育服务为核心业态,融合其他相关辅助业态于一体的商业综合体。为指引社会主义市场经济体制发挥优势作用,鼓励社会资本对体育产业的投入,加快城市经济高效发展,实现资源整合,我国相关部门相继出台了指引性的文件。逐步扩充和明确了体育服务综合体的概念,并且对体育服务综合体建设工作作出了指示和要求,为我国体育服务综合体的建设和研究工作指引了方向。

党的十八大以来,党团结带领人民同心勠力取得了前所未有的改革发展成就,在"创新、协调、绿色、开放、共享"的新发展理念下带领着我国各项事业奋勇前行。中国特色社会主义进入新时期,在习近平新时代中国特色社会主义思想的指引下,投融资体制改革全面展开,我国体育产业加快了转型发展步伐,向高质量方向发展。以国家奥体中心为首的体育场馆经过扩建和改建,完成了老旧场馆向现代化、多功能、多业态的体育服务综合体迈进的步伐。2020年国家体育总局明确了体育服务综合体的概念和分类,并在全国范围内遴选出49家体育服务综合体作为典范。经过多年的努力,我国体育服务综合体建设工作是"一张白纸"绘制出"宏伟蓝图",最终完成了"产业融合"实体的落地。

体育服务综合体是我国新时期体育产业融合发展的理论创新成果,作为新时代的产物备受各界学者的关注。研究之初,我国学者根据多角度的理论剖析和多学科的交叉研究,以体育服务综合体的功能、业态、整合属性等方面为出发点,对体育服务综合体的概念进行了诠释:体育服务综合体是集商务、会展、运动、休闲、消费、娱乐、旅游、餐饮、住宿等多元化服务功能于一体的建筑体,为满足人们体育锻炼、娱乐消费、社交等体育服务需求,提供了具有鲜明体育文化特色的活动场所。多数学者认为体育服务综合体是建立于城市综合体基础之上的,根据建筑学构造和经济学原理分析,体育服务综合体属于城市综合体的一个分支。结合国家体育总局对体育服务综合体诠释的概念来看,体育服务综合体并不完全属于城市综合体的分支,它与商业综合体、旅游综合体、特色小镇等成交集关系(图2-3)。

---

① 国家体育总局,国家发展改革委,公安部,财政部,国土资源部,住房和城乡建设部,国家税务总局,国家工商总局.关于加强大型体育场馆运营管理改革创新提高公共服务水平的意见[EB/OL]. (2013-10-28)[2022-04-19]. https://www.sport.org.cn/search/system/gfxwj/tyjj/2018/1115/193609.html.

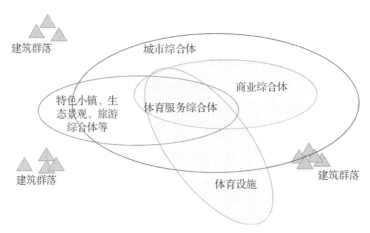

图 2-3 体育服务综合体的建筑学关系示意图

2.2 基于文献计量学对体育服务综合体国内外研究现状的述评

2.2.1 文献计量学在研究中的应用

2.2.1.1 文献计量学

文献计量学是以某相关文献为研究对象,采用数理统计等计量方法研究文献的数量关系、分布结构、变化规律等并找出其间关联性的一门学科。信息可视化分析是文献计量学的研究方法之一,源于2003年的科学知识图谱概念。随着信息可视化的发展,用于绘制科学知识图谱的各类软件被相继开发与应用[①]。CiteSpace信息可视化分析软件(以下简称"CiteSpace软件")是基于Java计算机编程语言的新兴软件。CiteSpace软件的工作原理是分析和度量某类研究中的文献、作者、研究机构等的相似性和关联性,是在庞杂的文献中经过数据挖掘、信息处理、知识计量、图形绘制以图片的形式展现研究现状的方法。

2.2.1.2 CiteSpace软件的应用

通过中国知网搜索"CiteSpace"可知,我国运用信息可视化软件开展科学研究工作始于2006年,该软件被广泛应用于各研究领域(图2-4),其中图书情报与数字图书馆研究领域的发文量最高达4 866篇,其次教育理论与教育管理研究领域的发文量为549篇,计

---

① 陈悦,刘则渊.科学知识图谱的发展历程[J].科学学研究,2008,26(3):449-460.

算机软件及计算机应用研究领域和农业经济研究领域的发文量均在 400 篇以上,体育研究领域的发文量为 391 篇。在体育科学中主要被用于体育政策、体育教育、体育场馆、体育产业等研究领域①②③④。

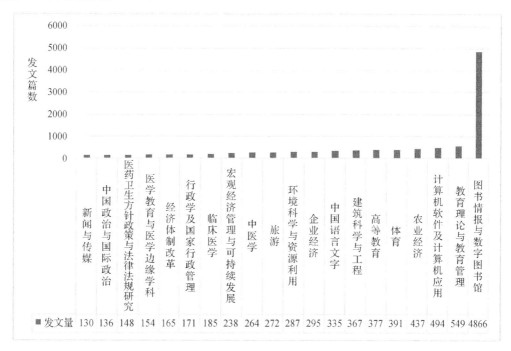

图 2-4 各学科应用 CiteSpace 软件的发文量分布图(数据截至 2021 年 12 月 31 日)

本研究采用该软件的目的是为将体育服务综合体的发展状态和机制通过图片的形式展现出来,使研究者更容易解读和理解,为体育服务综合体的研究范式、规划建设、运营管理、政策制定、改造升级提供参考与帮助,为我国体育服务综合体的研究提供新理论、新方法、新思路。

文献计量法可以有效地将大量关于体育服务综合体的文献数据进行整合与分析。采用 CiteSpace6.1.R1(CiteSpace6.1.R2)可视化计量软件(以下简称 CiteSpac 软件)统计当前国内外体育综合体研究领域的基本特征、研究机构、合作方式、前沿趋势,探究国内外体育服务综合体研究的异同,识别当前研究热点,厘清国内外体育服务综合体相关领域的研究现状。

---

① 高明,段卉,韩尚洁.基于 CiteSpaceⅢ 的国外体育教育研究计量学分析[J].体育科学,2015,35(1):4-12.
② 李立峰,王洪彪.中国公共体育服务研究 10 年(2007—2016):热点、趋势与展望——基于 CiteSpaceⅢ 的可视化分析[J].沈阳体育学院学报,2017,36(3):39-47.
③ 李柏,金银哲,朱小涛.基于 CiteSpace 的国际体育场馆知识图谱分析及启示[J].沈阳体育学院学报,2018,37(6):57-64.
④ 高明.基于 CiteSpaceⅤ 的国外体育教育评价研究回溯与前瞻[J].北京体育大学学报,2019,42(7):114-125.

2.2.2 国内研究现状

2.2.2.1 数据来源

1) 检索文献

我国于2013年首次提出打造体育服务综合体,在此之前专家和学者对体育服务综合体的研究都是以大型体育场馆或体育服务中心为研究对象。因此,本研究组在中国知网(CNKI)检索中文数据(文献)时,同时以"体育综合体""大型体育场馆""体育服务中心"为主题,检索时间从1990年至2021年12月31日,期刊来源为"CSSCI"和"北大核心"检索到265篇相关文献。

2) 筛选文献

为保证数据文献的有效性,须在中国知网中对文献资料进行筛选、剔除无效文献。首先,查验文献。查验文献的主要目的是为了查出文献中存在的错误、字段缺失,以及重复问题,剔除与"体育服务综合体""大型体育场馆""体育服务中心"等研究主题、研究范围不一致的文献。查验结果直接影响数据的准确性及后期对文献分析的结果,因此要保证数据文献的查准率和查全率,以提高数据选择的质量。其次,剔除数据文献中的非期刊文献。包括"会议""报纸""通知""报告"等非期刊文献。最后,选择文献。其主要目的是保证数据文献内容的完整性,所选的数据文献条目须包括论文的题目、关键词、作者、作者单位、所属基金、期刊名称、发表时间、期卷、中文摘要、参考文献等十条题录信息,缺失任何一项题录信息的文献将被筛除。经过以上三个步骤的筛选后,在中国知网的网页上选择"Refworks"格式并导出数据文献。

3) 数据处理

基于上述操作,将数据文献导入CiteSpace软件中以CNKI数据格式转换,完成"除重"操作后得到有效核心期刊文献243条,即为本次研究的中文数据文献。

CiteSpace软件可视化软件具体的操作步骤如下(图2-5):

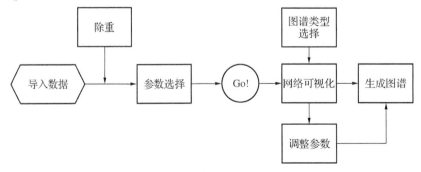

图 2-5 CiteSpace 软件操作流程

2.2.2.2 我国体育服务综合体研究的论文发表情况分析

根据软件提供的文献数据绘制了时间段为 2000 年 1 月 1 日至 2021 年 12 月 31 日的我国体育服务综合体相关研究文献发文数量变化趋势统计图(图 2-6)。该图显示从 2000 年 1 月 1 日到 2021 年 12 月 31 日的近 22 年间,被中国知网收录的国内关于"体育服务综合体""大型体育场馆""体育服务中心"研究的发文总量为 243 篇,线型图呈波浪形攀升状态。

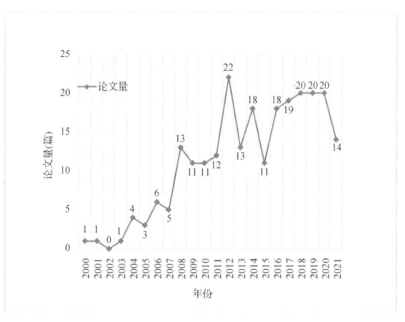

图 2-6 我国体育服务综合体相关研究文献发文趋势统计图(数据截至 2021 年 12 月 31 日)

由图 2-6 可知,2003 年以前年均发文量约为 1 篇,以 2004 年为窗口期开始呈波浪式缓慢上升,2008 年到达一个较高点,在 2012 年到达最高点。虽然期间出现几次拐点,但从总体态势来看,2008—2012 年为快速上升期,此后为稳步发展期。根据图中线条走势以 2012 年和 2020 年为标志年,同时结合发义量可将我国体育服务综合体的研究分为三个阶段(表 2-2):第一阶段,2000—2011 年是体育服务综合体研究的萌芽阶段;第二阶段,2012 年以后是我国体育服务综合体研究的探索阶段;第三阶段,2020 年以后是我国体育服务综合体研究的深化阶段。

表 2-2 我国体育服务综合体研究阶段一览表

年份	阶段	发文量(篇)	年均发文量(篇)	时间跨度(年)
2000—2011 年	第一阶段	68	5.67	12
2012—2019 年	第二阶段	141	17.63	8
2020 年以后	第三阶段	34	17	2

年平均增长量是一段时间内平均增长的情况。本研究用每一阶段体育服务综合体研究发文量的年平均增长量衡量这一阶段关于该领域研究的发文情况。

年平均增长量用 $\bar{a}$ 表示，增长次数用 n 表示，末期值用 B 表示，初期值用 A 表示，年平均增长量（$\bar{a}$）的公式如下：

$$\bar{a}=\frac{B-A}{n}$$

经计算得出：2011 年 1 月 1 日至 2021 年 1 月 31 日我国体育服务综合体研究发文量的年平均增长量为约 0.62 篇（0.6190……≈0.62）。由此说明，我国体育服务综合体研究的发文量呈稳步增长状态，但总体涨幅不明显。

在萌芽阶段中，由于"体育服务综合体"这一名词未被提出，该阶段主要以体育场馆或大型体育中心为主要研究对象，其中 2008 年出现的第一个峰值正当北京奥运会举办之年，涌现出一批学者进行关于"奥运场馆"的研究。

体育总局于 2012 年成立大型体育场馆运营管理工作领导小组，欲通过政策指引体育服务设施的建立，达到带动区域经济发展的目的，将体育服务综合体的研究推到又一高潮，从此开启了我国体育服务综合体研究探索阶段的开官之年[1]。2013 年 10 月，体育总局等八部委联合发文，首次提出了打造体育运动文化特色鲜明、服务功能多元化的体育服务综合体，在公共体育场馆原有性质不改变的前提下，大力发展与体育运动文化元素相关的体育产业业态集群[2]。2014 年至 2019 年间，国务院等多部门多次发文指导我国体育服务综合体的建设[3][4][5][6][7][8]。在此阶段，我国学者对体育服务综合体的研究以其概念、内涵、特征、运营、案例分析等内容为主流。

---

[1] 国家体育总局.大型体育场馆运营管理工作领导小组成立暨第一次工作会议在京召开[EB/OL].(2012-04-13)[2022-04-19]. https://www.sport.gov.cn/jjs/n5032/c658454/content.html.

[2] 国家体育总局,国家发展改革委,公安部,财政部,国土资源部,住房和城乡建设部,国家税务总局,国家工商总局.关于加强大型体育场馆运营管理改革创新提高公共服务水平的意见[EB/OL].(2013-10-28)[2022-04-19]. https://www.sport.org.cn/search/system/gfxwj/tyjj/2018/1115/193609.html.

[3] 中国政府网.国务院关于加快发展体育产业促进体育消费的若干意见(国发〔2014〕46 号)[EB/OL].(2014-10-20)[2022-04-19]. http://www.gov.cn/zhengce/content/2014/10/20/content_9152.htm.

[4] 国家体育总局.国家体育总局关于印发《体育场馆运营管理办法》的通知[EB/OL].(2015-01-15)[2022-04-19]. https://www.sport.gov.cn/n315/n331/n403/n1957/c784228/content.html.

[5] 国家体育总局.体育发展"十三五"规划[EB/OL].(2016-05-05)[2022-04-19]. http://www.sport.gov.cn/n10503/c722960/content.html.

[6] 中国政府网.中共中央国务院印发《"健康中国 2030"规划纲要》[EB/OL].(2016-10-25)[2022-04-19]. http://www.gov.cn/xinwen/2016-10/25/content_5124174.htm.

[7] 中国政府网.国务院办公厅关于促进全域旅游发展的指导意见(国办发〔2018〕15 号)[EB/OL].(2018-03-22)[2022-04-19]. http://www.gov.cn/zhengce/content/2018-03/22/content_5276447.htm.

[8] 中国政府网.国务院办公厅关于促进全民健身和体育消费推动体育产业高质量发展的意见(国办发〔2019〕43 号)[EB/OL].(2019-9-17)[2022-04-19]. http://www.gov.cn/zhengce/content/2019-09/17/content_5430555.htm.

2020年国家体育总局明确了我国体育服务综合体的概念并在全国范围内树立了49家体育服务综合体作为标杆。我国体育服务综合体研究进入深化阶段,研究内容开始趋于多元化、理论化的多学科交叉融合。

2.2.2.3 我国体育服务综合体研究机构分析

体育服务综合体研究机构在一定程度上能反映出我国体育服务综合体研究知识的产生、创造、传播与推进,对相关研究机构的梳理可以有效掌握我国关于体育服务综合体研究的综合实力及影响力[1]。借助CiteSpace软件通过可视化分析手段可以直观地了解我国关于体育服务综合体研究领域的各研究机构科研成果贡献情况,并能从节点大小直接判断各研究机构的科研产量。同时,通过研究机构的分析图谱中节点的颜色可直观展现该研究领域各研究机构的年度进展情况。

统计从2000—2021年间发文量排名前十的我国体育服务综合体研究机构(表2-3)可知:华中师范大学的发文量为35篇,排名第一;北京体育大学发文量为27篇,排名第二;华南理工大学发文量为18篇,排名第三,比排名第四的上海体育学院仅多出2篇。排名前四的研究机构发文量占总发文量(129篇)的74.42%,说明华中师范大学、北京体育大学、华南理工大学、上海体育学院四家科研机构对于体育服务综合体研究领域关注较多。从综合排名来看,我国关于体育服务综合体的研究机构多集中于开设体育专业的体育专业高校和师范类高校。除此之外,国家体育总局科学研究所和一些综合体性高校在体育服务综合体研究领域也取得了一定的研究成果。

表2-3 我国体育服务综合体研究机构发文量排名表(排名前十)

科研机构	发文量(篇)	排名
华中师范大学	35	1
北京体育大学	27	2
华南理工大学	18	3
上海体育学院	16	4
华南师范大学	7	5
安徽工程大学	7	6
廊坊师范学院	5	7
苏州大学体育学院	7	8
湖北大学体育学院	4	9
国家体育总局体育科学研究所	3	10

---

[1] 宋娟,吴瑛,梁亚姿,等.中国体育舞蹈主要研究内容及动态演进分析[J].河南师范大学学报(自然科学版),2020,48(5):112-118.

在 CiteSpace 软件中操作并生成我国体育服务综合体研究机构图谱,该图普直观地展示了我国体育服务综合体研究领域中各研究机构间的合作关系(图 2-7)。

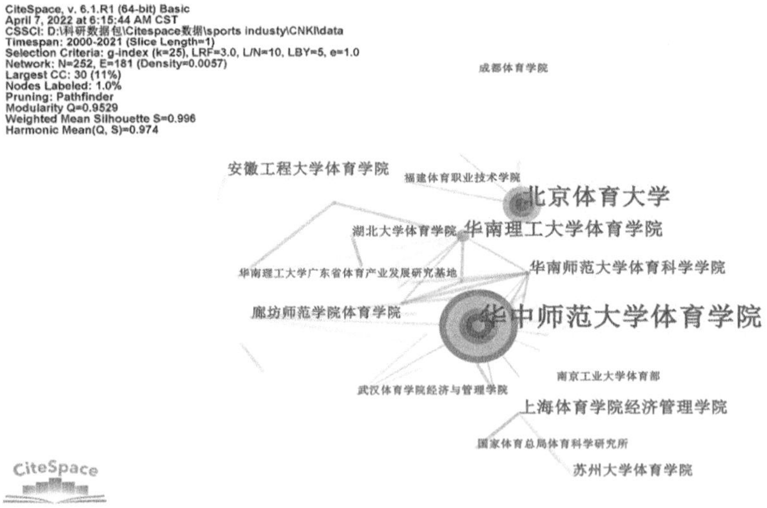

图 2-7　我国体育服务综合体研究机构图谱(数据截至 2021 年 12 月 31 日)

图 2-7 中,$Q=0.9529$,$S=0.996$,表示该分析结果网络结构显著、聚类高效可信。N(节点)=252 个,E(连线)=181 个,$Density$(密度)=0.0057。节点数大于连线数,研究体育服务综合体机构图标中节点较多且大多较为分散,连线较少但较为集中。

节点的大小反映了发文量的多少,节点越大发文量越多,其中按节点由大到小排序前三名的机构分别为华中师范大学、北京体育大学、华南理工大学体育学院,结合表 2-3 这三所高校关于体育服务综合体的发文量分别为 35 篇、27 篇、18 篇,说明图与表相关方面的结果是一致的。此外从节点的直径总长可以看出,华中师范大学从事体育服务综合体相关研究的时间较长,华中师范大学体育学院节点最外圈颜色较北京体育大学的节点外圈颜色深,且两个机构节点最外圈的宽度相当,说明华中师范大学近期发文量较高且中心性较为凸显。

节点间连线的粗细反映着各机构间的合作情况,连线越粗则合作越紧密。华中师范大学体育学院分别与华南师范大学体育科学学院、武汉体育学院经济与管理学院、廊坊师范学院体育学院都建立过合作关系,其中华中师范大学体育学院与华南师范大学体育科学学院间的合作较为频繁;华南师范大学体育科学学院、华南理工大学体育学院、廊坊师范大学体育学院存在两两合作,其中华南理工大学体育学院与廊坊师范大学体育学院间的合作关系较为紧密;上海体育学院经济管理学院分别与国家体育总局体育科学研究所和苏州大学体育学院建立了合作关系,线条较粗表示合作关系较为紧密;北京体育大学与福建体育职业技术学院建立了合作关系,但图中线条粗细适中表示两所研究机构间的合作频次相对较少;华南理工大学广东省体育产业发展研究基地与湖北大学体育学院间存在较为紧密的合作关系。图中15个节点中有3个节点没有与其他节点产生连线且节点较小,表示这三个研究机构在体育服务综合体等方面的研究较少且未曾与其他机构合作。

总体来说,我国关于体育服务综合体的研究机构以华中师范大学体育科学学院和北京师范大学为主。不同的机构存在独立完成研究或合作完成研究的方式,其中合作关系为双向合作或三角连线合作方式,少数机构间已初步建立了体育服务综合体的研究机构合作关系。

2.2.2.4 我国体育服务综合体研究领域研究者及合作关系分析

在体育服务综合体的研究领域中,组建稳定且权威的科研合作团队有助于高效助推该研究领域的快速发展。在 CiteSpace 软件中操作并生成研究者合作共现网,该图普直观地展示了在体育服务综合体研究领域中各研究者间的结构关系(图2-8)。

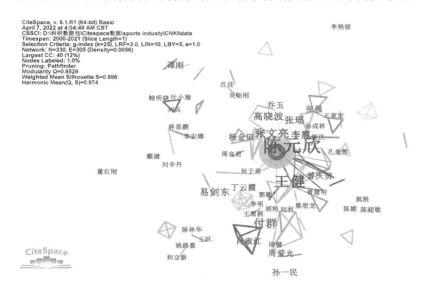

图 2-8 我国体育服务综合体研究作者合作共现网(数据截至 2021 年 12 月 31 日)

图注:图中主要节点为王健、姬庆、张文亮、付群、肖淑红、王雪莉、郭胜、陈雄、陈超敏、王家宏、张强、高晓波、张瑶、乔玉等。

图2-8中,$Q=0.9529$,$S=0.996$,表示该分析结果网络结构显著、聚类高效可信。图谱中 N(节点)$=330$ 个,E(连线)$=305$ 个,$Density$(密度)$=0.0056$。图中参数显示,节点数多于连线数且密度较小,可知研究者数量相对较多但是分布较为离散,合作不够紧密。

从图中节点的大小及颜色深浅度可知陈元欣发文量最多且中心性最为突现,通过连线可以看出陈元欣对体育服务综合体的研究领域具有一定影响力。陈元欣曾与王健、姬庆、张文亮建立过合作关系,其中与王健间的线条较粗说明两人间的合作次数相对较多。此外,付群曾分别与肖淑红、王雪莉建立过合作关系;郭胜、陈雄、陈超敏三人间合作次数相对频繁;王家宏与张强曾建立过合作关系;高晓波、张瑶、乔玉三人间曾建立过合作关系。

总之,图中大部分节点的半径极短,连线显示只有少部分研究者建立了合作关系,大部分研究者从事体育服务综合体的研究时间较短、发文量较小且尚未形成规模,研究力量处于分布范围广、不集中的现状。

通过 Citespace burstness detection model(突现词检测模型)可以检测出各作者关于体育服务综合体研究领域研究的起止时间及被引量的突现强度,通过该模型计算出排名前八的我国体育服务综合体研究领域作者被引量突现强度(图 2-9)。以研究者的起始时间为视角,将研究者按照研究起始时间序列进行排序,结合突现强度可以直观地看出该核心研究者在某一特定的时间区间内对体育服务综合体研究领域的科研贡献量和影响程度。

Top 8 Authors with the Strongest Citation Bursts

作者	弧度	开始	结束	1990-2021
王健	2.26	2006	2015	
曾庆贺	1.76	2008	2009	
肖淑红	1.67	2012	2013	
陈元欣	3.07	2013	2015	
张文亮	1.63	2015	2018	
高晓波	2.16	2019	2021	
张瑶	1.91	2019	2021	
孙一民	1.62	2019	2021	

图 2-9 我国体育服务综合体研究领域研究者被引量的突现强度表(排名前八)

由图 2-9 可知陈元欣的突现强度最高(3.07),其研究高峰主要集中在 2013—2015 年间。排名第二的是王健(2.26),其研究高峰主要集中在 2006—2015 年。排名第三、第四的分别是华南理工大学的高晓波(2.16)、张瑶(1.91),印证了上述关于体育服务综合体研究机构排序中华南理工大学排名第三的结果,结合本次分析结果可以推测高晓波、张瑶两位学者对于体育服务综合体的研究正处于上升期。

2.2.2.5 我国体育服务综合体研究领域核心作者的测算

科研工作者是科研成果得以产出的直接参与者,高产作者是某一研究领域高质量科研成果产出的骨干力量,高产作者的测评标准包括发文量、被引量。核心作者是对该领域的发展起重要引领作用的学术带头人,是在该研究领域独具影响力的科研工作者。

普赖斯定律能衡量各个学科领域文献作者分布的规律,该规律测评核心作者的指标分别为:发文量、被引量、综合指数[①]。钟文娟认为核心作者判定指标须满足最低发文量或最低被引量两项指标的其中之一[②]。郝若扬认为仅通过某领域科研成果的"量"判定核心作者存在一定的片面性,合理的评价指标必须能够揭示科研成果深层次的"质"[③]。

因此,本研究基于文献计量学普赖斯定律测算作者的最小发文量和最低被引量并初步拟定是否为核心作者,采用综合指数法对初步拟定的核心作者进行综合学术水平值测评,将综合学术水平值大于等于100的作者最终判定为核心作者(图2-10)。

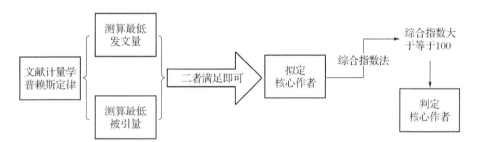

图2-10 核心作者测算示意图

1) 拟定核心作者

2000—2021年间体育服务综合体研究领域发文最多的作者是陈元欣,共发文23篇,依据文献计量学普赖斯定律测算核心作者的最低发文量判定标准为:

$$M_p = 0.749 \times \sqrt{N_{pmax}} = 0.749 \times \sqrt{23} \approx 3.592$$

式中:M_p是指核心作者最少应发表的论文数;N_{pmax}是指发文最多的作者发表的论文数。

按照取整原则,将发表4篇及以上核心论文的作者作为在2000—2021年间体育服务综合体研究领域核心作者的判定标准。根据CiteSpace软件处理结果可知,发表4篇及以上核心论文的作者共有8位,发文共计62篇,占总文献的26.84%,未达到普赖斯提出的标准(50%),表明我国体育服务综合体研究领域的高产作者群尚未建立起核心作

[①] 姚迪.基于CiteSpace对国内近十年运动训练学研究领域的可视化分析[D].呼和浩特:内蒙古师范大学,2021:23.

[②] 钟文娟.基于普赖斯定律与综合指数法的核心作者测评:以《图书馆建设》为例[J].科技管理研究,2012,32(2):57-60.

[③] 郝若扬.如何测度学科核心作者[N/OL].(2016-09-20)[2022-05-06]. http://cass.cssn.cn/xueshuchengguo/wenzhexuebulishixuebu/201609/t20160920_3207813.html.

者群。

用 $\bar{x}$ 表示发文平均指数,用发文总数与拟定核心作者数的比值测算发文平均指数。基于上述结果,计算可得发文平均指数 $\bar{x}=62/8=7.75$[①]。

2000—2021 年体育服务综合体研究领域被引最多的文章是张大超(第一作者)的《中外现代大型体育场馆管理体制的比较》,被引量为 206 次,依据文献计量学普赖斯定律所提出的计算公式:

$$M_c = 0.749 \times \sqrt{N_{pmax}} = 0.749 \times \sqrt{206} \approx 10.8$$

式中:M_c 是指核心作者最少应达到被引的次数;N_{pmax} 是指被引量最多的文章被引的次数。按照取整原则,将被引用 11 次及以上核心论文的作者作为 2000—2021 年间体育服务综合体研究领域的核心作者的判定标准。根据 CiteSpace 软件处理结果可知,被引 11 次以上的学者共 128 位,共计被引 4 440 次。

用 $\bar{y}$ 表示被引平均指数,用被引总数与拟定核心作者数的比值测算被引平均指数。基于上述结果,计算可得被引平均指数 $\bar{y}=4440/28=34.6875\approx34.69$[②]。

2) 判定核心作者

将发文量所得平均发文指数 $\bar{x}$,以及被引量所得平均被引指数 $\bar{y}$,代入综合指数公式,按公式计算每位核心作者的综合指数[③]。

$$Z_i = (x_i/\bar{x} \times 100) \times 0.5 + (y_i/\bar{y} \times 100) \times 0.5$$

式中:z_i 为第 i 核心作者的综合指数;$\bar{x}$ 为核心作者平均发文量;$\bar{y}$ 为核心作者发文平均被引量;x_i 为第 i 位核心作者累计发文量;y_i 为第 i 位候选人累计被引量。

如,陈元欣:

$$Z_i = (x_i/\bar{x}) \times 100 \times 0.5 + (y_i/\bar{y}) \times 100 \times 0.5$$
$$= 23/7.75 \times 100 \times 0.5 + 983/34.69 \times 100 \times 0.5 \approx 1565.22$$

根据此公式,制作排名前 10 位的高产作者综合指数(表 2-4)。

表 2-4 我国体育服务综合体研究领域核心作者综合指数一览表(排名前十)

作者	发文篇数	被引频次	综合指数	机构
陈元欣	23	983	1 565.22	华中师范大学
王健	12	644	1 005.64	华中师范大学
张大超	2	243	363.15	河南大学

---

① 姚迪.基于 CiteSpace 对国内近十年运动训练学研究领域的可视化分析[D].呼和浩特:内蒙古师范大学,2021:23.

② 姚迪.基于 CiteSpace 对国内近十年运动训练学研究领域的可视化分析[D].呼和浩特:内蒙古师范大学,2021:23.

③ 徐丽芳,周伊.我国数字阅读研究知识图谱分析:基于 CSSCI 期刊论文[J].出版科学,2021,29(6):84-96.

续表2-4

作者	发文篇数	被引频次	综合指数	机构
付群	6	207	337.07	湖北大学
张文亮	6	152	257.79	华中师范大学
刘波	2	169	256.49	南京理工大学
汤起宇	2	169	256.49	武汉体育学院
雷厉	2	156	237.75	北京体育大学
高晓波	5	104	182.16	华南理工大学
余惠清	1	112	167.88	广州商学院

表2-4显示,综合指数(1 565.22,超过第二名559.58个点)排名第一的是华中师范大学的陈元欣学者,发文23篇被引频次为983次。陈元欣先后以经验借鉴、新发展理念、体育消费等为视角,采用文献资料查阅、专家访谈、实地考察和案例分析等研究方法,探索体育服务综合体发展的新空间。其研究成果为我国体育场馆供给侧改革和体育服务综合体的发展提供了翔实案例分析资料并且夯实了体育服务综合体研究的理论基础。从表中"机构"栏可以看出,作者单位隶属华中师范大学的占总数的30%,之中包括陈元欣作者合作网中的王健和张文亮,由此预测以陈元欣为中心的核心作者群正在逐步建立。

2.2.2.6 我国体育服务综合体研究热点分析

研究热点是一定时间区域内学科研究范畴的动态变量,是研究人员在这一特定时间区域内的研究内容。统计从2000—2021年间发文量排名前二十的国外体育服务综合体研究关键词,见表2-5。表2-5中出现了体育场馆、体育经济、体育产业、体育管理等高频高中介中心性词汇,排名由高到低依次为第一名至第四名。其中介中心性分别为0.57、0.23、0.17、0.14,说明体育场馆、体育经济、体育产业、体育管理是我国体育服务综合体研究领域学者们重点关注的研究热点词汇。

表2-5 我国体育服务综合体研究领域高频关键词信息一览表

排序	关键词	频次	中介中心性	年份
1	体育场馆	37	0.57	2004
2	体育经济	32	0.23	2008
3	体育产业	20	0.17	2008
4	体育管理	18	0.14	2008
5	体育馆	8	0.13	2006
6	北京	6	0.05	2010

续表 2-5

排序	关键词	频次	中介中心性	年份
7	美国	6	0.04	2007
8	体育场	6	0	2006
9	体育中心	5	0.06	2006
10	体育城市	5	0.03	2007
11	体育教育	5	0.03	2007
12	体育文化	5	0.02	2008
13	体育赛事	4	0.05	2011
14	中国	4	0.05	2007
15	建设	4	0.04	2005
16	经营管理	4	0.04	2004
17	空间布局	4	0.03	2014
18	场馆运营	4	0.02	2014
19	体育设施	4	0.02	2010
20	运营模式	4	0.01	2013

通过 Citespace burstness detection model(突现词检测模型)计算出排名前十二的我国体育服务综合体研究领域关键词频次突现强度(图 2-11),通过该模型可以检测出各作者关于体育服务综合体研究领域研究的起止时间及被引量的突现强度。以关键词出现的起始时间为视角,将关键词按照研究起始时间进行排序,结合贡献强度可以直观地看出该关键词在某一特定的时间区间内对体育服务综合体研究领域的科研贡献量和影响程度。

由图 2-11 可知,关于体育服务综合体研究领域的关键词最早出现突现的是"城市化"和"经营"两个关键词,这两个关键词出现突现的时间均为 2005 年,但是由深色线段长度可以判断这两个关键词的突现强度并不高。其中关键词"城市化"的突现结束时间为 2006 年,研究周期为一年;关键词"经营"的突现结束时间为 2008 年,研究周期为三年。研究表明,城市综合体是城市化进程中社会经济发展的必然产物,是建筑的升级和城市空间的整合利用,是城市中商业、居住、娱乐、社交等各项功能的复合空间聚集地。随着城市化进程的推进及经济的发展,为满足居民的体育消费需求,具有综合功能的大型体育场馆相继出现,进而诞生了以体育服务为核心特色鲜明的体育服务综合体。在研究之初,由于我国体育服务综合体的名词未被提出,学者根据城市化进程理论剖析大型体育场馆的发展历程,由此印证了关键词"城市化"突现强度存在的时间段为 2005—2006 年。2008 年北京奥运会前期,我国学者对于大型体育场馆的研究呈喷井式增长,多以场

Top 13 Keywords with the Strongest Citation Bursts

Keywords	Year	Strength	Begin	End	1990 – 2021
城市化	1990	1.91	2005	2006	
经营	1990	1.62	2005	2008	
现状	1990	1.74	2008	2009	
广州	1990	1.64	2009	2011	
经营管理	1990	1.49	2009	2011	
体育设施	1990	1.66	2010	2014	
运营模式	1990	1.55	2013	2017	
体育场	1990	1.42	2013	2016	
场馆运营	1990	1.52	2014	2018	
体育赛事	1990	1.42	2014	2016	
体育产业	1990	2.37	2016	2021	
美国	1990	1.93	2016	2017	
全民健身	1990	1.5	2017	2018	

图2-11 我国体育服务综合体研究关键词频次突现强度表(排名前十三)

馆经营管理研究方向呈现。在北京奥运会前后，关于体育场馆的研究关键词由"经营""现状"等逐渐细化为"经营管理""场地设施"。此外，广东省是改革开放的先锋军，经济发展相比其他城市更为迅速，因此有关广东省体育场馆的地域、区域、案例等研究较多，关键词"广州"呈现出一定的突现强度。2013年随着"放管服"等政策落地，关于体育场、场馆运营、体育赛事的研究成果增多。2016年，国家体育总局制定并下发了《体育产业发展"十三五"规划》，随后关于体育产业的研究剧增。数据显示，在2011—2019年的9年里，全国居民人均可支配收入实际增长96.6%[①]。2019年全国居民人均服务性消费占比为45.9%，全民恩格尔系数为28.2%，再创历史新低[②]。

2020年全球暴发的新冠肺炎疫情对世界各国经济产生了巨大的冲击和考验，全国居民人均服务性消费占比降至42.6%，全民恩格尔系数回升至30.2%[③]。在以习近平同志为核心的党中央坚强领导下，我国的疫情阻击战取得阶段性的重大胜利。各级政府采取有效应对措施，持续巩固疫情防控成效，奋力开拓经济社会发展新局面，构建发展新格

---

① 方晓丹. 从居民收入看全面建设小康社会成就[N/OL]. (2020-07-27)[2022-05-06]. http://www.stats.gov.cn/tjsj/sjjd/202007/t20200727_1778643.html.
② 方晓丹. 从居民收入看全面建设小康社会成就[N/OL]. (2020-07-27)[2022-05-06]. http://www.stats.gov.cn/tjsj/sjjd/202007/t20200727_1778643.html.
③ 国家统计局. 中华人民共和国2020年国民经济和社会发展统计公报[EB/OL]. (2021-02-28)[2021-09-05]. http://www.stats.gov.cn/xxgk/sjfb/zxfb2020/202102/t20210228_1814159.html.

局,2021年我国经济恢复取得明显成效,居民消费呈现恢复性增长态势①。

疫情常态化不仅给世界经济带来了影响,也使人们对"体育强国"战略有了更深入的理解,并对"体医融合"的含义获得了新认知。疫情期间,钟南山院士等各学科、各领域专家、学者纷纷提出了运动有益身心的观点,并鼓励人们坚持体育运动。从疫情期间的"居家运动"到2021年的"各类体育场馆人流量达到新高"足以证明人们对健康观念的转变及对体育消费的迫切渴望。

体育是促进经济社会发展的重要动力,体育消费已成为我国经济复苏的重要手段及最快捷的方式②。体育消费需求呈现爆发式增长,更凸显了我国体育服务综合体仍处于不协调和不平衡的发展阶段,体育场馆传统的管理体制制约着体育场馆向多元化发展。体育服务综合体作为实现体育消费的重要载体,在未来的发展中面临着重大的机遇和挑战。

2021年,构建国内国际双循环的新发展格局是为应对和利用好百年未有之大变局所提出来的强国战略。体育产业将成为我国经济发展的支柱性产业,体育强国战略将带动我国体育产业发展到新的高度。体育服务综合体一直被学界认为是"一业兴带动百业旺"的带动型产业,与其他产业具有很强的关联性,体育服务综合体的发展对打通国内大循环具有重要的纽带作用。"体育产业"频次突现强度再一次说明:体育产业将会是"十四五"乃至今后更长的一段时期关于体育服务综合体的研究热点。

2.2.2.7 我国体育服务综合体研究关键词分析

关键词"聚类"是指研究领域内具有相似研究主题的关键词形成的互相联系的网络集群,各集群的内涵由各自包含文章中高频使用的标题词来标识。在CiteSpace软件运算生成的关键词聚类共现网络图中,同一个集群的节点使用凸壳覆盖或仅显示轮廓。集群由大到小依次标号,标号从♯0开始,即♯0表示最大集群,然后是集群♯1、集群♯2,依次类推。

在我国体育服务综合体研究领域关键词共现图的基础上进行关键词聚类,可进一步探索国内体育服务综合体研究的热点主题。聚类后Q取值区间为$[0,1]$,$Q>0.3$时意味着网络结构是显著的,S值为0.7时聚类结果是有高信度的,S在0.5以上则认为聚类是合理的。在CiteSpace软件中的运行界面点击"K"进行聚类,生成我国体育服务综合体关键词聚类共现网络图(图2-12)。

---

① 方晓丹.居民收入增长持续稳定 恢复居民消费支出恢复性反弹[N/OL].(2021-04-17)[2022-05-06]. http://www.stats.gov.cn/tjsj/zxfb/202104/t20210416_1816459.html.

② 人民日报.不断开创体育事业发展新局面:习近平总书记在教育文化卫生体育领域专家代表座谈会上重要讲话在体育界引发热烈反响[N/OL].(2020-09-27)[2022-05-06]. http://politics.people.com.cn/n1/2020/0927/c1001-31876061.html.

2 文献综述

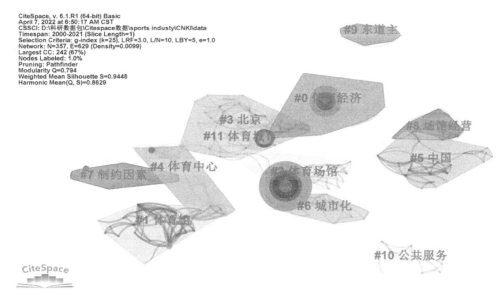

图 2-12　我国体育服务综合体关键词聚类共现网络图(数据截至 2021 年 12 月 31 日)

图 2-12 中,Q 值=0.794,S 值=0.9448,表示该分析结果网络结构显著、聚类高效可信。N(节点)=357 个,E(连线)=629 个,Density(密度)=0.0099。节点数小于连线数表明体育服务综合体研究的关键词较多且较为密集,连线多表明个关键词间的相互关系较为密切。

图 2-12 中显示了 12 个聚类,分别为♯0 体育经济、♯1 体育馆、♯2 体育场馆、♯3 北京、♯4 体育中心、♯5 中国、♯6 城市化、♯7 制约因素、♯8 场馆经营、♯9 东道主、♯10 公共服务、♯11 体育城市。

根据 CiteSpace 软件分析结果,将 top12 的热点关键词发文频次以及中心性代入 Excel 分析得出国内有关体育服务综合体研究关键词聚类信息表 2-6。

表 2-6　我国体育服务综合体研究关键词聚类信息一览表(排名前十二)

排名	聚类编号	频次	S 值(类团紧密度)	关键词信息
1	♯0 体育经济	39	0.94	体育经济;体育产业;体育文化;体育服务综合体;场馆运营
2	♯1 体育馆	31	0.953	体育馆;体育场;江门市;比赛池;会展中心
3	♯2 体育场馆	30	0.996	体育场馆;评价指标;环境质量;主观评价;运营模式
4	♯3 北京	30	0.855	北京;国际体育中心城市;大众体育;体育设施;上海市

续表 2-6

排名	聚类编号	频次	S值(类团紧密度)	关键词信息
5	#4 体育中心	26	0.984	体育中心;体育管理;场馆服务;弦支穹顶结构;比赛场地
6	#5 中国	23	0.915	中国;空间布局;体育教育;利用;赛后运营
7	#6 城市化	14	0.944	城市化;建设;基础设施;巨型工程;南京河西新城
8	#7 制约因素	12	0.914	制约因素;现状;赛后利用;价值;公共体育场(馆)
9	#8 场馆经营	11	0.958	场馆经营;体育用品产业;体育场馆设施;体育产业发展;女性主义建筑学
10	#9 东道主	10	0.998	东道主;奥运报道;北京奥运;奥运传播;国际化表达
11	#10 公共服务	9	0.994	公共服务;模式选择;运营;公益性;路径安排
12	#11 体育城市	7	0.945	体育城市;体育城市建设;体育建筑;体育组织;城市变迁

第一组体育经济聚类发文频次(排名第一)为39次,其中关键词包括体育经济、体育产业、体育文化、体育服务综合体、场馆运营。第二组体育馆聚类发文频次(排名第二)为31次,其中关键词包括体育馆、体育场、江门市、比赛池、会展中心。第三组体育场馆聚类发文频次(排名并列第三)为30次,其中关键词包括体育场馆、评价指标、环境质量、主观评价、运营模式。第四组北京聚类发文频次(排名并列第三)为30次,其中关键词包括北京、国际体育中心城市、大众体育、体育设施、上海市。第五组体育中心聚类发文频次(排名第五)为26次,其中关键词包括体育中心、体育管理、场馆服务、弦支穹顶结构、比赛场地。第六组中国聚类发文频次(排名第六)为23次,其中关键词包括中国、空间布局、体育教育、利用、赛后运营。第七组城市化聚类发文频次(排名第七)为12次,其中关键词包括城市化、建设、基础设施、巨型工程、南京河西新城。第八组制约因素聚类发文频次(排名第八)为12次,其中关键词包括制约因素、现状、赛后利用、价值、公共体育场(馆)。第九组场馆经营聚类发文频次(排名第九)为11次,其中关键词包括场馆经营、体育用品产业、体育场馆设施、体育产业发展、女性主义建筑学。第十组东道主聚类发文频次(排名第十)为10次,其中关键词包括东道主、奥运报道、北京奥运、奥运传播、国际化表达。第十一组公共服务聚类发文频次(排名第十一)9次,其中关键词包括公共服务、模式选择、运营、公益性、路径安排。第十二组体育城市聚类发文频次(排名第十二)7次,其中关键词包括体育城市、体育城市建设、体育建筑、体育组织、城市变迁。

体育服务综合体和体育场馆是体育产业的重要载体,以场馆运营为抓手能产生更多经济效益(体育经济)和社会效益(体育文化)。近年来我国学者通过多学科交叉融合开展体育服务综合体研究,目前已形成了成熟的理论基础。体育产业、体育场馆、体育经济同属经济学理论范畴,因此体育场馆、体育经济、体育产业出现频次高是必然结果。

2.2.2.8 国内体育服务综合体研究述评

将我国体育服务综合体研究领域高频关键词信息一览表(表2-5)、我国体育服务综合体研究关键词聚类信息一览表(表2-6)、我国体育服务综合体关键词聚类共现网络图(图2-12)的数据与原有文献资料进行对比,同时结合我国体育服务综合体相关研究文献发文趋势统计图和我国体育服务综合体研究阶段一览表(表2-2),按研究内容将我国体育服务综合体的研究进一步细分为三个阶段:第一个研究阶段为探索阶段,以研究我国体育服务综合体的内涵为主;第二个研究阶段为发展阶段,以研究我国体育服务综合体的建设路径、运营管理为主;第三个研究阶段为应用阶段,研究开始于"十四五"规划的发布,研究内容以体育服务综合体所产生的社会效益为主。

2013年始为我国体育服务综合体研究的探索阶段。学者们根据政府对体育服务综合体建设的指导意见,在原有研究成果的基础上,持续深挖问题、剖析根源、拓宽研究思路及视角,融合多学科理论基础作为研究的切入点,对体育服务综合体的内涵取得了新认识,主要表现在以下五个方面:第一,从体育服务角度而论,体育服务综合体是以多样化和高度集约的体育资源为载体,以满足人们体育消费需求为核心,以提供高品质服务为根本的聚集区与生活区[1]。第二,从体育服务供应链角度而论,体育服务综合体是体育产业集聚区,是用来满足体育及相关服务需求的内部服务生态链[2]。第三,从功能定位角度而论,新形势下体育产业转型发展应是均衡共进的,区域定位不能仅局限于城市,除体育设施外,体育人文景观、自然资源等都可作为体育服务综合体的发展载体[3][4]。第四,从城市文化角度而论,体育服务综合体是以彰显城市体育文化特征为目的的城市"名片"[5]。第五,从经济学理论角度而论,体育服务综合体是可持续发展的经济链载体。2015年我国体育服务综合体研究逐渐过渡到发展期,2015年不是一个时间节点而是一个过渡的时段,因为在2015年以后仍有少量关于体育服务综合体功能的研究内容出现。在这一时期,我国体育服务综合体也得到了迅速发展,但由于我国体育服务综合体处于"刚起步""零基础"阶段,多数学者将研究重点转向探索其建设路径、发展模式及推进策略上来。

---

[1] 王家宏,蔡朋龙,陶玉流,等.我国城市体育服务综合体的发展模式与推进策略[J].武汉体育学院学报,2017,51(7):5-13.
[2] 丁云霞.体育综合体服务供应链利益主体间的关系及其协调机制研究[D].上海:上海体育学院,2019:15-38.
[3] 蔡朋龙.城市体育服务综合体的功能定位与价值实现[J].体育文化导刊,2017(6):118-123.
[4] 丁云霞,潘时华.体育综合体转型发展的逻辑动因与路径:基于"以人民为中心"的体育价值取向[J].上海体育学院学报,2018,42(6):30-35.
[5] 曾俊山.城市体育服务综合体开发定位与业态布局研究[D].苏州:苏州大学,2018:10-11.

建设路径的研究主要包括：旧场馆改造、民营资本力量发挥、多业态互动运营模式、依托商业资源建设体育场馆等①②。发展模式的研究主要包括：推进"PPP+"模式及多元化的运营模式。王家宏、陈元欣、吴昕歌等学者通过现状调查、案例分析等研究手段，对我国体育服务综合体的发展提出建立相关协调机制、提出合理科学的布局与规划、构建政策支持——内部管理——运营团队三位一体的管理架构等策略③④。

2021年始，体育服务综合体步入了应用阶段。2021年，在"十四五"规划的开端之年，体育产业的发展正面临着百年未有之大变局。未来体育产业将发展成为国民经济支柱性产业，作为体育产业的新载体——体育服务综合体也迎来了发展的新机遇和挑战。因此，这一阶段的体育服务综合体研究多偏重于应用研究，研究主要以新发展格局、多案例分析、消费路径提升等视角对我国体育服务综合体发展路径进行探析。陈元欣等以新发展格局为视角对场馆建设规模、场馆支持政策、场馆服务质量、国际赛事机遇、评价体系、绿色发展理念、场馆智慧化、场馆服务体验等八个方面提出了建议。付群、石岩提出打造体育产业发展载体、充分发挥体育场馆主功能、实现运营管理专业化、设置便捷的配套服务、延伸体育产业链条等我国场馆型体育服务综合体发展的提升路径⑤。

从上述分析结果可以看出，体育经济、体育产业是近年来体育服务综合体研究领域所关注的热点。未来的一段时间内，关于体育服务综合体的研究必将是探索如何最大化地发挥其社会效益、经济效益等作用的应用研究。

2.2.3 国外研究现状

2.2.3.1 数据来源

1) 检索文献

与国内研究现状的可视化分析一样，采取 CiteSpace 可视化软件研发者陈超美关于 CiteSpace 的搜索建议，外文文献在 Web of Science(WOS)核心合集中进行检索。同样选取与本次检索主题"体育服务综合体""体育服务中心""大型体育场馆"相近的检索词，查阅词典将相关的检索词翻译为" sport* service complex"" sports complex"" large

---

① 丁宏,金世斌.江苏发展城市体育服务综合体的路径选择[J].体育与科学,2015,36(2):34-37.
② 张强,陈元欣,王华燕,等.我国城市体育服务综合体的发展路径研究[J].成都体育学院学报,2016,42(4):21-26.
③ 王家宏,蔡朋龙,陶玉流,等.我国城市体育服务综合体的发展模式与推进策略[J].武汉体育学院学报,2017,51(7):5-13.
④ 吴昕歌,陈元欣.新加坡体育服务综合体典型案例分析及启示[J].体育文化导刊,2019(5):93-98.
⑤ 付群,石岩.多案例视角下我国场馆型体育服务综合体主要特点及提升路径[J].体育文化导刊,2021,(6):90-95,103.

stadium"。

为保证文献检索的查全率,本次采取"非常宽松"的检索取向进行文献检索:将检索式选择为 TS=(((ALL=(sport* service complex))OR ALL=("sports complex"))OR ALL=("large stadium")))[①],文献类型为"article and review",语种为"English",时间范围选择系统可选的最大跨度,截止日期为 2021 年 12 月 31 日,经过以上操作检索出初始文献 2 304 篇。

2) 筛选文献

第一步,在 Web of Science(WOS)中将 2 304 篇初始文献中缺少摘要、关键词、参考文献、作者、研究机构以及出版物信息的文献进行筛除;第二步,新建文件夹并命名为"download",将 685 篇来源文献以". txt"数据格式保存并导入该文件夹;第三步,运用 CiteSpace 软件自带的除重功能,剔除重复文件后得到 679 篇有效文件。

2.2.3.2 国际体育服务综合体研究的论文发表情况分析

根据软件提供文献数据绘制国际体育服务综合体相关研究发文趋势统计图(图 2-13)。国外关于"体育服务综合体""体育服务中心""大型体育场馆"("sport* service complex""sports complex""large stadium")研究发文量的线形图总体呈波浪式上升状态,总发文量为 679 篇。

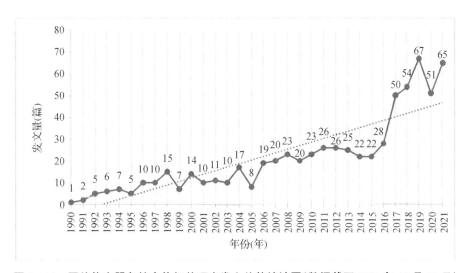

图 2-13　国外体育服务综合体相关研究发文趋势统计图(数据截至 2021 年 12 月 31 日)

根据搜索到的文献可知,国外关于体育服务综合体的研究最早可追溯至 1990 年。图 2-13 中国外关于体育服务综合体研究的发文量整体呈波浪式上升趋势,由线条走势

---

① 该公式为 WOS 检索式

结合时间横轴可将研究分为稳步增长阶段和迅速发展阶段。稳步增长阶段为1990年1月1日至2015年12月31日的26年,累计发文量为364篇。期间虽有1995年(发文量5篇)、1999年(发文量7篇)、2005年(发文量8篇)的三次低谷,但不影响图中线条整体呈缓步增长趋势。迅速发展阶段是从2016年开始,这个阶段国际体育服务综合体研究的发文量开始迅速增长,2016年1月1日至2021年12月31日累计发文量为315篇。

2.2.3.3 体育服务综合体研究国家的分布及合作关系分析

分别统计国外体育服务综合体研究由1990年1月1日至2021年12月31日的发文量或中介中心性排名前二十名的国家,见表2-7。统计各国关于体育服务综合体研究的发文量,可通过计量结果直观地看到在该研究领域高产的国家。由表2-7的高发文量国家排名可知,美国发文量为146篇,排名第一;英国发文量为67篇,排名第二;中国发文量为60篇,排名第三。在体育服务综合体研究领域发文量排名前三的国家发文量之和为273篇,占表2-7中20个高发文量国家总发文量的48.49%,说明美国、英国、中国对于体育服务综合体研究领域的关注较多。

表2-7 各国关于体育服务综合体研究情况一览表

排名	高发文量				高中介中心性			
	国家	发文量(篇)	中介中心性	地区	国家	发文量(篇)	中介中心性	地区
1	美国	146	0.24	北美洲	韩国	12	0.7	亚洲
2	英国	67	0.47	欧洲	土耳其	18	0.69	欧洲
3	中国	60	0	亚洲	波兰	8	0.61	欧洲
4	德国	51	0.43	欧洲	希腊	13	0.6	欧洲
5	法国	25	0.28	欧洲	瑞士	6	0.56	欧洲
6	西班牙	25	0.19	欧洲	加拿大	24	0.54	北美洲
7	加拿大	24	0.54	北美洲	荷兰	15	0.54	欧洲
8	澳大利亚	22	0.05	大洋洲	新西兰	9	0.54	大洋洲
9	巴西	18	0.1	南美洲	比利时	7	0.48	欧洲
10	土耳其	18	0.69	欧洲	英国	67	0.47	欧洲
11	意大利	16	0	欧洲	芬兰	3	0.47	欧洲
12	荷兰	15	0.54	欧洲	墨西哥	2	0.46	北美洲
13	希腊	13	0.6	欧洲	德国	51	0.43	欧洲
14	韩国	12	0.7	亚洲	法国	25	0.28	欧洲
15	日本	10	0	亚洲	丹麦	5	0.27	欧洲

续表 2-7

排名	高发文量			高中介中心性		
	国家	发文量（篇）	中介中心性	地区	国家	发文量（篇）	中介中心性	地区

排名	国家	发文量（篇）	中介中心性	地区	国家	发文量（篇）	中介中心性	地区
16	新西兰	9	0.54	大洋洲	美国	146	0.24	北美洲
17	波兰	8	0.61	欧洲	西班牙	25	0.19	欧洲
18	苏格兰	8	0	欧洲	巴西	18	0.1	南美洲
19	葡萄牙	8	0.05	欧洲	澳大利亚	22	0.05	大洋洲
20	俄罗斯	8	0.05	欧洲	葡萄牙	8	0.05	欧洲

从表 2-7 可知，韩国的中介中心性为 0.7，排名第一，发文量为 12 篇；土耳其的中介中心性为 0.69，排名第二，发文量为 18 篇；波兰的中介中心性为 0.61，排名第三，发文量为 8 篇。虽然韩国、土耳其、波兰发文量差别较大，但这三个国家中介中心性的值比较相近，由此可知这三个国家的学者必然与其他国家的学者有着密切的合作关系。

总体来说，美国、英国、中国在全球体育服务综合体研究领域的影响作用相对较大。全球各国家间普遍存在着合作关系，在构建世界命运共同体实现互利共赢的新时代，有着推动世界体育服务综合体研究领域快速发展的重要作用。

2.2.3.4 国外体育服务综合体研究机构及合作关系分析

国外体育服务综合体研究机构的基本情况能够在一定程度上反映出国外对于该领域研究的知识产出、推广等情况。借助 CiteSpace 软件通过可视化分析手段针对国外体育服务综合体研究领域进行可视化分析，能够直观地展现出国外研究机构对于体育服务综合体研究领域的贡献情况及研究进展。

统计在 1990 年 1 月 1 日至 2015 年 12 月 31 日的 16 年中，国外从事过体育服务综合体研究的机构的发文量，通过 CiteSpace 软件绘制国外体育服务综合体研究机构一览表（表 2-8）。

表 2-8 国际体育服务综合体研究机构一览表（排名前二十）

排名	机构	学校类型	发文量（篇）	国家
1	Univ Alberta（阿尔伯塔大学）	综合类研究型大学	11	加拿大
2	Schlaich Bergermann & Partner（施莱希公司）	企业公司	9	美国
3	Georgia State Univ（乔治亚州立大学）	综合大学	6	美国
4	Univ Hamburg（汉堡大学）	综合大学	5	德国
5	Eindhoven Univ Technol（埃因霍温理工大学）	理工类研究型大学	4	荷兰

续表 2-8

排名	机构	学校类型	发文量(篇)	国家
6	Natl Tech Univ Athens(雅典国立理工大学)	综合性研究型大学	4	希腊
7	Temple Univ(天普大学)	综合性研究型大学	4	美国
8	CEPR(美国经济和政策研究中心)	研究中心	3	美国
9	De Montfort Univ(德蒙福特大学)	综合大学	3	英国
10	Florida State Univ(佛罗里达州立大学)	综合性研究型大学	3	美国
11	Harvard Univ(美国哈佛大学)	私立研究型大学	3	美国
12	Islamic Azad Univ(阿扎德伊斯兰大学)	综合大学	3	伊朗
13	Istanbul Tech Univ(伊斯坦布尔技术大学)	综合性研究型大学	3	土耳其
14	Michigan State Univ(密歇根州立大学)	综合性研究型大学	3	美国
15	Nanyang Technol Univ(南洋理工大学)	综合性研究型大学	3	新加坡
16	Ohio State Univ(俄亥俄州立大学)	综合性研究型大学	3	美国
17	Texas A&M Univ(得克萨斯农工大学)	综合性研究型大学	3	美国
18	Tilburg Univ(蒂尔堡大学)	综合大学	3	荷兰
19	UFMG(米纳斯吉拉斯联邦大学)	综合大学	3	巴西

由表 2-8 可知,排名前三的国际研究机构发文量之和为 26 篇。美国的研究机构发文数量之和为 37 篇,说明美国的研究机构对于体育服务综合体研究领域成果的贡献量较大。总体来说,国际关于体育服务综合体的研究机构以 Schlaich Bergermann & Partner(施莱希公司)、Georgia State Univ(乔治亚州立大学)、Univ Alberta(阿尔伯塔大学)为主。

2.2.3.5 国外体育服务综合体研究领域作者及合作关系分析

CiteSpace 软件统计从 1991 年 1 月 1 日至 2015 年 12 月 31 日间发文量排名前二十的国际体育服务综合体研究者一览表见表 2-9。

表 2-9 国外体育服务综合体研究者一览表(排名前二十)

序号	作者	发文量	序号	作者	发文量
1	Anonymous(匿名)	11	4	Daniel Mason(丹尼尔·梅森)	5
2	Benjamin Lisle(本杰明·莱尔)	6	5	Gabriel Ahlfeldt(加布里埃尔·阿尔费尔特)	4
3	Knut Goeppert(克努特·戈佩特)	6	6	B. Blocken(B. 布洛克)	4

续表 2－9

序号	作者	发文量	序号	作者	发文量
7	Timothy Kellison（蒂莫西·凯里森）	4	14	Jason Winfree（杰森·温弗里）	3
8	Christoph Paech（克里斯托夫·佩奇）	4	15	Ernest Buist（欧内斯特·比斯特）	3
9	Robert Lewis（罗伯特·刘易斯）	4	16	T. Fisher（T. 费舍尔）	2
10	P. Davey（戴维）	3	17	Eray Doku（埃雷多库）	2
11	C. Jones（C. 琼斯）	3	18	Arne Feddersen（阿恩·费德森）	2
12	Sokamphorst（索坎普霍斯特）	3	19	Nuri Onat（努里·奥纳特）	2
13	C. Slessor（斯莱瑟）	3	20	M. Perelman（米佩雷尔曼）	2

由表 2－9 可知，Anonymous（匿名）的发文量为 11 篇，排名第一；Benjamin Lisle（本杰明·莱尔）和 Knut Goeppert（克努特·戈佩特）的发文量均为 6 篇，排名并列第二。国外在体育服务综合体研究领域发文量排名前三位的作者发文量之和为 23 篇，约占总发文量的 30.26%。该领域排名第二至第二十位的作者发文量分布相对均匀，说明国际对于体育服务综合体研究的普遍关注度较高并取得了一定的成果。

由上述研究可知，国际体育服务综合体的研究起始时间早于中国，因此分析国外体育服务综合体的科研团队对我国组建稳定且权威的科研合作团队有着重要作用，能够助推我国在体育服务综合体研究领域的快速发展。

总体来看，Knut Goeppert（克努特·戈佩特）与其他国际作者的合作频次最多，Christoph Paech（克里斯托夫·佩奇）、Nuri Onat（努里·奥纳特）、Knut Goeppert（克努特·戈佩特）近几年对国际体育服务综合体研究领域的贡献量相对较大，起核心作用。

2.2.3.6 国外体育服务综合体研究热点分析

统计 1991 年 1 月 1 日至 2015 年 12 月 31 日间发文量排名前二十的国际体育服务综合体研究关键词，统计结果见表 2－10。

表 2-10　国际体育服务综合体研究高频高中介中心性关键词表

排名	高频关键词			高中介中心性关键词		
	关键词	频次	中介中心性	关键词	频次	中介中心性
1	impact(影响)	27	0.22	impact(影响)	27	0.22
2	city(城市)	26	0.07	model(模型)	25	0.22
3	model(模型)	25	0.22	behavior(行为)	8	0.18
4	sport(运动)	24	0.14	sport(运动)	24	0.14
5	politics(政治)	14	0.03	billiard(桌球)	6	0.08
6	professional sport(职业体育)	13	0.04	city(城市)	26	0.07
7	design(布局)	11	0.06	design(布局)	11	0.06
8	benefit(优势)	11	0.05	building(建筑)	7	0.06
9	football(足球)	10	0.05	consumption(消费)	7	0.06
10	policy(政策)	10	0.04	benefit(优势)	11	0.05
11	attendance(出席人数)	9	0.05	football(足球)	10	0.05
12	behavior(行为)	8	0.18	attendance(出席人数)	9	0.05
13	economic impact(经济影响)	8	0.05	economic impact(经济影响)	8	0.05
14	demand(需求)	8	0.03	physical activity(体育活动)	8	0.05
15	physical activity(体育活动)	8	0.05	system(系统)	6	0.05
16	performance(表演)	7	0.04	professional sport(职业体育)	13	0.04
17	architecture(建筑学)	7	0.04	policy(政策)	10	0.04
18	satisfaction(满意度)	7	0.01	performance(表演)	7	0.04
19	building(建筑物)	7	0.06	architecture(建筑学)	7	0.04
20	arena(竞技场)	7	0.01	quality(质量)	6	0.04

表 2-10 中高频关键词排名前五位由高到低依次为：impact(影响)，出现频次为 27 次，中介中心性为 0.22；city(城市)，出现频次为 26 次，中介中心性为 0.07；model(模型)，出现频次为 25 次，中介中心性为 0.22；sport(运动)出现频次为 24 次，中介中心性为 0.14；politics(政治)，出现频次为 14 次，中介中心性为 0.03。说明 impact(影响)、city(城市)、model(模型)、sport(运动)、politics(政治)是国际体育服务综合体研究领域的热点词汇。从高频关键词可知，国外关于体育服务综合领域的研究内容集中在影响因素、对城市产生的效应、模型构建、运动、政治等方面。此外，由表 2-10 可以看出政策、经济影响、需求、满意度等研究内容也受到了国外体育服务综合体研究领域学者们的高度关注。

表 2-10 中高中介中心性关键词排名前五位由高到低依次为：impact(影响)，出现频

次为 27 次,中介中心性为 0.22;model(模型)出现频次 25 次,中介中心性为 0.22;behavior(行为)出现频次为 8 次,中介中心性为 0.18;sport(运动)出现频次 24 次,中介中心性为 0.14;billiard(桌球)出现频次 6 次,中介中心性为 0.08。说明 impact(影响)、model(模型)、behavior(行为)、sport(运动)、billiard(桌球)是国际体育服务综合体研究领域中覆盖面最广的关键词。结合表 2-10 的高频词汇可知,影响因素、模型构建是国际体育服务综合体研究领域最常见的研究内容。

2.2.3.7 国际体育服务综合体研究关键词分析

在国际体育服务综合体研究热点共现图的基础上进行关键词聚类,可进一步探索国内体育服务综合体研究的热点主题。聚类后 Q 取值区间为[0,1],Q>0.3 时意味着网络结构是显著的,S 值为 0.7 时聚类结果是有高信度的,S 在 0.5 以上则认为聚类是合理的。

在 CiteSpace 软件中绘制国外体育服务综合体研究热点关键词聚类表见表 2-11。

表 2-11 国外体育服务综合体研究关键词聚类信息表

排名	聚类编号	频次	S值(类团紧密度)	关键词信息
1	#0 referendums(公民投票)	31	0.935	referendums(全民公投);sustainability(可持续性);stadium impact(体育场影响);benefit(效益);south africa(南非)
2	#1 computational fluid dynamics(计算流体动力学)	28	0.837	computational fluid dynamics(计算流体动力学);energy level fluctuations(能级波动);retractable roof stadium(可伸缩屋顶体育场);computational fluid dynamics(计算流体动力学);pedestrian wind environment(行人风环境)
3	#2 behavior(行为,态度)	27	0.989	behavior(行为);team identification(团队认同);environmental psychology(环境心理学);loyalty(忠诚);billiard(台球)
4	#3 city(城市)	26	1	city 城市;globalization(全球化);rhetoric of sport(体育修辞);gold(箭术中的靶心);militarism(尚武精神)
5	#4 life cycle sustainability assessment(生命周期可持续性评估)	25	0.985	life cycle sustainability assessment(生命周期可持续性评估);youth sport(青少年体育);sports events legacy(体育赛事遗产);economic and regional development(经济和区域发展);empirical research(实证研究)

续表 2-11

排名	聚类编号	频次	S值（类团紧密度）	关键词信息
6	#5 community（社区）	23	0.948	community（社区）；sports facilities（体育设施）；physical activity（体育活动）；planning（规划）；swimming（游泳）
7	#6 legitimation（合法化）	22	0.965	legitimation（合法化）；global game（全球博弈）；mega event（大型活动）；affect（影响）；grounded theory（扎根理论）
8	#7 soccer（足球）	20	0.946	soccer（足球）；crowd suppor（人群支持）；monofunctional arenas（单一功能体育场）；stadium attendance（体育场上座率）；belgian soccer（比利时足球）
8	#8 intention（目的）	20	0.951	intention（目的）；wind direction（风向）；sport consumer behaviour（体育消费行为）；limited dependent variable（有限因变量）；scale development（规模发展）
10	#9 policy（政策）	16	0.973	policy（政策）；ergonomy（人体工程学）；football stadiums（足球场）；toponym（地名）；toponymy（地名之研究）
10	#10 crowdfunding（众筹融资）	16	1	crowdfunding（集资）；sponsors（赞助人）；food（食品）；prestressing（预应力）；pediatrics（儿科）
12	#11 field（专业）	15	0.988	field（场）；laser resonators（激光谐振腔）；transport（输运）；nonlinear optics（非线性光学）；fluctuation（涨落）
13	#12 wigner（维格纳）	13	0.959	wigner（维格纳）；dynamical localization（动力定位）；states（状态）；localization（定位）；system（系统）
14	#13 residential property value（住宅房地产价值）	9	0.964	residential property value（住宅房地产价值）；impact（影响）；world cup（世界杯）；professional sport（职业体育）；environmental simulation（环境模拟）

第一组 referendums（公民投票）聚类发文频次（排名第一）为 31 次，其中关键词包括 referendums（全民公投）、sustainability（可持续性）、stadium impact（体育场影响）；benefit（效益）；south africa（南非）。第二组 computational fluid dynamics（计算流体动力学）聚类发文频次（排名第二）为 28 次，其中关键词包括 computational fluid dynamics（计算流体动力学）；energy level fluctuations（能级波动）；retractable roof stadium（可伸缩屋

顶体育场); computational fluid dynamics(计算流体动力学); pedestrian wind environment(行人风环境)。第三组 behavior(行为,态度)聚类发文频次(排名第三)为 27 次,其中关键词包括 behavior(行为); team identification(团队认同); environmental psychology(环境心理学); loyalty(忠诚); billiard(台球)。第四组 city(城市)聚类发文频次(排名第四)为 26 次,其中关键词包括 city 城市; globalization(全球化); rhetoric of sport(体育修辞); gold(箭术中的靶心); militarism(尚武精神)。第五组 life cycle sustainability assessment(生命周期可持续性评估)聚类发文频次(排名第五)为 25 次,其中关键词包括 life cycle sustainability assessment(生命周期可持续性评估); youth sport(青少年体育); sports events legacy(体育赛事遗产); economic and regional development(经济和区域发展); empirical research(实证研究)。第六组 community(社区)聚类发文频次(排名第六)为 23 次,其中关键词包括 community(社区); sports facilities(体育设施); physical activity(体育活动); planning(规划); swimming(游泳)。第七组 legitimation(合法化)聚类发文频次(排名第七)为 22 次,其中关键词 legitimation(合法化); global game(全球博弈); mega event(大型活动); affect(影响); grounded theory(扎根理论)。第八组 soccer(足球)聚类发文频次(排名并列第八)为 20 次,其中关键词包括 soccer(足球); crowd suppor(人群支持); monofunctional arenas(单一功能体育场); stadium attendance(体育场上座率); belgian soccer(比利时足球)。第九组 intention(目的)聚类发文频次(排名并列第八)为 20 次,其中关键词包括 intention(目的); wind direction(风向); sport consumer behaviour(体育消费行为); limited dependent variable(有限因变量); scale development(规模发展)。第十组 policy(政策)聚类发文频次(排名并列第十)为 16 次,其中关键词包括 policy(政策); ergonomy(人体工程学); football stadiums(足球场); toponym(地名); toponymy(地名之研究)。第十一组 crowdfunding(众筹融资)聚类发文频次(排名并列第十)16 次,其中关键词包括 crowdfunding(集资); sponsors(赞助人); food(食品); prestressing(预应力); pediatrics(儿科)。第十二组 field(专业)聚类发文频次(排名第十二)15 次,其中关键词包括 field(场); laser resonators(激光谐振腔); transport(输运); nonlinear optics(非线性光学); fluctuation(涨落)。第十三组 wigner(维格纳)聚类发文频次(排名第十三)13 次,其中关键词包括 wigner(维格纳); dynamical localization(动力定位); states(状态); localization(定位); system(系统)。第十四组 residential property value(住宅房地产价值)聚类发文频次(排名第十四)9 次,其中关键词包括 residential property value(住宅物业价值); impact(影响); world cup(世界杯); professional sport(职业体育); environmental simulation(环境模拟)。

根据 CiteSpace 软件分析结果,将排名前二十的热点关键词发文频次以及中心性代入 Excel 分析得出国外体育服务综合体研究关键词聚类信息表(表 2-11)。第一组关键词 referendums(全民投票)、sustainability(可持续性)、stadium impact(体育场的影响)、benefit(效益)、south africa(南非)。

近年来,国际体育服务综合体建设在重视区域文化的基础上,整合优化自身功能定位,为基础设施项目融资提供最佳方案,并实现基础设施的高效配置;同时,在政府政策的支持下和民众意愿的表决下,对区域进行合理规划、科学布局体育服务综合体,带动地方消费从而加快国外体育服务综合体的发展进程。

2.2.3.8 国际间体育服务综合体研究述评

由于社会形态、国情、国家经济发展战略政策、城市化进程等多方面因素的不同,国外的体育服务综合体多定义为城市体育服务综合体,是城市综合体的一个分支,且多是由商业综合体共同组成的,其主导地位及社会责任也同我国略有不同。

国外体育服务综合体的出现要早于我国,对体育服务综合体研究始于 20 世纪 20 年代。国外研究成果包括理论基础、体制机制、运营模式、案例分析等方面。其研究特点主要表现为理论基础较为扎实、研究范式较为成熟、体制机制较为创新、试行与推广较为广泛、政府主导比重较大、场馆运营状况相对稳定等方面。

国外近百年的研究历程里,研究者们以区域经济学、产业经济学、产业集聚、休闲游憩园区等理论为根基形成了较为全面、较为成熟的研究范式,对体育服务综合体进行系统及交叉研究。

美国学者 Hans Westerbeek 等人出版的 *Managing Sport Facilities And Major Events* 通过国际典型案例理论联系实际阐述了体育场馆运营管理的方法与手段,被誉为"宝贵的学生参考范本和业内参考指导书"。德国学者 Luca Rebeggiani(2016)对比美国体育场馆融资和税收政策,借鉴和总结 PPT、PPP 等成型经验探索德国体育场馆投资运营路径。Weiermair 和 Steinhauser 通过分析欧洲体育服务综合体的发展案例,指出多样化的消费需求对制定体育服务综合体发展策略、促进体育服务综合高效快速发展有重要作用。Patrice Braun 认为地方网络、社会资本和信任对于体育服务综合体的竞争优势形成和保持具有重要性,其中地方网络是体育服务综合体发展的根本保证。Julie Jackson 和 Peter Murphy 认为发展本地产业能带动区域经济的发展。国外学者对于体育服务综合体运营管理、融资模式及其产生的社会效应进行了深入的研究。此外,国外学者认为政府治理作用贯穿于从体育服务综合体的开发建设到品牌传递乃至长期运营过程之中,并在其中起关键作用。Pinson 指出,由于政府在政治、经济、文化等诸多方面占主导地位,因此在助推体育服务综合体建设过程中也占据重要角色。

2.3 基于 ArcGIS 对我国体育服务综合体空间分布特征及形成因素分析

2.3.1 ArcGIS 软件介绍

地理信息系统全称是"Geographic Information System",简称 GIS,是当今社会发展过程中的一个新的软件平台。ArcGIS 作为一个可拓展的平台,可在 web 端、服务器端使用,都可为个人用户和群体协同用户提供数据分析与地理信息表达的功能。ArcGIS 9 及以上版本是包含完整 GIS 组件的软件集合,它包含了一系列 GIS 开发组件的框架,其中 ArcGIS Desktop 是一个专业 GIS 应用的完整套件,ArcGIS Engine 是为定制开发 GIS 应用的嵌入式开发组件,服务端 GIS 称为 ArcSDE,包括 ArcIMS 和 ArcGIS Server;移动 GIS 称为 ArcPad,是平板电脑使用的 ArcGIS Desktop 和 Engine。ArcGIS 是在一套由共享 GIS 组件组成的通用组件库基础上实现的,这些组件被称为 ArcObjectsTM。其中,ArcGIS Desktop 由三个用户桌面组件组成,分别是 ArcMap、ArcCatalog、ArcToolbox。ArcMap 是一个集数据输入、信息编辑、信息查询、功能分析等功能于一体的应用程序,具有基于地理行政图操作的所有功能,实现地图图像制图、地图信息编辑、地图计算分析等功能[1]。ArcMap 包含一个复杂的专业制图和信息编辑系统,它既是一个面向数据表达对象的信息编辑器,又是一个数据表计算生成器。本文主要在 ArcMap 的基础上进行组件插件的二次开发,通过插件的组装对数据进行加权功能的计算与地图表达的实现,并基于此对本文的研究内容进行空间分析与表达。

2.3.2 我国各省市地域的划分

我国有 34 个省级行政区,包括 23 个省、5 个自治区、4 个直辖市、2 个特别行政区,本研究数据涉及其中 31 个省(自治区、直辖市)[2]。中华人民共和国国家统计局根据《中共中央、国务院关于促进中部地区崛起的若干意见》《国务院关于实施西部大开发若干政策措施的通知》及党的十六大报告的精神,将我国 31 个省(自治区、直辖市,不含港、澳、台)

---

[1] 吴秀芹. ArcGIS 9 地理信息系统应用与实践[M]. 北京:清华大学出版社,2007:35-39.
[2] 中华人民共和国中央人民政府[EB/OL]. (2005-06-24)[2022-04-22]. http://www.gov.cn/test/2005-06/24/content_9188.htm.

划分为东部、中部、西部和东北四大地区①,如表2-12。

表 2-12 我国四大区域划分

区域	省	直辖市	自治区
东部	河北、江苏、浙江、福建、山东、广东、海南	北京、天津、上海	—
中部	山西、安徽、江西、河南、湖北、湖南	—	—
西部	四川、贵州、云南、陕西、甘肃、青海	重庆	广西、内蒙古、西藏、宁夏、新疆
东北	辽宁、吉林、黑龙江	—	—

2.3.3 数据来源

从国家体育总局的官方网站获取体育服务综合体的典型案例名单见表2-13。并从地理空间数据云和国家基础地理信息中心地图数据库,获取研究所需要的地理数据和图层。从《中国统计年鉴(2020)》《前瞻产业研究院》《中国旅游统计年鉴(2019版)》获取各省区市机制的数据。

表 2-13 体育服务综合体典型案例遴选结果

编号	省份	总数	综合体名称	类型	经度	维度
1	北京	3	国家游泳中心	体育场馆型	116.396 885	39.999 392
2			华熙LIVE·五棵松	商业空间载体型	116.283 811	39.916 725
3			新首钢高端产业综合服务区北区	其他类型	116.177 207	39.913 144
4	天津	1	武清区V1汽车世界	其他类型	117.004 344	39.389 675
5	河北	1	崇礼太舞滑雪度假区	户外运动休闲空间型	115.458 844	40.900 991
6	辽宁	1	大连体育中心	体育场馆型	121.567 201	39.026 97
7	上海	3	嘉定区翔立方体育文化综合体	体育场馆型	121.310 512	31.301 215
8			闵行区游悉谷体育产业园	商业空间载体型	121.420 899	31.128 383
9			宝山区三邻桥体育文化园	其他类型	121.476 38	31.322 944

---

① 中华人民共和国国家统计局[EB/OL]. (2011-06-13)[2022-04-22]. http://www.stats.gov.cn/ztjc/zthd/sjtjr/dejtjkfr/tjkp/201106/t20110613_71947.htm.

续表 2-13

编号	省份	总数	综合体名称	类型	经度	维度
10	江苏	4	苏州奥林匹克体育中心	体育场馆型	120.755 449	31.311 153
11			常州太湖湾露营谷	户外运动休闲空间型	120.066 851	31.508 719
12			常州江南环球港	商业空间载体型	119.985 267	31.846 828
13			南京悦动·新门西体育文化产业园	其他类型	118.776 77	32.022 659
14	浙江	4	杭州市西湖区文体中心	体育场馆型	120.077 921	30.289 096
15			湖州市云上草原体旅综合体	户外运动休闲空间型	119.668 523	30.459 173
16			宁波中体SPORT城	商业空间载体型	121.545 031	29.926 258
17			温州中体冰雪城	其他类型	120.690 202	27.913 599
18	安徽	3	合肥体育中心	体育场馆型	117.234 949	31.802 141
19			途居黄山露营地	户外运动休闲空间型	118.103 176	30.162 987
20			蚌埠大美健体服务综合体	其他类型	117.358 345	32.888 792
21	福建	2	福州市海峡奥体中心	体育场馆型	119.291 6	26.024 359
22			福州海峡天翔体育文化创意产业园	商业空间载体型	119.263 813	26.064 012
23	江西	1	江西省体彩健身场	体育场馆型	115.916 424	28.686 779
24	山东	2	日照奥林匹克水上运动公园	户外运动休闲空间型	119.563 053	35.429 59
25			淄博华润万象汇	商业空间载体型	118.067 987	36.808 187
26	河南	1	郑州奥体中心	体育场馆型	113.542 576	34.747 31
27	湖北	2	武汉体育中心	体育场馆型	114.178 504	30.507 047
28			湖北西普休艺中心	其他类型	112.417 143	29.737 197
29	湖南	1	郴州市雄鹰户外营地	户外运动休闲空间型	113.165 032	25.987 911
30	广东	3	深圳大运中心	体育场馆型	114.223 412	22.701 476
31			广州市白云区奥绅体育公园	户外运动休闲空间型	113.301 769	23.212 078
32			广州融创文旅城	商业空间载体型	113.239 79	23.434 632
33	广西	2	南宁市李宁体育园	体育场馆型	108.417 803	22.803 75
34			广西华千谷足球基地	其他类型	111.613 588	24.513 809

续表 2-13

编号	省份	总数	综合体名称	类型	经度	维度
35	海南	1	三亚蜈支洲岛旅游区	户外运动休闲空间型	109.772 86	18.316 394
36	重庆	2	重庆阿依河体育旅游综合体	户外运动休闲空间型	108.126 989	29.157 019
37			重庆际华园体育服务综合体	其他类型	106.838 437	29.688 992
38	四川	3	成都双流体育中心	体育场馆型	103.903 085	30.576 447
39			成都麓客岛体育服务综合体	户外运动休闲空间型	104.069 979	30.465 26
40			成都金开国际运动中心	商业空间载体型	104.082 141	30.661 605
41	贵州	1	黔西南州晴隆二十四道拐体育综合体	户外运动休闲空间型	105.209 739	25.823 996
42	云南	2	昆明恒大国际健康城	户外运动休闲空间型	103.105 336	25.271 829
43			昆明唐球创新型体育服务综合体	其他类型	102.696 048	25.051 544
44	陕西	2	延安树顶漫步体育服务综合体	户外运动休闲空间型	110.003 653	35.986 601
45			西安城市立方文化体育综合体	商业空间载体型	108.943 961	34.200 138
46	甘肃	1	宁夏回族自治区法台山体育旅游综合体	户外运动休闲空间型	103.413 508	35.270 469
47	青海	1	青海多巴国家高原体育训练基地	户外运动休闲空间型	101.514 457	36.669 22
48	宁夏	1	贺兰山运动休闲体育公园	户外运动休闲空间型	106.032 074	38.579 904
49	新疆	1	新疆丝绸之路国际度假区	户外运动休闲空间型	87.423 374	43.451 814

2.3.4 我国体育服务综合体的空间分布态势

运用 ArcGIS10.7 软件构建我国行政区域体育服务综合体的地理空间属性数据库，并将其与我国的行政界线进行空间匹配和可视化处理，得出我国体育服务综合体的空间位置及其数量分布情况。

我国 49 个体育服务综合体分布在 26 个省（自治区、直辖市）中，其中密集区域在北京、江苏、安徽、浙江、广东、四川等省份。总体上东南沿海地区的体育服务综合体数量相对较多,而西部内陆地区的体育服务综合体数量则相对较少。我国的经济区域划分为东部、中部、西部和东北四大地区,这四大地区的体育服务综合体分布为 24∶8∶16∶1,东部地区的体育服务综合体占到总数的 48.98%,接近半数,表明我国体育服务综合体的分布主要集中在东部地区,说明我国体育服务综合体分布呈现东南部密集西北部疏松的空间格局。

2.3.4.1 空间分布均衡度

1) 地理集中指数

地理集中指数是一个描述地理要素分布集中化程度的指数[①]。公式为:

$$G = 100 \times \sqrt{\sum_{i=1}^{n}(\frac{X_i}{T})^2}$$

式中,G 为体育服务综合体的地理集中指数,X_i 为第 i 个省体育服务综合体的数量;T 为体育服务综合体总数;n 为区域个数[②]。G 取值在 0~100 之间,G 值越大,特色小镇分布越集中;G 值越小,则分布越分散。通过公式计算我国体育服务综合体地理集中指数和在每个地区的地理集中指数,统计见表 2-14。

表 2-14 我国体育服务综合体地理集中指数统计表

区域	省(自治区、直辖市)	个数	省份地理集中指数	区域地理集中指数	地区占比(%)	全国地理集中指数	平均地理集中指数
东部	北京	3	0.37	41.32	48.98	22.07	17.96
	天津	1	0.04				
	河北	1	0.04				
	上海	3	0.37				
	江苏	4	0.67				
	浙江	4	0.67				
	福建	2	0.17				
	山东	2	0.17				
	广东	3	0.37				
	海南	1	0.04				

---

① 谢志华,吴必虎. 中国资源型景区旅游空间结构研究[J]. 地理科学,2008,28(6):748-753.
② 袁俊,余瑞林,刘承良,等. 武汉城市圈国家 A 级旅游景区的空间结构[J]. 经济地理,2010,30(2):324-328.

续表 2-14

区域	省(自治区、直辖市)	个数	省份地理集中指数	区域地理集中指数	地区占比(%)	全国地理集中指数	平均地理集中指数
中部	山西	0	0.00	28.57	16.33	22.07	17.96
	安徽	3	0.37				
	江西	1	0.04				
	河南	1	0.04				
	湖北	2	0.17				
	湖南	1	0.04				
西部	内蒙古	0	0.00	33.43	32.65		
	广西	2	0.17				
	重庆	2	0.17				
	四川	3	0.37				
	贵州	1	0.04				
	云南	2	0.17				
	西藏	0	0.00				
	陕西	2	0.17				
	甘肃	1	0.04				
	青海	1	0.04				
	宁夏	1	0.04				
	新疆	1	0.04				
东北	辽宁	1	0.04	14.29	2.04		
	吉林	0	0.00				
	黑龙江	0	0.00				

根据结果可知,我国体育服务综合体的地理集中指数 $G=22.07$,平均地理集中指数 $G_0=17.96$,$G>G_0$,说明我国体育服务综合体的空间分布不均衡。我国东部地区体育服务综合体的地理集中指数为 41.32,中部地区体育服务综合体的地理集中指数为 28.57,西部地区体育服务综合体的地理集中指数为 33.43,东北部地区体育服务综合体的地理集中指数为 14.29,并且东部、中部、西部的地理集中指数都大于平均地理集中指数 G_0(17.96),东北部地区的地理集中指数小于 G_0。所以,得出结论:我国体育服务综合体在我国东部、中部、西部的分布都呈现集中分布的趋势,而东北部地区只有一个体育服务综合体,也就无法判别分布问题。

2) 基尼系数（Gini）

基尼系数可以用于刻画空间要素的分布，也可以对两个空间要素的分布进行对比，是地理学中用来描述离散区域空间分布的重要方法，用于研究不同对象在区域内分布的差异对比。本文借助基尼系数分析中国现有 49 个体育服务综合体在中国各省（市区）份空间分布特征。基尼系数的数学表达式为：

$$\text{Gini} = -\frac{\sum_{i=1}^{n} H_i \log H_i}{\log N}$$

式中，H 为第 i 个省体育服务综合体数量占我国体育服务综合体总数量的比重，$H_i = X_i/N$，$i = 1, \cdots, n$；N 为中国当前体育服务综合体的总数即 49 个；n 为我国省份总数（不包括香港、澳门、台湾），$n = 31$；Gini 为基尼系数，介于 0～1 之间，数值越大表明集中程度越高。同时用 $C = 1 - \text{Gini}$ 来表达分布均匀度，也介于 0～1 之间。

根据以上公式计算得出基尼系数 Gini 为 0.79，分布均匀度 C 为 0.21，由此可看出中国体育服务综合体在四大分区中分布高度集中，但分布几乎不均匀。东部区域最多占到全国总数的 48.9%，其次为中部、西部、东北地区。

2.3.4.2 我国体育服务综合体的空间集聚特征

1) 最邻近点指数

最邻近点指数是表示点状要素在地理空间中相互邻近程度的地理指标[①]。我国体育服务综合体的分布在宏观空间上表现为点状分布，平均最邻近距离指数 R（Average Nearest Distance）可用于判定体育服务综合体点要素间的相互邻近程度，通过分别计算各体育服务综合体与其最近邻近点的平均实际最邻近距离和理论平均最邻近距离的比率来判定体育服务综合体点状要素的空间分布类型，即是否呈集聚分布（Clustered）、随机分布（Random）或均匀分布（Dispersed）。若呈集聚分布则表示存在一组或一组以上的体育服务综合体在空间上呈集群分布，各体育服务综合体与周围邻近体育服务综合体的距离较小，在其他较大的区域范围内几乎没有分布；随机分布表示部分区域体育服务综合体分布较为集中，部分分布较为分散，集聚、分散模式不明显；均匀分布表示体育服务综合体与周围邻近体育服务综合体之间的距离基本相等。最邻近点指数 R 计算公式为：

$$R = \frac{\bar{r}_1}{\bar{r}_E}$$

式中，$\bar{r}_1 = \frac{1}{n} \sum_{i \in I} r_{ij}$ 为平均实际最近距离；$\bar{r}_E = \frac{1}{2\sqrt{D}} = \frac{1}{2\sqrt{n/A}}$ 为理论最近距离；A 为区

---

① 唐承财,孙孟瑶,万紫薇.京津冀城市群高等级景区分布特征及影响因素[J].经济地理,2019,39(10):204-213.

域面积,n 为点数,D 为点密度[①]。当 $R=1$ 时,趋于随机分布;当 $R>1$ 时,趋于均匀分布;当 $R<1$ 时,趋于集聚分布。通常用正态分布的临界值标准化 Z 得分值和显著性 P 值来检验其可信度,标准化 Z 得分值计算公式为:

$$Z = \frac{(\bar{r} - r_E)}{0.261\ 36} \sqrt{\frac{N^2}{A}}$$

式中,Z 值越大说明分散程度越高;反之,Z 值越小说明集聚程度越高。当 $|Z|>2.58$ 时,对应的 $P=0.01$;当 $1.96<|Z|<2.58$ 时,对应的 $P=0.05$;当 $1.65<|Z|<1.96$ 时,$P=0.1$。当 $P>0.1$ 时,显著性低,呈随机分布;当 $0.05<P<0.1$ 时,显著性一般,存在集聚或分散现象;当 $P<0.01$ 时,显著性高,集聚或分散程度较高。

根据最邻近指数分析法即最近临近点指数公式,运用 ArcGIS10.7 空间统计模块,先后选择空间统计工具—分析模块—平均最近邻。经运算得到预期平均观察距离为 189 402.74 m,预期平均距离为 241 186.10 m,求出我国体育服务综合体平均实际最邻近距离与期望随机分布理论平均距离之间的比值 R 为 0.785 297,Z 值为 $-2.875\ 192$,$P=0.004\ 038$,小于 0.01,表明随机产生此聚类模式的可能性小于 1%,说明我国体育服务综合体在空间分布上呈现明显的集聚性分布态势(图 2-14)。

2)泰森多边形

在某些情况下最邻近点指数不能够准确反映出事物在空间的确切分布情况。所以,为了避免其在测量点要素空间分布状态中存在与实际不符的现象,运用泰森多边形(Voronoi 图)进行进一步的空间分布测度,以获取相对准确的我国体育服务综合体的空间分布形态。Voronoi 图的实质就是一种在自然界中宏观和微观实体以距离相互作用的普遍结构,具有广泛的应用范围,其基本思想是将一个空间平面进行分区,每一分区包含一个点及该点所在区到该点距离最近的集合,在 Voronoi 图中,其面积变异系数 CV 值的计算公式为:

$$CV = 100\% \times \sqrt{\frac{1}{n\bar{s}^2} \sum_{i=1}^{n} (s_i - \bar{s})^2}$$

其中,CV 为体育服务综合体泰森多边形面积(Voronoi 图)变异系数,变异系数是指通过对点集空间分割,分析点状目标在空间上的相对变化程度。s_i 为第 i 个泰森多边形(Voronoi 图)面积;n 为泰森多边形(Voronoi 图)个数;$\sqrt{\frac{1}{n\bar{s}^2} \sum_{i=1}^{n} (s_i - \bar{s})^2}$ 为标准差;$\bar{s}$ 为其平均值。根据 Duyckaerts 的三个建议值,即随机分布时,$33\%<CV<64\%$;集群分布时,

---

[①] 贾垚焱,胡静,刘大均,等. 长江中游城市群 A 级旅游景区空间演化及影响机理[J]. 经济地理,2019,39(1):198-206.

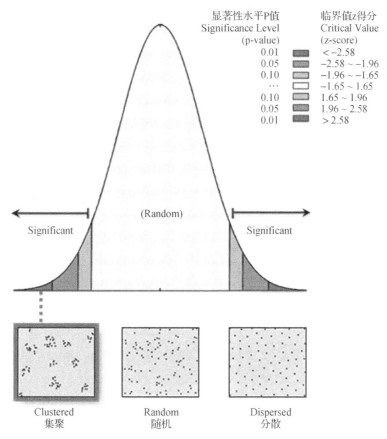

图2-14 我国体育服务综合体平均最近邻汇总报告图

$CV>64\%$；均匀分布时，$CV\leqslant 33\%$[①]。利用 ArcGIS10.7 软件分析工具中的领域分析模块，依次选择工具箱—系统工具箱—Analysis tools—领域分析—创建泰森多边形，创建完后利用"裁剪"工具按我国省级行政区划进行裁剪，得出我国体育服务综合体 Voronoi 图。在 Voronoi 图属性表中可以统计被分割的各个多边形的面积（表2-15）。根据计算得出我国体育服务综合体的多边形平均面积为 211 127.905 6 km^2，多边形面积的标准差为 428 802.582 5 km^2，变异系数为 203.10%，依此得出我国体育服务综合体的空间分布形态为集聚分布，与最邻近指数得出的结果完全一致。因此得出我国体育服务综合体的空间分布形态为集聚分布。

---

① Duyckaerts C, Godefroy G. Voronoi Tessellation to Study the Numerical Density and the Spatial Distribution of Neurons[J]. Journal of Chemical Neuroanatomy, 2000, 20(1): 83-92.

表 2-15 我国体育服务综合体 Voronoi 图统计表

序号	体育服务综合体	多边形面积（km²）
1	国家游泳中心	48 154.461 1
2	华熙 LIVE·五棵松	1 610.317 0
3	新首钢高端产业综合服务区北区	47 405.135 3
4	武清区 V1 汽车世界	71 567.764 4
5	崇礼太舞滑雪度假区	519 695.317 5
6	大连体育中心	948 955.634 8
7	嘉定区翔立方体育文化综合体	3 527.821 3
8	闵行区游悉谷体育产业园	3 887.613 0
9	宝山区三邻桥体育文化园	3 261.498 4
10	苏州奥林匹克体育中心	9 192.384 4
11	常州太湖湾露营谷	7 254.332 1
12	常州江南环球港	25 631.655 4
13	南京悦动·新门西体育文化产业园	32 257.852 1
14	杭州市西湖区文体中心	19 790.480 3
15	湖州市云上草原体旅综合体	17 678.553 9
16	宁波中体 SPORT 城	14 899.863 2
17	温州中体冰雪城	41 100.265 5
18	合肥体育中心	45 537.005 5
19	途居黄山露营地	58 405.710 2
20	蚌埠大美健体服务综合体	74 697.698 8
21	福州市海峡奥体中心	27 146.258 0
22	福州海峡天翔体育文化创意产业园	82 230.052 9
23	江西省体彩健身场	120 613.654 7
24	日照奥林匹克水上运动公园	54 521.929 4
25	淄博华润万象汇	85 039.267 1
26	郑州奥体中心	188 265.224 4
27	武汉体育中心	91 875.861 3
28	湖北西普体艺中心	147 959.026 0
29	郴州市雄鹰户外营地	135 865.290 3
30	深圳大运中心	65 800.924 7
31	广州市白云区奥绅体育公园	38 440.839 1

续表 2 - 15

序号	体育服务综合体	多边形面积(km²)
32	广州融创文旅城	36 038.556 8
33	南宁市李宁体育园	170 233.714 1
34	广西华千谷足球基地	128 939.928 5
35	三亚蜈支洲岛旅游区	42 712.408 9
36	重庆阿依河体育旅游综合体	158 727.609 5
37	重庆际华园体育服务综合体	104 954.358 2
38	成都双流体育中心	298 748.729 6
39	成都麓客岛体育服务综合体	56 649.555 4
40	成都金开国际运动中心	67 046.782 6
41	黔西南州晴隆二十四道拐体育综合体	165 968.188 6
42	昆明恒大国际健康城	87 294.616 8
43	昆明唐球创新型体育服务综合体	524 555.597 3
44	延安树顶漫步体育服务综合体	184 863.118 0
45	西安城市立方文化体育综合体	176 706.383 2
46	宁夏回族自治区法台山体育旅游综合体	173 818.459 8
47	青海多巴国家高原体育训练基地	1 031 192.001 2
48	贺兰山运动休闲体育公园	314 160.099 7
49	新疆丝绸之路国际度假区	2 393 457.090 8

3）核密度分析

由于最邻近点指数和 Voronoi 图只能反映体育服务综合体的总体分布类型，无法直观描绘我国体育服务综合体的主要密集区域，因此，本文采用核密度估计分析方法尝试探索我国体育服务综合体的主要密集分布区域及其分布规律。

核密度估值是计算整体区域点状样本聚集情况，重点反映一个核对周边的影响强度的值。具体公式为：

$$f(x) = \frac{1}{nh} \sum_{i=1}^{n} k\left(\frac{x - X_i}{h}\right)$$

其中，x 是若干数据样本，$f(x)$ 为体育服务综合体核密度估值；$k\left(\frac{x - X_i}{h}\right)$ 是核函数；n 为样本的总数；h 为带宽(bandwidth)，并且大于 0；$(x - X_i)$ 表示估值点 x 到 X_i 处的距离；结果即为由核密度估计所得的 x 的概率密度函数，$f(x)$ 值越大，表示样本越密集，区域事件发生的概率越高。

利用核密度计算公式计算出我国体育服务综合体空间分布的核密度估值,在 ArcGIS10.7 中分别打开工具箱—系统工具箱—Spatial Analyst Tools—密度分析—核密度分析,通过运算生成我国体育服务综合体空间分布核密度图。具体来看,在长三角附近和京津冀地区形成了高于其他地区的一级核密度区,主要以江苏、上海、浙江、北京、河北五省(自治区、直辖市)为核密度区中心;在珠三角附近以及四川、云南、福建、广东等地形成二级核密度区,体育服务综合体主要表现为"局部扩散"模式,其主要扩散趋势由核密度区向周围地区扩散。由表 2-16 我国体育服务综合体省域分布密度得出我国不同地区体育服务综合体分布密度差异特别显著。我国体育服务综合体全国分布密度为 0.05 个/万 km^2,而省域分布密度最大的为上海,达到了 4.76 个/万 km^2,其次为北京 1.79 个/万 km^2,而青海、新疆、甘肃等地只有 0.01 至 0.02 个/万 km^2,还有黑龙江、吉林、内蒙古、山西、西藏等地为 0。

表 2-16 我国体育服务综合体部分省域分布密度

省(自治区、直辖市)	体育服务综合体个数(个)	面积(万 km^2)	体育服务综合体密度(个/万 km^2)	省(自治区、直辖市)	体育服务综合体个数(个)	面积(万 km^2)	体育服务综合体密度(个/万 km^2)
北京	3	1.68	1.79	湖北	2	18.59	0.11
天津	1	1.13	0.88	湖南	1	21.18	0.05
河北	1	20.56	0.05	广西	2	23.6	0.08
上海	3	0.63	4.76	重庆	2	8.23	0.24
江苏	4	10.26	0.39	四川	3	48.14	0.06
浙江	4	10.2	0.39	贵州	1	17.6	0.06
福建	2	12.13	0.16	云南	2	38.33	0.05
山东	2	15.53	0.13	陕西	2	18.77	0.11
广东	3	18	0.17	甘肃	1	45.44	0.02
海南	1	3.4	0.29	青海	1	72.23	0.01
安徽	3	13.97	0.21	宁夏	1	6.64	0.15
江西	1	16.7	0.06	新疆	1	173.06	0.01
河南	1	16.7	0.06	辽宁	1	14.59	0.07

2.3.4.3 空间集聚特征

全局莫兰指数(Global Moran's I)是根据要素位置和要素值来度量空间自相关。在给定一组要素及相关属性的情况下,该指数评估所表达的模式是否为聚类模式、离散模式或者随机模式。全局莫兰指数是检验点状要素样本之间是否存在空间依赖关系的一种方法。该工具通过计算莫兰指数值、z 得分和 p 值来对该指数的显著性进行评估。p 值是根据已知分布的曲线得出的面积近似值（受检验统计量限制）。公式为：

$$I = \frac{n}{s_0} \frac{\sum_{i=1}^{n} \sum_{j=1}^{n} w_{i,j} z_i z_j}{\sum_{i=1}^{n} z_i^2}$$

其中，z_i 是要素的属性与平均值$(x_i - \overline{X})$的偏差，$w_{i,j}$ 是要素 i 和要素 j 之间的空间权重，n 等于要素总数，s_0 是所有空间权重的聚合，$s_0 = \sum_{i=1}^{n} \sum_{j=1}^{n} w_{i,j}$，统计的 z_i 得分按以下形式计算，$z_I = \frac{I - E|I|}{\sqrt{V|I|}}$。莫兰指数 I 的值域为$[-1, 1]$，若莫兰指数的值大于零，则表示具有空间正相关性，即为集聚分布，其值越大，空间相关性越明显；若莫兰指数小于零表示具有空间负相关性，即为离散分布，其值越小，空间差异越大；若莫兰指数的值等于零，则空间呈随机性，即没有空间相关性。

在 ArcGIS10.7 中分别打开工具箱—系统工具箱—Spatial Statistics Tools—分析模式—空间自相关，通过运算生成我国体育服务综合体空间自相关报表（图 2-15）。从结果可以看出，空间自相关准确度量各地区体育服务综合体数量与周边区域的空间关联程度。全局莫兰指数 I 为 0.191 135＞0，并且 z 得分为 2.890 821＞0，p 值为 0.003 843＜0.01，表明我国体育服务综合体具有显著的空间自相关，显示我国体育服务综合体的发展对区域以"以点带面"的形式产生空间效应。

2.3.5 我国体育服务综合体空间分布特征总结

1）我国体育服务综合体的空间分布类型为集聚型

我国体育服务综合体的全国平均最邻近指数 $R = 0.785\ 297$，各省（市、区）内地理集中指数 $G = 22.07$，平均地理集中指数 $G_0 = 17.96$，四大分区基尼系数为 0.79。我国体育服务综合体无论是在全国范围还是四大分区范围抑或是省际区域里都为集聚分布。其中江苏、浙江最多均有 4 个，北京、上海、广东、安徽、四川次之，均有 3 个体育服务综合体。

2）分布不均匀，呈现东部地区多、中部和西部地区少的态势

我国体育服务综合体在四大分区的均匀度为 0.21，均匀度较低。其中东部地带有 24 个，占比 49%；中部地带有 8 个，占比 16%；西部地带有 16 个，占比 33%，东北部 1 个，占比 2%。

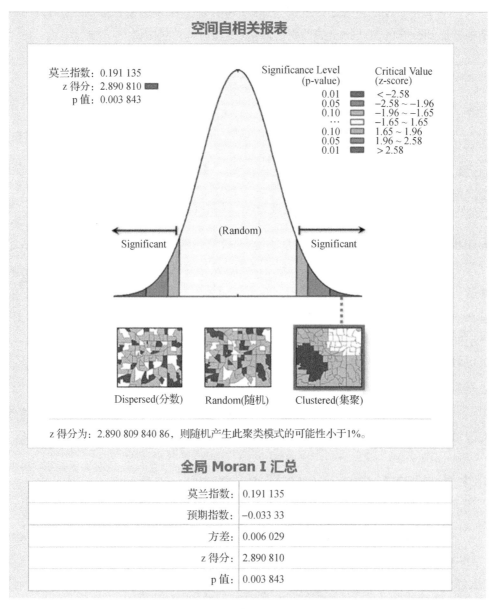

图 2-15 我国体育服务综合体空间相关报表图

3) 呈现京津地区、长江三角洲地区两个高密度区

京津地区、长江三角洲地区分布密度最大的为上海,达到了 4.76 个/万 km^2,其次为北京 1.79 个/万 km^2。在珠江三角附近以及四川、云南、福建、广东等地形成二级核密度区,青海、新疆、甘肃等地只有 0.01 至 0.02 个/万 km^2,还有黑龙江、吉林、内蒙古、山西、西藏等地为 0。

2.3.6 我国体育服务综合体空间分布的形成因素

2.3.6.1 指标的选取

我国体育服务综合体的空间分布形成因素具有多样性、交互性,为了探究这些因素的影响程度,本研究在遵循指标选取的系统性、科学性和数据可得性等基本原则的基础上,依据产业布局理论和国家体育总局发布的《关于报送体育服务综合体典型案例的通知》和《体育服务综合体典型案例汇编》,选取地区旅游收入作为地区旅游发展水平指标;选取国家体育产业示范项目、国家体育产业示范基地、国家体育产业示范单位的总个数作为体育产业发展指标进行解释;选取地区第三产业占比作为休闲服务业的指标进行解释。通过梳理文献发现,地区经济发展水平是产业发展的基本要素,能给产业提供有利的经济环境[1],选取地区生产总值和人均地区生产总值表征地区经济发展水平;人口规模能给地区提供充足的人力资源和人流量,带动产业的发展,选取各省区市的年末总人口表征人口规模;交通通达性具有加速产业的发展、拉近城市之间的距离、提升城市的吸引力等功能[2],选取各省市公路里程和铁路里程表征交通通达性。地方政府的财政支出反映了该地的政府财政能力,对产业的发展目标有着指导性的作用,同时也为体育服务综合体的建设发展提供充足的资金支持[3],选取地区一般公共预算支出表征地区财政环境。我国体育综合体部分省域分布密度已在表2-16中表现,具体的影响分布指标数据及各因素重分类见表2-17、表2-18。

表2-17 我国体育服务综合体空间分布影响因素

一级因素	二级因素	分类 X
体育产业发展水平	体育产业示范基地、示范单位、示范项目总数(个)	X_1
人口规模	年末人口总数(万人)	X_2
区域经济发展	地区生产总值(万亿元)	X_3
	地区人均生产总值(亿元)	X_4
地区财政支持	地区一般公共预算支出(亿元)	X_5
地区交通便利性	公路里程(公里)	X_6
	铁路里程(公里)	X_7

---

[1] 王兆峰,刘庆芳.中国国家级特色小镇空间分布及影响因素[J].地理科学,2020,40(3):419-427.
[2] 唐承财,孙孟瑶,万紫微.京津冀城市群高等级景区分布特征及影响因素[J].经济地理,2019,39(10):204-213.
[3] 李航飞,韦素琼,陈松林.海峡西岸经济区市域经济网络结构及成因分析[J].经济地理,2017,37(7):63-70,78.

续表 2-17

一级因素	二级因素	分类 X
地区旅游业发展	地区旅游收入（亿元）	X_8
休闲服务产业	第三产业占比（%）	X_9
体育服务综合体	体育服务综合体数量	Y

表 2-18 我国体育服务综合体空间分布影响指标数据（1）

区域	Y	X_1	X_2	X_3	X_4
北京	3	17	2154	35 371.28	164 220
天津	1	3	1562	14 104.28	90 371
河北	1	5	7592	35 104.52	46 348
山西	0	2	3729	17 023.68	45 724
内蒙古	0	7	2540	17 212.53	67 852
辽宁	1	3	4352	24 909.45	57 191
吉林	0	4	2691	11 726.82	43 475
黑龙江	0	2	3752	13 612.68	36 183
上海	3	17	2428	38 155.32	157 279
江苏	4	23	8070	99 631.52	123 607
浙江	4	20	5850	62 351.74	107 624
安徽	3	9	6366	37 113.98	58 496
福建	2	20	3973	42 395.00	107 139
江西	1	4	4666	24 757.50	53 164
山东	2	17	10 070	71 067.53	70 653
河南	1	5	9640	54 259.20	56 388
湖北	2	13	5927	45 828.31	77 387
湖南	1	3	6918	39 752.12	57 540
广东	3	10	11 521	107 671.07	94 172
广西	2	5	4960	21 237.14	42 964
海南	1	3	945	5 308.93	56 507
重庆	2	2	3124	23 605.77	75 828
四川	3	8	8375	46 615.82	55 774
贵州	1	4	3623	16 769.34	46 433
云南	2	5	4858	23 223.75	47 944

续表2-18

区域	Y	X_1	X_2	X_3	X_4
西藏	0	2	351	1 697.82	48 902
陕西	2	2	3876	25 793.17	66 649
甘肃	1	1	2647	8 718.30	32 995
青海	1	2	608	2 965.95	48 981
宁夏	1	2	695	3 748.48	54 217
新疆	1	3	2523	13 597.11	54 280

表2-18 我国体育服务综合体空间分布影响指标数据(2)

区域	X_5	X_6	X_7	X_8	X_9
北京	7 408.19	22 366	1367	5921	83.5
天津	3 555.71	16 132	1185	3914	63.5
河北	8 309.04	196 983	7791	7636	51.3
山西	4 710.76	144 283	5890	6728	51.4
内蒙古	5 100.91	206 089	13 016	4011	49.6
辽宁	5 745.09	124 767	6512	5356	53.0
吉林	3 933.42	106 660	5043	4212	53.8
黑龙江	5 011.56	168 710	6781	2253	50.1
上海	8 179.28	13 045	467	5092	72.7
江苏	12 573.55	159 937	3587	1320	51.3
浙江	10 053.03	121 813	2842	10 000	54.0
安徽	7 392.22	218 295	4844	7238	50.8
福建	5 077.93	1 097 885	3514	6634	45.3
江西	6 386.80	209 131	4905	8146	47.5
山东	10 739.76	280 325	6633	10 460	53.0
河南	10 163.93	269 832	6467	8121	48.0
湖北	7 970.21	289 029	5165	6200	50.0
湖南	8 034.42	240 566	5579	8355	53.2
广东	17 297.85	220 290	4720	13 600	55.5
广西	5 850.96	127 819	5206	7616	50.7
海南	1 858.60	38 107	1033	950	59.0
重庆	4 847.68	174 284	2359	4344	53.2

续表 2-18

区域	X_5	X_6	X_7	X_8	X_9
四川	10 348.17	337 095	5242	10 112	52.4
贵州	5 948.74	204 723	3753	9450	50.3
云南	6 770.09	262 409	4053	8991	52.6
西藏	2 187.75	103 951	785	490	54.4
陕西	5 718.52	180 070	5419	5994	45.8
甘肃	3 951.60	151 443	4830	2000	55.1
青海	1 863.67	83 761	2449	466	50.7
宁夏	1 438.29	36 576	1553	311	50.3
新疆	5 315.49	1 942 220	6935	2579	51.6

数据来源：中国统计年鉴 2020。

2.3.6.2 地理探测器软件

地理探测器已被运用于从自然到社会十分广泛的领域，其研究区域大到国家尺度，小到一个乡镇尺度。在这些应用中，地理探测器主要被用来分析各种现象的驱动力、影响因子以及多因子交互作用[①]。其核心思想是基于这样的假设：如果某个自变量对某个因变量有重要影响，那么自变量和因变量的空间分布应该具有相似性。地理探测器包括四个探测器，分别是分异及因子探测、交互作用探测、风险区探测、生态探测。

分异及因子探测：探测 Y 的空间分异性，以及探测某因子 X 多大程度上解释了属性 Y 的空间分异。

交互作用探测：识别不同风险因子 X_i 之间的交互作用，即评估因子 X_1 和 X_2 共同作用时是否会增加或减弱对因变量 Y 的解释力，或这些因子对 Y 的影响是相互独立的。

风险区探测：用于判断两个子区域间的属性均值是否有显著的差别，用 t 统计量来检验。

生态探测：用于比较两因子 X_1 和 X_2 对属性 Y 的空间分布的影响是否有显著的差异，以 F 统计量来衡量。

---

① 王劲峰,徐成东.地理探测器:原理与展望[J].地理学报,2017,72(1):116-134.

2.4 我国体育服务综合体的运营现状及发展模式

2.4.1 体育服务综合体的运营现状

我国体育服务综合体运营管理者始终坚持在中国共产党的领导下,坚信体育强国战略不动摇,贯彻落实党的方针、政策,参与体育服务综合体运营管理。坚持进一步深化体育场馆资源两权分离改革,建立健全管理机制,科学规划、合理布局,始终坚持公共体育服务公益性原则;以体育设施为基本条件,以体育文化渲染为宗旨,充分挖掘无形资产,大力延伸体育服务综合体供应链,夯实商业收入反哺公共体育服务的经营理念;精准市场定位,与时俱进开展特色体育服务项目,提供专业化、高质量的服务内容。

各体育服务综合体的运营模式具有很大的共性,但仍存着一定差异。非政府主导的体育服务综合体仍需要政策的引导和鼓励优待;由产业聚集而自发形成的体育服务综合体,更需要专业的投资和规划团队对体育服务综合体运营模式的指导;以交通枢纽为依托的体育服务综合体,还需国家交通规划部门参与制定运营模式。我国体育服务综合体正朝向高质量发展的方向迈进,其运营模式及体制机制还存在一些问题仍需进一步改进,主要表现在以下方面:

缺乏大型文体活动资源,体育场馆利用率不高。体育场馆的运营主要依赖大型文体活动和体育产业来支撑。陈元欣等调查发现,2013年度举办体育活动大于50次的场馆只有6家,占32家场馆总数比的18.8%,说明大型文体活动资源较为匮乏[①]。《国务院办公厅关于促进全民健身和体育消费推动体育产业高质量发展的意见》提出深化"放管服"改革,制定指南、明确准则、建立跨部门服务机制,推进"改造功能、改革机制"工程,提高场馆使用率。各责任部门积极响应、构建联动机制,成为盘活场馆资源助力体育产业融合的有力抓手。但改革时间尚短、缺乏实操经验,如何高效地引入大型文体活动资源仍处于"摸着石头过河"的探索阶段。

老旧场馆无法满足运营需求,阻碍多元化发展进程。调查显示,有63.3%的场馆在规划设计时未能考虑到场馆赛后运营的需要;71.7%的场馆运营管理部门未能参与场馆前期的设计[②]。我国多数大型体育场馆由政府划拨资金,委托设计、施工单位进行设计和施工,运营机构在政府委托下负责对场馆的应用管理。因此,在后期的运营管理过程中,

---

① 陈元欣,姬庆.大型体育场馆运营内容产业发展现状、问题及对策[J].首都体育学院学报,2015,27(6):483.
② 陈元欣,李国立,王健.大型体育场馆余裕空间利用研究[J].北京体育大学学报,2014,37(4):27-31,80.

有些场馆设施无法满足当下的运营需求则需要对场馆行改造。然而,场馆后期改造成本高等问题成为制约改造工程的影响因素,成为阻碍体育场馆迈向多元化体育综合体发展的最大障碍。

传统体制削弱场馆发展活力,运营机构缺乏内驱力。我国体育服务综合体具有提供公共体育服务的职责,还具有前期投资大、收益周期长的特征。多数体育场馆仍由政府直接投资,政府在场馆设施的供给过程中发挥主导作用[①]。传统的管理体制在多方面制约了场馆多元化发展,传统的财务制度严重限制了场馆经营的灵活性,制约了场馆的自我投入与自我发展,影响场馆发展的动力和活力。我国"体育产业产权分离""体育产业融合发展"等改革虽取得了阶段性的胜利,但是在实现高质量发展进程中还需构建更多更完善的机制。随着更多成功案例的问世,运营机构内驱力的重要性越能凸显,如何增强内驱力是运营机构将要面临的最大的挑战。

体育场馆相关的各类专业人才匮乏,服务质量有待提升。AEG、SMG、Octagon 等国外体育场馆运营集团成功的经验告诉我们[②],采用专业的管理团队进行运营,在场馆设施维护方面将安保、绿化、场地器材管理、票务等工作外包,能提高场馆运营效益[③]。服务质量决定着消费满意度,是体育服务综合体收获效益的一大影响因素。专业的运营管理团队、高效的管理手段、高水平的人员配备是场馆运营水平提高的关键。我国部分体育服务综合体已经通过自建或购买外包服务等方式完成了资源的配备。但一些老旧体育场馆仍存在的管理知识欠缺、服务人员专业程度不够、体育专业人才缺乏等问题。我国专业的体育管理机构较少,运营规范化程度不高,缺乏相应的行业服务标准,专业的体育场馆管理人员也比较缺乏[④],管理人才和体育专业人才的缺失很大程度地影响了体育场馆的服务质量。

2.4.2　体育服务综合体的发展模式

经济收入、消费水平、人民生活质量的增长趋势呈正相关,消费需求越来越趋于多元化。单一的体育设施已不能满足人们体育消费的需求,舒适的环境、专业的场地、完善的设施、优越的地理位置、便捷的城市交通、高质量的服务质量、多元化服务内容的供给更契合人们的消费需求(图 2-16)。

---

① 曾庆贺,马书军,陈元欣,等.大型体育场馆市场化供给的可行性分析[J].北京体育大学学报,2009,32(4):17-20.
② 陈元欣.大型体育场馆投融资实务[M].北京:北京体育大学出版社,2010:17.
③ 张强,陈元欣,王华燕,等.我国城市体育服务综合体的发展路径研究[J].成都体育学院学报,2016,42(4):21-26.
④ 陈元欣,刘倩.我国大型体育场馆运营管理现状与发展研究[J].体育成人教育学刊,2015,31(6):23.

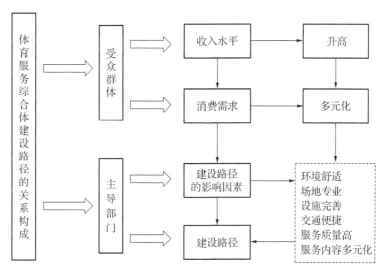

图 2-16 体育服务综合体建设路径的关系构成

在选址和建造体育服务综合体时,应结合城市空间的便利性、目标市场人群密集程度,衡量体育服务综合体发展的特点和消费者的消费需求,采用公益性与市场化相结合的方式,合理规划和设置契合各受众群体的服务项目,满足不同人群的消费需求。

各区域受众人群不同,体育服务综合体的功能定位则会有所不同,其运营模式及建设路径必然都会存在一定差异。基于国家体育总局对体育服务综合体的定位,目前我国体育服务综合体的建设路径主要有以下五种:

第一种路径,将传统体育场馆转型升级。结合体育场馆实际运营情况,以贯彻落实相关政策为导向,深入推动体育场馆资源两权分离改革。秉承公共体育服务的初衷,以不改变体育场馆主体结构为前提,通过区域联动提高体育场馆使用效率,推动周边业态转型升级,实现由传统体育场馆迈向新时代产业融合体育服务综合体的转型升级。

第二种路径,以新建的体育场馆为核心,建设集商业、生活、教育等服务功能为一体的建筑群落。依照政策与导向,以公共体育服务的公益性为原则,结合自身功能定位,合理规划和布局产业业态,丰富服务内容,实现产业融合,带动外围产业经济快速发展,助推场馆运营绩效良性增长。

第三种路径,顺应自然资源先决条件开发体育服务综合体。始终坚持走生态优先、绿色发展道路,将体育服务综合体建设纳入生态文明建设整体布局。注重体育设施与生态文明和城乡建设有机融合,依托得天独厚的生态优势,积极开拓"生态经济化、经济生态化"的发展路径,打造以体育休闲、康体养生、观光旅游、户外运动等为主要功能的户外运动休闲型体育服务综合体。

第四种路径,将产业园区、商业综合体改造为体育服务综合体。立足全民健身战略,利用现有场馆及周边商业、文化、交通等资源,按照体育服务综合体的建设理念对场馆内部空间功能进行改造及对外部空间功能进行拓展。同时,融入更多体育元素和商业供应链,实现产业融合发展的目的。

第五种路径,位于特殊的地理区位,由市场机制自发形成体育服务综合体。如随交通枢纽站场建设发展而来的业态圈;以学生为主要受众群体,在学校周边打造的以教育培训为主要服务内容的培训机构集群;在医院周边打造的以运动康复为主要服务内容的运动康复中心。大批商户长期聚集在同一区域,从事同一产业的经营活动,从而形成了特定功能的体育服务综合体。

总体上来说,产业融合发展的体育服务综合体是社会经济发展战略的新产物,经多年的探索可以明确城市体育服务综合体的概念、内涵及分类。了解体育服务综合体的雏形及发展缘由,进一步深挖其功能定位与长效机制,能为建立符合中国特色社会主义市场经济及我国体育事业发展前景的体育服务综合体提供理论依据。

3 体育服务综合体的理论探索

体育服务综合体是我国新时期体育产业融合发展的理论创新成果,在学术界仍处在探索的起步阶段。作为新时代的产物,体育服务综合体自 2013 年被提出后备受各领域学者关注,我国学者基于不同关注点,从多个视角全面铺开了对体育服务综合体的研究。体育服务综合体是建立在多学科理论交叉融合基础之上的,其中涉及区域经济学理论、产业经济学理论、产业集聚理论、休闲游憩区理论、城市综合服务体理论等。

3.1 体育服务综合体的理论基础

3.1.1 区域经济学理论

区域经济学,是从时间、空间和部门三维角度,探讨人类经济活动一般规律的科学。它是从人类经济活动空间论的角度,或运用探索人类经济活动的空间经济学理论进行研究,在经济发展理论领域具有不可替代性,属于经济科学二级学科[①]。现代区域经济学的理论体系包括区域分工理论、区域产业发展和转移理论、区域资源配置理论、区域相互依存理论、区域空间格局演变理论等。它一方面对区域的自然资源和自然条件进行经济评价,对区域的经济和社会因素进行分析,另一方面也是更重要的一面是能为制定区域发展纲要提出科学的依据,并为区域经济建立起计量经济模型。

区域经济学是一门关于经济学和地理学的交叉科学,是从经济学的视角出发研究区域经济发展与区域关系协调的科学。其研究范畴主要有以下三个方面:一是,强调某一区域的组成部分是在经济上相互依赖而结成的一种结构,任何区域都有经济活动的自身能力;二是,强调如何组织区域内经济活动问题,也即是强调区域经济发展的路径问题;三是,不仅研究区域经济的自组织问题,还研究如何组织区际联系。当前许多研究结果表明:区域经济学理论已开始与区域体育发展战略研究相结合,涉及区域体育旅游、体育产业、竞技体育、群众体育等方面的发展规划,但大多还处于萌芽阶段,尚未形成完善的

---

① 李沁汶.基于区域经济学的关天经济区土地利用分区研究[D].兰州:甘肃农业大学,2014:1-7.

理论体系,并且缺乏理论与实践的连结点①。

体育服务综合体是在一定的区域内建立的经济上相对完整的特殊地区,里面除了涉及体育产业,还涉及餐饮、娱乐、医疗等。从经济理论角度出发,在此区域内同时存在着各产业的区域划分及分工、各产业的经济发展及转移、各产业的资源配置问题,产业之间存在着相互依存、相辅相成的关系。可以说,区域经济学对我国体育服务综合体的科学管理和健康可持续发展发挥着极大的作用。

地理位置的差异、经济发展水平的不同是导致体育服务综合体非均衡发展的直接原因。不同空间载体之间也存在非均衡发展的现象,各体育服务综合体所依附的空间载体、地理条件、经济发展水平都有自己的优势所在。因此,在以体育服务为核心的前提下,要把有限的资源合理地分配到有创造经济效益潜力的业态,令其在资源合理配置下发挥最大的功能。

3.1.2 产业经济学理论

产业是指由利益相互联系的、具有不同分工的各个相关行业所组成的业态总称,尽管它们的经营方式、经营形态、企业模式和流通环节有所不同,但是,它们的经营对象和经营范围是围绕着共同的产品而展开的,并且可以在构成业态的各个行业内部完成各自的循环,产业可以说是具有某些相同性质的企业集合。产业经济学以产业为研究对象,主要包括产业组织、产业结构、产业关联、产业布局和产业政策等。产业经济学探讨以工业化为中心的经济发展中产业之间的关系结构、产业内的企业组织结构变化的规律、经济发展中存在的各种内在的均衡问题等。通过这些研究为国家制定国民经济发展战略和产业政策提供经济理论依据。产业经济是居于宏观经济与微观经济之间的中观经济,是连接宏观和微观经济的纽带②。

如今体育产业不断发展壮大,产业链逐渐完善,产业根基更加牢固,产业的结构、规模、效益持续提升,体育产业已经成为国民经济新的增长点和发展新动力③。产业经济理论的研究在体育产业与经济社会的协调发展中起到非常重要的作用,在众多产业融合发展的体育服务综合体中,从产业组织、产业结构、产业关联、产业布局、产业政策引导到产业协调发展过程中更需要产业经济学的科学指导。

---

① 邹蕾,钱建蓉,王志文.我国区域体育发展战略研究中区域经济学理论应用综述[J].成都体育学院学报,2013,39(7):23-28.
② 苏东水.产业经济学[M].北京:高等教育出版社,2010:15-19.
③ 鲍明晓.从体育部门经营创收到现代体育产业体系初创:对改革开放以来中国体育产业发展的思考[J].体育科学,2018,38(7):15-16.

3.1.2.1 产业组织理论

产业组织理论是运用微观经济学理论来分析企业、市场及他们之间相互关系的一门应用经济学科。它以微观经济学理论为基础,研究产业内各组成部分之间的市场关系,包括市场结构(structure)、市场行为(conduct)、市场绩效(performance),这种分析框架简称为 SCP 分析框架。市场结构指的是产业内企业间市场关系的表现形式以及特征,包括买方之间、卖方之间,以及买卖双方之间和可能加入或退出市场的买卖双方之间在数量、规模、所占份额、利益分配等方面的关系和特征,以及产生的完全竞争、完全垄断、垄断竞争、寡头垄断等竞争类型。市场行为包括企业或厂商的策略行为、价格行为以及非价格行为。市场绩效是度量消费者对一个市场所提供商品的满意程度,它有着相当复杂的评价体系,通常采用的三个市场绩效度量指标是收益率、价格成本加成以及托宾 q 值[①]。在体育服务综合体中,不管是对体育产业、娱乐产业还是餐饮产业,产业组织理论研究的都是处于同一商品市场的企业之间的相互竞争与垄断关系,如体育产业中健身市场的企业之间的相互竞争与垄断关系,健身企业间所作出的定价、推广、产品差异化、经营多样化、横向一体化、纵向控制、创新等各种市场行为。然而过度的竞争或垄断都违背了产业经济学所认为的理想市场结构,这两种局面都是对资源配置和利用效率的跑偏,必然影响到产业结构的合理调整和产业组织安全。

3.1.2.2 产业结构理论

产业结构理论是一个由来已久的话题,可以追溯到 17 世纪,古典经济学创始人佩蒂首次提出。他发现产业结构的不同会导致国民收入水平和经济发展有所差异,即工业比农业的收入多,商业又比工业收入的多。它的研究对象是产业间的技术经济联系及其联系方式。我们可以将产业结构理解为投入产出的转换器,将资源倾斜配置—经济不平衡增长—结构优化与升级—经济增长和效益水平提高来作为产业机构研究的新模式。产业结构的演变是同经济发展相对应的,主要表现为产业机构由低级向高级演进的高度化和产业结构横向演变的合理化。影响产业结构演变的因素主要有供给要素、需求因素、技术的进步、国际关系、国家政策等。其中,供给要素是生产要素供给方面的因素,它包括自然条件和资源禀赋、劳动力资源及资本供应状况等;需求因素主要是指需求总量与结构的变化都会引起相应产业部门的扩张或缩小,甚至会引起新部门的兴起与旧部门的衰退;技术进步推动产业结构高度化,影响需求结构和供给因素,改善产业机构;国际因素主要有国际分工、国际产业转移、国际贸易、国际投资等;产业结构的变化还受到政府

---

① 李孟刚. 产业经济学[M]. 北京:高等教育出版社,2012.9:122-124.

经济政策、市场的法规和制度的影响。

体育服务综合体多数以社会资源为主、自然资源为辅。区域经济的发展主要是依靠其所拥有的丰富社会资源,经济发展水平较高,带来良好的经济效益、社会效益和环境效益。属于这一类型比较有代表性的是北京新首钢高端产业服务区北区,它坐落于北京市石景山区,是长安金轴的发源点,西山永定河文化带的一个重要组成部分,也是北京市总体城市规划的区域功能节点。它是在首钢集团搬迁后依托首钢集团的原厂区址,利用独特的重工业风貌,设计开发为冬奥广场区、首钢工业遗址公园区、石景山景观公园、配套的公共服务区、城市织补创新工场五大片区,总占地面积3.6平方公里,辐射周边众多人口。目前已建成并开始运营的是首钢园区体育场馆群,具有国际化视野的潮流运动中心和"体育+产业"融合创新中心。由此可见,因地制宜能发挥当地的资源优势,充分利用当地的自然资源和社会资源以及人口劳动力资源建设和发展体育服务综合体,完成产业机构优化与升级以达到经济增长和效益水平提高的目的。

3.1.2.3 产业关联理论

产业关联是指在经济活动过程中,以各种投入品和产出品为连接纽带的技术经济联系。这里的投入品和产出品既可以是有形产品和无形产品,也可以是实物形态的或价值形态的;技术经济联系和联系方式可以是实物形态的也可以是价值形态的联系和联系方式;产业关联方式分为前向关联与后向关联、单向关联与环向关联、直接关联与间接关联。在产业关联分析时最基本的方法是列昂惕夫创建的投入产出法,也被称为产业关联分析方法,它是研究经济体系中各产业部门间投入与产出相互关系的数量分析法,不仅用于分析产业间联系,还可以分析国民经济或者区域经济中的许多其他问题[①]。运用投入产出法时离不开投入产出表,它通过建立相关的线性代数方程体系,模拟现实中产品流入和流出的过程来分析产业间的各种比例关系。产业关联研究,可以根据分析目的和应用工具的不同分为产业结构分析、产业波及效果分析及经济分析等。其中产业结构分析包括产业间投入产出结构分析、产业之间供给与需求分析和产业关联广度与深度分析;产业波及效果分析包括对产业波及效果现状的分析和对未来波及效果的预测。

针对体育服务综合体,我们可以利用地区投入产出分析对该区域编制投入产出表进行地区性的投入产出分析。这样可以根据体育服务综合体区域内的实际情况,对区域内进行经济结构分析,并作出经济预测,发挥区域内的优势,有助于科学地处理区域与区域间或地方与中央的经济关系,从而促进地区间经济的协调发展。

从表3-1可以看出,Ⅰ反映本地生产的中间产品用于本地生产消费的情况;Ⅱ反映

---

① 丰志培,刘志迎.产业关联理论的历史演变及评述[J].温州大学学报,2005(1):51-56.

本地生产的产品用于满足本地最终需求(消费和积累)的情况;Ⅲ反映本地生产的产品往外地出口的情况;Ⅳ反映本地调入与进口的产地;Ⅴ反映调入产品在本地各产业之间的分配;Ⅵ反映的是新创造的中间产品的价值,包括劳动报酬、社会福利等;Ⅶ反映的是新创造的最终产品的价值①。

表3-1 完整的地区价值投入产出表

		中间产品	最终产品		总计
		1,2,…,n 合计	本地使用 消费积累合计	调出 1,2,…,n 出口合计	
调入进口 1,2,…,n	本地生产 1,2,…,n 合计	Ⅰ	Ⅱ	Ⅲ	
Ⅳ	外地调入 1,2,…,n 合计	Ⅴ	Ⅵ		
	新创造价值 劳动报酬社会纯收入合计	Ⅶ	Ⅷ		
	合计				

资料来源:聂亚珍,陈冬梅.产业经济学[M].北京:光明日报出版社,2012:166.

3.1.2.4 产业布局理论

产业布局是指在一个国家或者地区内各种产业在空间上的动态组合,是为了实现产业的合理布局和经济资源在空间上的合理配置,实现经济快速增长以及缩小区域间的差距。在现实中合理的产业布局有利于利用当地的资源优势,充分发挥地区特色,创造良好的经济、社会和生态效益;不合理的产业布局则很大可能会对当地发展产生阻碍效果,甚至造成巨大损失。最早论述产业布局问题的理论是古典区位论,以杜能农业区位论和韦伯工业区位论为主要代表。随着经济社会的发展,区位论也经历了古典、近代、现代三个阶段的演变。现代区位理论将更全面地对区位的生产、交换、价格、贸易进行一体化研究,也由原来的理论假设的理论推导型研究转向对实际的区域分析和应用模型的研究。现代区位理论主要有成本—市场学派理论、行为学派理论、社会学派理论、历史学派理论、计量学派理论等。

区域联合协作理论是随着世界经济集团化和一体化的发展逐渐演变出来的,主要包括生产要素禀赋理论、技术差距理论、产品生命周期理论、中心—外围理论、均衡和非均

---

① 聂亚珍,陈冬梅.产业经济学[M].北京:光明日报出版社,2012(7):166.

衡理论。均衡和非均衡理论是指在经济发展增长过程中,由于某些具有主导或者创新力的企业或部门在一定区域或空间内聚集,从而使得资源相对集中,带来的经济迅速增长的发展机制。同时这种显著的现象会向周边地区扩散,所以被称为"增长极"。在区域经济发展的空间中,随着经济的发展、产业的增多,增长极也会越来越多,多个增长极的经济联系也会加强,它们之间的连线便构成了一条轴线。轴线的形成会吸引大量的劳动力和产业进入,并产生新的增长点,最终促进整个区域的经济发展。如湖北西普体艺中心是一个以体育为主,文化、休闲、商业为辅的体育服务综合体。它通过将体育产业和文化、商业合理分布,设置了乒乓球馆、台球馆、跆拳道馆、健身馆、篮球馆、五人制足球场等体育设施的体育功能区,具备电影院、儿童游乐场、早教培训的文化功能区,同时具备餐厅、酒店、超市、KTV、茶吧的商业功能区,形成以体育赛事、培训带动文化和商业的发展,促进经济效益稳步提高(表3-2)。

表3-2 湖北西普体艺中心业态功能一览表

具体业态	产业类型	功能区
各类型体育场馆、乒羽球赛、全市各级篮球赛事	运动健身、竞赛表演	体育功能区
西普文化广场、西普体彩中心、鲁卡奇儿童乐园、红黄蓝亲子园、足篮乒羽培训	体育文化、体育休闲、体育培训	文化功能区
广兴生活超市、西普大酒店、西普花园餐厅、般若茶空间、KTV 等	餐饮娱乐、商业生活	商业功能区

我国体育事业曾长期实行"非均衡"发展战略,虽然其根本目的在于促成均衡发展,但也在一定程度上造成了"非均衡"的现状。一般来说,一个区域的经济发展都会经历一个由"不均衡—均衡—新的不均衡—新的均衡"的螺旋上升过程。体育发展战略在由"非均衡"向"均衡"的转变过程中必须针对我国体育事业发展中存在的根本性问题加大改革的力度。学者于文谦等人在《当代中国竞技体育的非均衡发展》一文中,针对中国竞技体育的非均衡现状,利用非均衡发展理论分析了当前中国竞技体育在项目布局、运动成绩、运动队建设、市场发育等方面存在的诸多差异[①]。从2020年国家遴选出的49家体育服务综合体的标杆案例来看,地区分布沿着东、中、西经济带分布呈现出东多西少的趋势,这明显与长三角、珠三角、京津冀地区国家体育产业基地数量分布有着高度的统一性(表3-3),此三个国家体育产业基地中拥有的体育服务综合体总数为26个,占到全国体育服务综合体总数的55%。

---

① 于文谦,王乐.当代中国竞技体育的非均衡发展[J].体育学刊,2008(9):15-20.

表 3－3 2006—2021 年国家体育产业基地数量分布

序号	省（区、市）	示范基地	示范单位	示范项目	小计
1	浙江省	12	13	15	40
2	江苏省	7	15	10	32
3	福建省	2	17	11	30
4	上海市	4	11	10	25
5	山东省	8	10	7	25
6	北京市	3	16	5	24
7	湖北省	5	9	7	21
8	安徽省	3	5	5	13
9	广东省	3	7	2	12
10	四川省	4	1	6	11
11	河北省	5	4	0	9
12	江西省	1	4	4	9
13	内蒙古自治区	1	2	5	8
14	河南省	4	2	1	7
15	云南省	3	1	2	6
16	新疆维吾尔自治区	2	2	2	6
17	湖南省	1	4	1	6
18	青海省	2	1	2	5
19	贵州省	1	1	3	5
20	吉林省	0	4	1	5
21	辽宁省	2	0	2	4
22	陕西省	1	2	1	4
23	山西省	1	2	1	4
24	天津市	1	1	2	4
25	广西壮族自治区	1	1	2	4
26	海南省	0	3	1	4
27	重庆市	1	2	0	3
28	甘肃省	1	0	2	3
29	黑龙江省	0	1	1	2
30	西藏自治区	0	1	1	2
31	宁夏回族自治区	0	1	0	1
	合计	79	143	112	334

体育服务综合体本身分为场馆型、商业空间嵌入型、运动休闲型、其他型四类,各类型都有各自的服务特色及优势,在整体的发展中实行非均衡式的发展战略,以其特色及具有优势的体育产业带动其他相关产业,大力发展优势体育项目带动其他体育项目。如北京工人体育中心打造"工体"品牌,提升在全国乃至全世界的知名度,打造了纳入吉尼斯世界纪录的"工体100"保龄球馆、亚洲独具特色的"工体富国海底世界"、中国最大的室内儿童游乐项目——工体翻斗乐以及锦都久缘、有景阁等著名特色餐饮[①]。这种打造特色或品牌的体育服务综合体在经济增长空间上必然是不均匀的,而是把某些经济单位打造成了优势经济单位,以优势经济单位的优先增长通过不同渠道向外扩散推动了其他经济单位的增长,最终对整个区域经济产生不同的影响。

3.1.2.5 产业政策理论

产业政策理论是在市场失效论、政府失效论、政府干预与市场机制作用的理论基础上,为制定产业政策而形成的一种经济理论。通过对产业经济的研究,为产业政策的制定与选择提供原理、原则和方法。产业政策是指在市场经济的基础上,国家或政府为了资源的优化配置、市场缺陷的弥补、经济竞争力的提高而制定的有关产业未来发展的所有政策和法规的总和。它主要包括产业组织政策、产业结构政策、产业布局政策三种。产业组织政策是政府以产业组织理论为依据,为了获得好的市场效果,对市场结构和市场行为进行干预,对企业间关系进行调节的公共政策。反垄断政策、政府规制、放松政策等都是产业组织政策,都是为了防止垄断,促进有效竞争,调节竞争关系,促进产业的健康发展。产业结构政策是政府为了指导和促进本国产业结构优化,推动经济增长而制定并采取的一系列策略措施的总和。产业结构政策包括支柱产业支持政策、衰退产业援助政策、产业发展的技术政策、优质产业保护政策。产业布局政策是指政府为了优化产业的分组和组合,促进经济效率提升、社会稳定、生态保护和国防安全而实施的一系列措施、政策的总和(表3-4)。

表3-4 关于体育服务综合体建设的主要产业政策

发布时间和部门	产业政策	建设内容
2014年10月 国务院	《国务院关于加快发展体育产业促进体育消费的若干意见》	以体育设施为主要载体,打造城市体育服务综合体,推动体育与住宅、休闲、商业综合开发
2016年7月 体育总局	《体育产业发展"十三五"规划》	支持大型体育场馆发展体育商贸、体育会展、康体休闲、文化演艺、体育旅游等多元业态,打造体育服务综合体

---

① 王健,陈元欣.国内体育场馆运营管理典型案例分析[M].北京:北京体育大学出版社,2012:7-8.

续表 3-4

发布时间和部门	产业政策	建设内容
2016 年 10 月 国务院	《国务院办公厅关于加快发展健身休闲产业的指导意见》	鼓励健身休闲设施与住宅、文化、商业、娱乐等综合开发,打造健身休闲服务综合体
2019 年 1 月 体育总局 发展改革委	《进一步促进体育消费的行动计划(2019—2020 年)》	鼓励和引导利用废旧厂房等现有设施,改造成健身休闲与商业服务融合发展的体育综合体;持续推进公共体育场馆两改工程,增加体育场地设施和功能,改造成体育综合体;支持旅游景区引入体育资源,增设体育消费项目,升级成体育与旅游高度融合的体育综合体;细化落实运动休闲特色小镇规划建设,推动试点项目健康有序发展,打造成生产、生态、生活"三生融合"的体育综合体;积极推动航空飞行营地、汽车自驾运动营地、山地户外营地等建设;大力实施《百万公里健身步道工程实施方案》,把美丽乡村串联成集文化、旅游、休闲、观光于一体的体育综合体
2019 年 7 月 体育总局 等 14 部门	《武术产业发展规划(2019—2025 年)》	引导商场、景区等引入武术特色资源,打造一批运动休闲与相关服务高度融合的武术服务综合体
2019 年 9 月 国务院	《国务院办公厅关于促进全民健身和体育消费推动体育产业高质量发展的意见》	支持推出一批体育特色鲜明、服务功能完善、经济效益良好的综合体项目

资料来源:根据国家相关政策整理而成。

从表中可以看出,不管是国家层面的体育产业政策还是多部门联合发布的运动项目产业发展规划,均提出将体育服务综合体作为重要发展目标,推动体育产业优质发展,鼓励各级管理部门要因地制宜、统筹规划、科学有序地开展体育服务综合体的建设和发展工作。也正是这些政策的指引和促进,使得我国体育服务综合体如雨后春笋般快速建成和发展,在未来将会有更多的指导性政策文件来规范体育服务综合体的建设标准、服务内容、监督机制等以促进其健康可持续发展。

3.1.3 产业集聚理论

产业集聚(Industrial Agglomeration)理论被国外学者研究与关注较多,他们主要从外部经济、产业区位、竞争与合作、技术创新与竞争优势、交易成本、报酬递增等角度探讨了其形成原理与发展机理。综合各研究背景和不同的研究角度来看,产业集聚是指在产业的发展过程中,相关的机构或者企业公司,由于相互之间的共性或互补等特征而紧密联系在一起,形成的在特定地理位置上集中的相互联系、相互支撑的产业集合的现象[①]。这些产业基本上处在同一条产业链上,彼此之间是一种既竞争又合作的关系,呈现横向扩展或者横向延伸的专业化分工布局,通过相互之间的溢出效应,使得技术、信息、人才、政策以及相关产业要素等资源得到充分共享,集聚于该区域的产业因此而获得可观的规模经济效益,进而大大提高整个产业群的竞争力。

最早研究产业集群现象的是新古典经济学家阿尔弗雷德·马歇尔(A. Marshell),他从古典经济学角度通过研究企业组织间的劳动力要素客观地表明了企业为了追求经济效益而集聚,并表示创新是产业经济增长,促进产业集群快速发展的源泉。德国经济学家阿尔费雷德·韦伯(Alfred Weber)指出,从19世纪开始集聚经济就经常地出现于人们的视野中,这也是一个最重要和最原始的产业聚集特点。和其他任何群体有着一样的特点,产业的聚集特征即大量相关产业在一定的区域内集中的现象产生了集聚效应,而集聚效应又带来了集聚效益,也就是各种相关的经济活动的集中表现,由此带来了相当可观的经济效益。20世纪90年代,克鲁格曼(Paul R. Krugman)在新经济地理学理论中通过建立理论模型进一步推动了集聚理论的发展;20世纪末期,波特(Michael E. Porter)在竞争优势理论中提出"钻石模型",将产业集聚理论推向了新的高峰。我国工业地理学家、北京大学的王缉慈教授从新产业区理论角度将产业集群的特征总结为五点,分别是弹性精专、地理集中性、根植性、拥有相关的支撑机构和创新性[②]。显然,区域的区位优异性对不同类型的经济行为主体具有不同的吸引力,对于同类型的经济主体同样具有吸引力,这种吸引力加上集聚经济的内在报酬递增效应及积累循环效应,导致产业在一定的区位上形成了集聚(表3-5)。

表3-5 产业集聚理论的演变

时间	代表人物/代表作	主要理论内容
20世纪初	A. Marshell	揭示外部规模经济与产业集群的密切关系,认为不断的创新是区域经济增长和产业集群发展的关键
1909年	Alfred Weber《工业区位论》	产业集群发展的四个因素:技术设备的发展、劳动力组织的发展、市场化因素、经常性开支成本
20世纪80年代	Michael E. Porter《国家竞争优势》	提出"钻石模型",对不同国家的产业集群竞争特点进行比较分析,认为一个国家或地区的经济由各种产业集群所组成

[①] 叶依广.区域经济学[M].北京:中国农业出版社,2006:3.
[②] 王缉慈.创新的空间:企业集群与区域发展[M].北京:北京大学出版社,2001:136-143.

续表 3-5

时间	代表人物/代表作	主要理论内容
20世纪80年代末	Paul R. Krugman《空间经济学》	将空间问题引入经济学进行动态分析,总结出经济活动的空间集聚的核心线索:报酬递增、空间集聚和路径依赖。提出中心—外围模型、城市体系模型、国际模型
2008年	Stamer	从微观、中观、宏观和兆观四个层面阐述产业集群的竞争优势
2019年	王缉慈	产业集群的五大特征:弹性精专、地理集中性、根植性、拥有相关的支撑机构和创新性

资料来源:根据相关资料整理。

H. Matlay 在"Attitudes of Sports Development and Sports Management Undergraduate Students towards Entrepreneurship"(《体育发展和体育管理专业本科生对创业的态度》)中,将体育产业集群式发展视为未来体育健身行业发展趋势,以美国、英国、日本等类体育服务综合体公共设施为例,深入分析了多态化运营对扩大消费人群,提高多种产业发展的作用,集群式体育产业发展不仅局限于体育健身企业的联合,而且也在于体育产业与休闲、教育、商业、旅游等产业的融合[1]。

体育服务综合体不仅实现了体育相关产业的聚集,还实现了文化、教育、餐饮、娱乐、医疗等资源的高度聚集,特色资源的大量汇集,有效资源的高效利用,产生极强的规模聚集效应。当前体育服务综合体的体量规模的快速增长,使多种类型的体育服务综合体越来越多地集聚在城市中。以江苏常州江南环球港为例,作为投资方的月星集团在全国拥有三百多家子公司,并与六十多个国家和地区有业务往来,综合实力较强。江南环球港借助品牌工程,以市场化为导向,积极引入零售、餐饮、娱乐、教育等产业的知名品牌商,聚集近百家体育装备和服装零售品牌,同时在传统产业的基础上,发展"体育+"模式,以室内和室外空间为载体,融入各类体育设施,导入娱乐、体验、培训、休闲项目,既丰富了体育内容及功能,又满足了不同类型的消费需求。将江南环球港打造成以"文、旅、商"融合运营为核心,集旅游、休闲、住宿、餐饮、会展、购物于一体的一站式体育服务综合体,最大限度提高其经济效益。

---

[1] H Matlay. Attitudes of Sports Development and Sports Management Undergraduate Students towards Entrepreneurship[J]. Management of Sports Development, 2015(39):240-242.

3.1.4 休闲游憩理论

3.1.4.1 休闲游憩理论总述

有着休闲理论创始人之称的美国经济学家托斯丹·邦德·凡勃仑(Thorstein Beblen Veblen),于1899年出版的著作 *The Theory of the Leisure Class*(《有闲阶级理论》)中从经济学的视角分析了休闲与消费之间的关联,开创了休闲理论研究的先河。他认为历史上被压迫阶级所从事的物质生产劳动是辛苦而又低效的,而统治阶级所从事的精神劳动却创造了更有效和更有意义的人生价值。由此形成的资产阶级生活方式被充分地体现在休闲行为中,并且得到了被统治阶级的认可[①]。同时书中阐明,休闲是现实社会身份的经济象征,是区分上流社会与工人阶级生活方式的尺度,是用金钱消费来显示人们的优越地位。

休闲游憩理论涉及哲学、经济学、文化学、美学、社会学、法学和心理学等领域(表3-6)。哲学将休闲与人的本质联系到一起,认为休闲能实现人的自我价值和精神上的永恒性;经济学从时间、制度上考察休闲,侧重于休闲与经济发展的内部联系,根据休闲的时间长短,制定新的经济政策,促进不同方向的消费,调整产业结构,促进产业优化,开拓新的市场;文化学范畴上的休闲是人们为了不断满足多方面需求而处于的一种文化创造、文化欣赏、文化构建的生活状态和行为方式;美学从心态和存在状态的角度分析,认为休闲是人们在精神自由过程中经历的审美的、道德的、创造的、超越的生活方式;社会学则从社会规制、人的生存状态角度研究休闲;法学认为休闲是一种社会现象,必须对休闲的权利和义务进行立法,从而维护休闲的社会秩序等。

表3-6 休闲理论的学科涵盖

学科	理论依据	理论概念
哲学	人的本质	实现人的自我价值和精神上的永恒性
经济学	时间和制度	能够促进消费,调节产业优化及开拓新市场
文化学	实用和文化	为了不断满足人的多方面需求而处于的一种文化创造、欣赏和构建的生活状态和行为方式
美学	心态和存在状态	是人们在精神自由过程中经历审美的生活方式
社会学	社会规制	是一种存在的社会现象
法学	法制	是人们的一种权利和义务

---

① 凡勃伦.有闲阶级论:关于制度的经济研究[M].李华夏,译.北京:中央编译出版社,2012:42.

3.1.4.2 休闲游憩相关概念辨析

休闲是指在非劳动及非工作时间内以各种"玩"的方式求得身心的调节与放松,达到生命保健、体能恢复、身心愉悦目的的一种业余生活。中国休闲文化研究中心主任马惠娣认为休闲就是"以欣然之态做心爱之事"。中国社会科学院张广瑞、宋瑞认为休闲是人们在可自由支配时间内自主选择从事的某些个人喜爱的活动,并从这些活动中获得往常生活事务所不能给予的身心愉悦、精神满足、自我时间和发展[1]。

游憩来源于拉丁文"recreatio",意思是恢复再创造,英文为"recreation",原意是"to refresh",含有"休养"和"娱乐"两层意思,它包括生理与精神两方面。菲尔乔德认为游憩是在休息的时间所做的让人感觉轻松、愉快的任何事情,并且做这件事情的目的不是为了得到事后的报酬。保继刚在《旅游地理学》中指出,游憩是指人们在闲暇时间所进行的各种活动,它包含的范围也非常广泛,从在家看电视到户外旅游都属于游憩[2]。游憩是人们在闲暇时间,基于城市、乡村、景区、度假区四类空间基础上,进行的具有生态、文化、康体或游乐功能的,能够从内在满足自我、外在实现休闲活动的总和[3]。

传统认知的"游戏(玩)"是一种消极、负面的生活方式,但当今社会越来越多的学者研究发现"游戏(玩)"在生活中的重要性。美国学者约翰·凯莉认为,游戏是行动的休闲[4]。韩国学者孙海植指出休闲与玩并不一样,他们的相同点是都是自发的跟工作相对立的行为,不同点是玩可以跟工作混在一起,但休闲是完全与工作相对立的,是非工作状态[5]。

旅游指为了休闲、商务或其他目的离开惯常环境,到某些地方并停留在那里,但持续不超过一年的活动。旅游的目的包括六大类:休闲、娱乐、度假,探亲访友,商务、专业访问,健康医疗,宗教/朝拜,其他。

休息是指在特定时间内相对地减少活动,使人从生理上和心理上得到放松,让疲劳消除或者减轻,使精力重新充沛的过程。也就是说休息并非是一种活动,而是与活动对立的让身体和心理的活动暂停或停止,从而解除紧张、调节压力、恢复体力的一种方式,可见休息是休闲的初级阶层。

通过对休闲、游憩、游戏(玩)、旅游、休息的概念进行界定、对比与分析,画出它们之间的关系如图3-1所示。

---

[1] 张广瑞,宋瑞.关于休闲的研究[J].社会科学家,2001(5):20.
[2] 保继刚.旅游地理学[M].北京:高等教育出版社,2007:17.
[3] 刘文娟.黑河流域游憩机会谱:兼论祁连山国家公园游憩开发[D].兰州大学,2021:11-12.
[4] 约翰·凯莉.走向自由:休闲社会学新论[M].赵冉,译.昆明:云南人民出版社,2002:20.
[5] 孙海植.休闲学[M].朴松爱,李仲广,译.大连:东北财经大学出版社,2005:12.

北京奥运会后,大多数场馆都被充分地开发利用起来,部分代表性建筑群已成为我国著名的旅游景点。国家游泳中心"水立方"被誉为"设施最完善、开放程度最高、运营效果最好"的游泳中心,其娱乐、健身、培训、赛事等业态,能为市民提供运动健身、游泳训练和观看比赛等服务,是体育爱好者休闲游玩、放松心

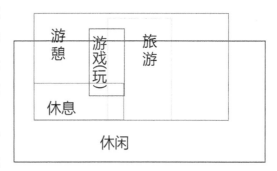

图 3-1　休闲游憩相关概念辨析图

情、缓解压力的场所。奥运会主会场"鸟巢"是北京标志性建筑之一,除了承办大型体育赛事活动之外还围绕旅游产业发展,作为一个具备体育特色的旅游景点吸引着国内外游客前来参观游憩。

3.1.4.3　休闲游憩的功能

休闲游憩具有个人、家庭、社会三大主要功能。对个人,它可以净化心灵,放松身心,愉悦心情;认识自我,发展自我,实现自我;获得满足,增加知识,提高自治。对家庭,它可以增进家庭成员的感情、培养家人的社交能力、促进家庭团结。对社会,它可以稳定社会生活、促进经济发展、提高国民的生活质量。具体又具备政治功能、经济功能、社会功能、环保功能、治疗功能等功能。

1)政治功能

古希腊哲学家、思想家柏拉图认为"真、善、美"的真谛在于使统治者自我完善,使统治地位更加牢固。在当今社会,休闲游憩是赋予公民的合法权利(包括人权、休闲权利、旅游的权利、体育运动的权利、艺术和文化的权利等),是人权的重要组成部分,它能够去除人身体的疲劳,转换心情,让人以积极的状态投入到生活中,从而降低或消除他们对生活的不满、对社会的抵触等消极情绪,促进社会稳定与维护社会的和谐。

2)经济功能

休闲游憩是人们在工作时间以外进行的自由活动,这些活动不仅是对闲余时间积极有效的利用,而且经常带有针对休闲产品、设施和服务的消费。休闲游憩的目的大多在于购买物品和参与活动的消费,休闲游憩是人对消费的体验。为了刺激消费,带动经济的发展,国务院发布了《全国年节及纪念日放假办法》并分别于1999年、2007年、2013年进行了三次修订。法定节假日促使人们参与休闲游憩活动,数据显示每年长假都是我国消费的高峰期,这种消费对区域经济的发展至关重要。

3) 社会功能

休闲游憩能给人带来快乐,让人感觉幸福。参与休闲游憩活动可以增强个人的自尊和自豪感,有利于社区精神的建立,有利于促进人们社会交往,有利于人们健康状况的改善,有利于就业机会的增加和就业压力的减小,让人们生活变得丰富多彩并且有意义,最终有助于社会危害行为的减少,促进社会和谐。

4) 环保功能

我国 2015 年施行的《中华人民共和国环境保护法》是为保护和改善环境,防治污染和其他公害,保障公众健康,推进生态文明建设,促进经济社会可持续发展制定的法律。人们在自然和人文环境的休闲游憩活动中的行为会对周边的环境造成直接的影响,不文明的游憩行为会破坏自然环境(包括森林、草地、沙漠、山丘、海洋、冰川、湿地等)和历史文化遗迹。而人们对环境的研究和评价促进了对自然环境的了解,在游憩中对环境的改善行为(如自发地收捡白色垃圾)促进了环境的可持续发展。该法案的颁布既能够促进人们休闲游憩环境的改善,也能够促进人们环保理念的形成。

5) 治疗功能

人们选择休闲游憩活动是自愿的,不受约束和限制,所以在活动中或活动后较易获得满足感、成就感,可以发泄情绪和欲望。休闲游憩是在自由支配的时间内参加的,可使人摆脱生活疲乏和工作的压力,尽情地发挥自己的创造力和想象力,促进健全人格的发展。运动类的休闲游憩活动能够促进血液循环,保持身体健康,消除精神紧张,提高身体机能,预防各种疾病侵袭。在过去的 60 年里,休闲和游憩在临床上受到广泛的使用已经证明了其作为一种治疗手段的价值。

3.1.4.4 休闲游憩的需求与供给

休闲游憩需求是休闲经济活动中最基本的因素之一,它与休闲游憩供给的矛盾构成了休闲游憩活动的主要内容。在我国市场经济体制下,休闲游憩的经济行为在运行和发展中受制于最基本的市场机制,这就是需求与供给的矛盾运动。作为中国消费经济和社会发展的产物,休闲的实践早于理论研究。当今社会,休闲游憩项目和服务快速发展创新,休闲产业的内涵也在不断扩展。为了满足市场上与日俱增的各种各样的休闲和游憩需求,必须充分发挥政府的权力与职责,进行自然资源开发、提供更全面的人工服务和个性化的设施与管理,才有可能让人们的休闲游憩需求得到实现。有需求必然需要有供给,休闲游憩的供给是指为了满足个人、团体或其他组织机构的各种休闲与游憩需求而提供的各种物质及服务的总和。主要包括政府休闲游憩供给、非营利或志愿者机构休闲游憩供给、商业休闲游憩供给、自我休闲游憩供给(表 3-7)。

表 3-7 现代休闲游憩供给系统

休闲游憩供给类型	协作的团体与供给机构	提供的休闲游憩服务内容	满足的公共需求	利益
政府休闲游憩供给	公共机构、政府组织、非营利组织专业协会	对其他直接指导的公共事业规定相关条款	体育运动休闲、放松	社会和社区效益经济利益、就业、税收以及其他财政回报
非营利或志愿者机构休闲游憩供给	体育管理机构专业筹备机构	授权引导	其他社会服务	个人价值、环境价值
	军队士兵、企业员工福利与游憩单位	俱乐部和其他社会团体	户外游憩、疗养	
商业休闲游憩供给	商业游憩部门特殊活动与节庆赞助商旅游与酒店管理休闲功能区的外包私人团体	直接指导项目、提供服务、共同赞助活动和节庆	个人享乐旅行、购物	环境价值、自然价值
自我休闲游憩供给	校园游憩项目特殊兴趣小组	休闲教育在特殊领域的支持与领导	文化活动、创造性艺术、特殊事件	个人价值身体健康、情感健康、心智发展
	个人组织其他市民机构和团其体	提供咨询服务	业余爱好	
	康复治疗游憩服务	康养服务	身心健康	

3.1.4.5 我国休闲游憩发展的主要趋势

1）经济休闲化

经济休闲化主要是指经济的发展越来越依赖大众在休闲游憩时的消费信心、消费支出和消费行为。它与传统意义上的消费经济、旅游经济和假日经济有所不同，是在旅游度假、购物、娱乐等休闲产业的基础上产生并形成的一种具备时代特征的新经济组织模式。随着现代生产力水平的持续提高，休闲消费对各国的国内生产总值增长的意义也越来越重要。我国虽然从整体上步入了小康社会的初级阶段，但在东部沿海地区许多城市，如广州、深圳、上海等人均国内生产总值已经超过 4 000 美元的标准，达到了国际上公认的中上等发达国家的标准。根据国际上发达国家休闲游憩发展的经验，进入这一阶段后城镇居民的休闲游憩消费支出每年增幅都会较大，与休闲游憩相关的娱乐、购物、文化、旅游、健身、餐饮等消费活动对经济发展的影响力也越来越大[①]。随着经济生活消费中服务比重和精神产品生产的比重逐年增大，经济增长不再主要依靠物质投入因素与劳动力因素，而是依赖于休闲竞技方面的精神产品的扩增生产和智力因素，进而使休闲因

---

① 张维亚，汤澍．休闲学概论[M]．辽宁：东北财经大学出版社．2013：59．

素对经济的影响持续扩大。

2) 文化休闲化

文化休闲化是当今文化发展最引人注目的发展潮流,在现代新科技和新理念的背景下,也将产生新的休闲文化样式。这种趋势也将改变年轻人的日常生活方式,甚至会对全体社会成员的生活方式产生影响。

3) 消费休闲化

随着生活水平的提高,人们对物质产品的消费需求开始下降,而对以精神产品为主导的非物质产品的消费需求急速攀升。西方学者将这一种现象称为休闲消费的精神化和软件化。有学者研究指出,一个国家的人均国内生产总值达到3 000美元是发生这种转变现象的临界点。20世纪50年代中期,美国人均国内生产总值开始超过3 000美元,随即启动了消费的休闲化进程。日本在20世纪70年代中期达到了相同的经济发展阶段,也开始出现类似的倾向。随着我国一批一线城市人均生产总值陆续超越3 000美元的门槛,这种消费休闲化的趋势也开始在我国出现。

4) 生活休闲化

生活休闲化是指在人们的工作、生活及其他各种活动中越来越多地渗透入一些休闲娱乐因素,就像人们在乘坐交通工具上下班时,地铁车厢、出租汽车、电梯里都配置了移动网络电视,丰富多彩的画面和动听的音乐,让人愉悦心情。人们在去各大餐厅吃饭时,不仅仅是为了填饱肚子,更加注重的是环境,商家在餐厅的环境和服务里面加入了更多的娱乐和体验元素。如西安的网红餐厅"长安大排档",里面加入了许多历史文化背景,在供餐的同时提供一种沉浸式体验。生活休闲化正在以极快的速度向各行各业渗透,已成为新时代一个非常显著的特征。

5) 运动休闲化

休闲运动是休闲活动的一种方式,是人们在闲暇时间里为了身体健康和心理快乐而参与的各种运动项目。在运动方式上,无论是为了增强体质而进行的登山、慢跑、骑行,还是群体娱乐性的乒乓球、羽毛球等运动,抑或是对抗性的排球、篮球比赛,或是带有冒险刺激性的攀岩、滑雪、蹦极等极限运动均属于休闲运动范畴。参与者无论年龄长幼、能力大小、身体强弱,不管是主动参与体育活动还是被动观看体育赛事,都属于参与休闲运动。休闲运动不仅可以提高人民的生活质量,还可以促进家庭和睦,降低医疗花费,提高生产率,有利于个人、家庭、社会的发展。随着全民健身运动的推进和休闲体育的持续良好发展,人们可以随时随地自由选择自己喜爱的运动项目和运动方式,以家庭、同事、朋友和体育俱乐部为主体的群众性体育活动将会成为休闲体育活动的主要范式。

6) 旅游休闲化

旅游业已经成为国民经济的重要产业,经过二十多年的发展,人们的休闲游憩需求不断发生变化,休闲旅游的观念已经发生改变。随着经济的发展,休闲旅游的内涵将越来越丰富。传统"食、住、行、购、游、娱"的观光旅游模式已不再是旅游业的全部内涵,休闲旅游更多地突出个体与群体间的文化体验、文化传播、文化欣赏、文化氛围,在满足人的感官需求的同时满足人的心理和精神需求。

3.2 体育服务综合体概念及内涵界定

3.2.1 体育服务综合体概念

体育服务综合体是由最初的建筑综合体发展至城市综合体再到体育综合体一步步发展建立起来的。古希腊是欧洲文化的发源地,建筑综合体可以追溯到公元前5—前4世纪的古希腊广场。奴隶制经济、民主政治的完善,教育体制、文化艺术的发展,使古希腊人民的娱乐活动内容丰富、形式多样。

城市综合体是将商业、办公、居住、旅游、展览、餐饮、会议、文娱、交通等城市功能之中的三项以上进行组合,并在各部分之间建立一种互相依存、相互助益的能动关系,从而形成一个多功能、高效率、多元复杂而统一的建筑群落,并与城市的交通、环境、发展相协调,从而基本具备现代城市的全部功能[①]。"体育服务综合体"一词在2013年10月28日体育总局等八部委联合下发的《关于加强大型体育场馆运营管理改革创新提高公共服务水平的意见》中首次被提出,从此开始受到各级政府部门及广大学者的普遍关注。2014年10月,国务院印发了《关于加快发展体育产业促进体育消费的若干意见》(以下简称46号文),将发展体育产业、促进体育消费上升到了国家层面,并在文件中明确"以体育设施为载体,打造城市体育服务综合体,推动体育与住宅、休闲、商业综合开发",把建设城市体育综合体作为发展体育产业的重要抓手和举措。在2016年《体育发展"十三五"规划》中对于城市体育服务综合体的概念进行了明确界定:城市体育服务综合体是将城市体育场馆设施建设与住宅、休闲、商业等业态融合,为参与体育竞赛、全民健身、体育培训的群体提供配套服务,拉长服务链,把体育场馆设施打造成以体育为主题、功能丰富、综合配套齐全、可经营性强、充满活力的服务性实体[②]。2017年,作为体育产业相对发达的省份,江苏省在全国率先出台了《省体育局关于加快体育服务综合体建设的指导意见》(苏体经〔2017〕6号),并将体育服务综合体定义为:"在一定空间范围内,以体育大中型设施

---

① 滕苗苗,陈元欣,何于苗,等.我国城市体育服务综合体的发展:进程·困境·对策[J].首都体育学院学报,2018,30(2):113-116.
② 国家体育总局.体育发展"十三五"规划[EB/OL].(2016-05-05)[2022-04-19].http://www.sport.gov.cn/n10503/c722960/content.html.

为基础,坚持存量资源功能拓展延伸和增量资源业态融合,突出体育服务的主要功能,融健康、旅游、文化、休闲、商贸等多种服务功能于一体的、业态融合互动、功能复合多元、运行高效集约的体育产业聚集区和城市功能区。"从经济学角度来讲,体育服务综合体应该是一个集体育健身、休闲娱乐、文化培训、商业贸易、医疗塑体等多种功能为一体的多产业融合的综合服务区域。它是伴随着科技的发展,城市建筑的不断建立,人民生活水平的提高,体育消费水平的提升逐渐形成的,总之体育服务综合体的诞生离不开经济的发展。

3.2.2　现代服务综合体概念界定

现代服务综合体是服务业项目的高级形态,是现代服务产业群的核心和灵魂,是在建筑综合体和城市综合体的基础上逐步形成的。它是聚合了房地产、旅游休闲、商业贸易、博览展示、节事活动、文化娱乐、创意研发等二类以上第三产业业态的多功能、复合型综合体。现代服务综合体的服务行业门类包括优教服务、医护服务、家政服务、养老服务、救助服务、宜居服务、交通城市管理服务、市政维护服务、环保服务、特色服务等。

目前,依托社区服务基础兴办的社会服务市场网络已初步形成,国内大中城市、中心城市等社会服务市场规模也在不断扩大,多元化服务功能在逐渐完善,而面向城镇化建设的专业社会服务市场尚处于兴起阶段,现代服务业综合体的建设也处于初步阶段。发达国家从18世纪起就开始出现商业服务综合的雏形,随着科学技术的发展和生活水平的提高,对城市商业服务综合体的供给也相对成熟。国内对服务业的需求不仅数量很大,偏好变化也很快。国内服务综合体的建造中,较为推崇"15分钟便民生活圈"的社区服务和养老服务综合体。

3.2.3　产业集群概念界定

产业集群,来源于英文中的cluster,又被称为产业集聚、产业簇群、产业园区、地方生产体系、企业网络、产业综合体等,是产业在空间上产生的一种集聚现象。它的产生既有当地的历史原因,也取决于当地各企业之间的竞争、合作、垄断关系。产业集群即特定产业下多个相关行业内的企业在有限区域内进行大量聚集所形成的高度集中体[1]。最早对产业集群进行研究的是19世纪的马歇尔,他在《经济学原理》中把一些中小企业聚集的区域称为"产业区"。20世纪80年代的意大利学者G. Becatini通过对意大利地区小企业

---

[1] 倪建伟,王晨跃,张伟.岛屿产业集群与新型城镇化互动发展研究:浙江案例解析[J].区域经济评论,2016(5):136-142.

集聚的成功案例研究分析,把这种产业集群称之为具有共同社会背景的企业在一定自然地域上形成的社会地域生产综合体。20世纪90年代哈佛大学的迈克尔·波特在《国家竞争优势》一书中首次提出产业集群的概念,即在一特定领域内,一些互相联系紧密的公司、企业和机构在地理空间上集中并形成强劲、持续竞争优势的现象。尤振来指出产业集群是由一群处于同一价值链上的在特定地理位置上聚集并根植于该区域的存在着横向和纵向联系的中小企业及相关支持机构组成的具有强大创新能力的中间性组织。多年来,国际学术界对产业集群进行了较多的深入研究与讨论,基于不同的时代、关注视角、科学技术、经济发展等背景,对于产业集群的认识也处在不断的动态变化中[①]。表3-8是Edward和Feser根据不同的目的对产业集群的概念进行的汇总比较。

表3-8 产业集群概念特征汇总表

概念	定义与特征
产业集群	一个由商业企业集团组织以及非商业组织构成的集团,集团组织内部成员的存在是其他任何成员企业个体竞争力的一个重要因素。支撑集群聚集的原因是"供销关系",或拥有共同的技术、共同的顾客以及分销渠道,或是拥有共同的劳动力市场等方面
区域产业集群	集群的构成因素分享共同的区域位置,从这个角度讲,区域可以界定成都市圈、劳动力市场或具备其他功能的经济单元
潜在的产业集群	具有相关的支持性企业或产业组织,如果具有额外的核心要素、关键的联系部门以及如果各个企业间存在紧密关联性,会获取部分上述各定义所具备的集群效应
价值链产业集群	一个"价值链集群"就是通过扩大投入产出结构或者是供销链构成一个"产业集群",链条上涵盖最终市场生产者,以及第一、第二、第三个直接或间接参与贸易的供应商,这是由多个产业部门构成的,而"产业集群"是"一个通过物资流和服务流连接的产业子集,相互间联系强于国民经济其他部门的联系"
企业集群	在某一特定产业形成相互联系的公司、企业或机构在地理位置上的聚集
企业网络	由受约束的成员关系相联系的企业集团,该集团具有特定的企业目标,可能产生互惠的财务收益,网络成员根据多种原因而相互选择,明确同意通过某一种方式合作,在一定程度上相互依赖,网络发展更倾向于集团内部,尤其是多个商业交易后已经产生相似性并建立信任关系
意大利式工业区	一个高度地理集中的企业集团,任何工作直接或间接面对共同的最终市场,分享价值和知识已成为一种文化环境,彼此联系的是复杂的竞争和合作混合关系,关键竞争源泉是企业间的诚信、团结和合作,这是经济、社会、社区关系密切缠绕的结果
产业综合体	通过重要的物资流和服务流连接的多个产业构成的集团,此外在地域模式上表现出高度的相似性

---

① 尤振来,刘应宗.产业集群的概念综述及辨析[J].科技管理研究,2008(10):262-264.

续表 3-8

概念	定义与特征
创新环境	不是一个企业或区域集团,而是一个"能产生协同过程的综合体;由经济或技术上相互依存的一个组织或一个复合系统;在其边界内的生产系统、技术文化和各主体联结成为一个紧凑的整体"

资料来源:Edward M. B. & E. J. Feser. Industrial and Regional Clusters: Concepts and Comparative Applications.

3.2.3.1 产业集群的特征

从本质上讲,产业集群揭示的是有相关性的产业和企业之间的联系和合作,从而产生产业竞争优势的现象以及获得内在发展的机制。产业集群主要表现为三个特征:一是地域特征,它们在某一区域内比较集中,该区域是以地理位置的邻近性为界限;二是产业链特征,也就是产业集群聚集是围绕某一产业或产品形成的,一般是以制造业和服务业为主,并且是以某种具体的产品联系起来的,集群的内部各个体具有极高的关联性。三是竞争与合作,即为了共同的市场,企业或公司间进行着激烈的竞争,但为了某些需求又存在着紧密的合作。如在某种产品生产过程中最终制造商之间,最终制造商和中间供应商之间存在着明显的共竞共生关系。

3.2.3.2 产业集群的分类

基于产业集群的广泛性和多样性,众多学者在对产业集群的研究过程中,依据不同的划分标准将产业集群划分为不同的类型,汇总现有的文献和研究,将产业集群的几种分类总结如下:

(1) 联合国贸发组织秘书处(1988)根据集群内企业技术的总体水平、集群变化的广泛性、集群内企业间相互协作与网络化程度,将集群分为非正式集群、有组织集群、创新集群、科技集群、孵化器及出口加工区集群五个类型。

(2) 1998 年,Peter Knorringa 和 Jorg Meyer Stamer 在对发展中国家的产业集群进行研究后,根据对产业区的分类方法,将产业集群分为意大利式产业集群、卫星式产业集群、轮轴式产业集群三种(表 3-9)。

表 3-9 基于 Markusen 的产业集群分类

要素	意大利式产业集群	卫星式产业集群	轮轴式产业集群
特征	以中小企业为主;专业特性突出;地方竞争激烈,合作网络化;基于信任的关系	以中小企业为主;依赖外部企业;基于廉价的劳动成本	大规模地方企业和中小企业都有;等级制度明显

续表 3-9

要素	意大利式产业集群	卫星式产业集群	轮轴式产业集群
优点	柔性专业化；产品质量保障；创新潜力大	成本优势；技术或隐性知识	成本优势；柔性；大企业作用重要
弱点	路径依赖；应对经济环境和技术突变适应缓慢	销售和投入依赖外部参与；有限的诀窍影响竞争优势	整个集体依赖少数大企业的绩效
发展轨迹	停滞/衰退；内部劳动分工的变迁；部分活动外包给其他区域；轮轴式结构出现	升级；前向和后向工序的整合，提供客户全套产品或服务	停滞/衰退；升级，内部分工变化
政策干预	集体活动形成区域优势；公共部门和私营部门合营	中小企业升级的典型工具（培训和技术扩散）	大企业和中小企业支持机构的合作，增强中小企业的实力

资料来源：Peter Knorringa & Jorg Meyer Stamer, New Dimensions in Enterprise Co-operation and Development:From Clusters to Industrial Districts.

（3）部分学者从不同的视角对产业集群进行分类。国内外不同学者从产业区、内在关系、发展道路、企业间的依托关系、形成方式、形成原因多个视角对产业聚集的分类开展了深入的探索和剖析（表 3-10）。

表 3-10 产业集群的分类研究成果

分类视角	代表人物	类型
产业区	Peter Knorringa	意大利式、卫星式、轮轴式产业集群
内在关系	Lynn Mytelka	非正式集群、有组织的产业集群、创新型集群
发展道路	王缉慈	高端道路和创新型集群、低端道路和低成本型集群
企业间的依托关系	胡艳曦、陈雪梅	依托式集群、非依托式集群、自然依托式集群
形成方式	吴德进	诱致生成型产业集群、引导培育型产业集群、强制培养型产业集群
形成原因	罗若愚	原生型产业集群、嵌入型产业集群、衍生型产业集群

资料来源：根据以下资料整理：① 王缉慈.产业集群的创新之道[J].中国工业和信息化,2019(8):24-31.② 胡艳曦,陈雪梅.企业集群理论的发展及其意义[J].广东商学院学报,2002(1):28-32.③ 吴德进.加快福建战略性新兴产业培育与发展探究[J].福建论坛(人文社会科学版),2011,226(3):128-133.④ 罗若愚.我国区域间企业集群的比较及启示[J].南开经济研究,2002(6):52-55.⑤ Peter Knorringa. Towards a More Empirical Debate on Middle Classes in the Global South[J]. The European Journal of Development Research,2015,27(2):2.⑥ Lynn Mytelka. Knowledge and Structural Power in the International Political Economy [J]. Strange Power: Shaping the Parameters of International Relations and International Political Economy,2018:2.

3.2.4 产业融合概念界定

广义的产业融合(Industry Convergence)是指不同业态间相互渗透、相互交叉、机构重组,最终转型发展成为一个新的产业体制。正如上述提到的,广义的产业融合可分为相互渗透、相互交叉、机构重组三类①。

我国"十二五"期间,大量战略性新兴产业广泛融合,加快推动了传统产业转型升级。"十三五"期间,在创新、协调、绿色、开放、共享的发展理念指引下,推动更广领域的新技术、新产品、新业态、新模式蓬勃发展。2021年是我国实现第一个百年目标、迈向全面建设社会主义现代化国家新征程的历史交汇点。"十四五"是党团结带领人民在"赶考之路"上的第一个五年,新征程中的产业融合应该是更精准、更高效、更节能、更智慧地实现技术的创新和企业的兼并与重组,提升国际化竞争优势,提高经济效能的过程。

3.3 概念的区分

3.3.1 城市综合体

城市综合体是在城市或者城郊结合部的集商旅办公、消费娱乐、宴会餐饮、展演汇报、交通枢纽等多功能于一体的建筑群,各功能间优势互补、互为产业延长链。城市综合体经长期的发展,按照各建筑体产业链的性质、功能、服务内容、业态及地域等方面逐渐分化成为四类(图3-2)。其特征是将建筑空间、消费内容、交通体系、城市文化等要素融为一体,是服务业与城市空间的关联模式。

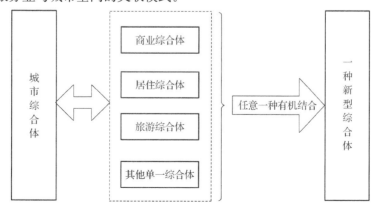

图3-2 城市综合体分类演变示意图

---
① 曹玉莹.石首市"西普体艺中心"体育服务综合体经营现状及发展对策研究[D].武汉:武汉体育学院,2020:13.

3.3.2 大型体育场馆

体育场馆来源于希腊语中的 stadion,原指奥林匹亚竞技场里的赛跑场地(stade)[①]。大型体育场馆一般指用于开展体育教学及训练、举办体育赛事、供群众健身及参与体育活动的综合性体育场馆,其中有包含 400 米标准跑道的田径场、足球场、看台、其他运动项目的体育场馆及设施。

3.3.3 体育服务中心

体育服务中心一般指开展群众文化体育活动的服务机构,在我国较为常见,如北京工人体育服务中心。体育服务中心从外观、设施及功能上看就是一个小型的体育场或体育活动中心,是政府、企事业单位关爱职工、维护职工健康权所建设的体育服务场所,多为公益型或普惠制。

3.4 体育服务综合体特征分析

3.4.1 体育服务综合体的基本特征

3.4.1.1 服务对象的异质性特征

体育服务综合体的服务对象具有异质性。体育服务综合体的服务对象既包括消费水平较高的体育消费群体,也包括以娱乐放松为目的的休闲群体,还包括想要提高身体健康水平的健身群体。运动项目的多样性决定了不同类型的体育服务综合体提供的体育产品及服务存在着本质区别;体育消费的差异性决定了体育服务综合体需根据消费者偏好进行功能定位,并提供不同类型的体育服务产品。

3.4.1.2 服务项目的营利性特征

体育服务综合体的服务目的具有营利性。为了满足人民大众日益增长的多元化、多层次体育需求,体育服务综合体作为一种载体主要通过盘活原有体育资源,创新管理体制,灵活运营模式,转变体育消费等方式,为经济主体带来可观的效益。

[①] 何宛余,杨小荻.体育场馆的过去、现在与未来[J].城市建筑,2010(11):26-27.

3.4.1.3 服务内容的多元化特征

体育服务综合体的服务内容是多元化的。体育服务综合体主要提供的是与体育产品相关的服务,运动项目的多样性和不同特色,造就了体育服务产品具有不同的项目特征;体育服务综合体具有较强的融合性,能够和旅游、文化、商贸、康体等产业融合,丰富了体育服务综合体的服务体系,使体育服务综合体的服务内容更加丰富多彩。

3.4.1.4 投资主体的多样性特征

体育服务综合体的投资主体具有多样性。目前我国体育服务综合体的投资主体由单一的政府投资向政府和企业投资,以及政府、企业、公司或个人合作投资的方向转变。投资主体的多样性能够有效激发相关主体的建设动力和运营的活力,有利于更好地探索管理运营模式、提高服务质量、转变消费方式,充分发挥体育服务综合体的功能。

3.4.2 体育服务综合体的产业特征

利用体育服务综合体的产业经济学理论,对体育服务综合体进行案例分析,总结出体育服务综合体的产业特征分为产业结构特征、产业组织特征、产业布局特征、产业融合特征。

产业结构特征,体育服务综合体多数以社会资源为主、自然资源为辅。区域经济的发展主要是依靠其所拥有的丰富的社会资源,拥有丰富资源的地区,经济发展水平较高,有着良好的经济效益、社会效益和环境效益。

产业组织特征,在体育服务综合体中,不仅有体育产业,与体育相关的产业还有娱乐产业、餐饮产业等休闲产业,处于同一商品市场的企业之间有着相互竞争与垄断关系,如体育产业中健身市场的企业之间存在着相互竞争与垄断关系,健身企业间会作出定价、推广、产品差异化、经营多样化、横向一体化、纵向控制、创新等各种市场行为。然而过度的竞争或垄断都违背了产业经济学所认为的理想市场结构,这两种局面都是对资源配置和利用效率的跑偏,必然影响到产业结构的合理调整和产业组织安全。

产业布局特征,体育服务综合体本身分为场馆型、商业空间嵌入型、运动休闲型、其他型四类,各类型都有各自的服务特色及优势,在整体的发展中实行非均衡式的发展战略,以具有特色及优势的体育产业带动其他相关产业,以优势体育项目带动其他体育项目。

产业融合特征,即体育产业具有融合度高的特征,能够通过产业链渗透打破产业边界,与健康、旅游、文化等产业形成联动效应,融合发展成新的产业形态[①]。运动康体产业就是体育产业和健康产业通过产业价值链的渗透和交叉,经由资源融合、技术融合、产品融合和市场融合而形成的产物,运动康体产业现已成为体育产业和健康产业的重要业态。

3.4.3 体育服务综合体的功能特征

体育服务综合体是新时代促进产业高度融合的载体,以体育服务为核心,且涵盖了健康、文化、旅游、休闲、娱乐、商业等服务业态。不同层面的体育服务综合体有着不同的功能特征(表3-11)。

表3-11 体育服务综合体功能

层面	功能特征
政府	盘活资源;资源整合;提升城市"名片"效应;促进城市发展;促进城乡均衡发展;体育强国战略的落脚点;树立体育健身休闲产业标杆;解决体育发展不平衡问题;产业聚集
社会	提高就业率;公共体育服务供给;促进社会经济发展
管理者	创新服务;体育服务;竞赛表演;教育培训
消费者	体育运动;体育消费;商业、休闲娱乐及居住;文化、科技及旅游

3.4.4 体育服务综合体的形态特征

形态是指事物的外观和意识形态表现。不同类型的体育服务综合体具有不同的形态特征(表3-12),空间载体的类型是评判体育服务综合体的重要标准。

表3-12 体育服务综合体的形态特征

体育服务综合体类型	形态特征
体育场馆型体育服务综合体	由不同规格及数量的体育场馆组成
商业空间载体型体育服务综合体	主营体育服务的商业建筑体
户外运动休闲型空间体育服务综合体	依托自然生态资源、人文景观、公园、度假村、体育小镇等形态而建
其他类型体育服务综合体	除上述以外的"体育+"建筑形态

---

① 杨强.体育与相关产业融合发展的路径机制与重构模式研究[J].体育科学,2015,35(7):3-9,17.

3.4.5 体育服务综合体的规模体量

与城市综合体的规模体量不同的是,体育服务综合体的规模体量跟城市等级无关。本研究在国家体育总局发布的49家体育服务综合体名单中随机选取12家,在国家体育总局、中国知网、体育服务综合体官网查询有关信息,并做以下梳理(表3-13)。

表3-13 体育服务综合体信息

省份	综合体名称	类型	体育场馆面积(万 m²)	依托资源	服务业态
北京	国家游泳中心	体育场馆型	10	生态、公园	国际体育赛事、大型文艺演出、时尚展览展示、旅游休闲娱乐、社会公益事业
北京	华熙LIVE·五棵松	商业空间载体型	6	商业	体育馆、体育公园、商业中心、娱乐街区
北京	新首钢高端产业综合服务区北区	其他类型	2.6547	生态资源、工业遗址公园	体育服务、餐饮、住宿
天津	天津(武清区)V1汽车世界	其他类型	3	人文景观、商业	赛车运动、电子竞技、智能交通、休闲旅游
河北	崇礼太舞滑雪度假区	户外运动休闲空间型	80	自然景观度假区	滑雪、度假、赛事、运动
辽宁	大连体育中心	体育场馆型	55	大型体育场馆	体育赛事、体育健身、体育培训、酒店
上海	嘉定区翔立方体育文化综合体	体育场馆型	3	工业遗址	体育服务、体育旅游、教培、餐饮、商业
江苏	苏州奥林匹克体育中心	体育场馆型	37.4	自然景观	体育竞技、休闲健身、商业娱乐、文艺演出
江苏	南京悦动·新门西体育文化产业园	其他类型	8.2	人文景观、工业遗产	文化艺术展、体育赛事、大众健身、体育服务
浙江	杭州市西湖区文体中心	体育场馆型	12.6	体育+生态	赛事、休闲健身、旅游
湖北	武汉体育中心	体育场馆型	14.8	生态	赛事、休闲健身、会务、商业
青海	青海多巴国家高原体育训练基地	户外运动休闲空间型	176(占地面积)	生态资源	运动员训练、拓展训练、户外运动、观光旅游、休闲养生

数据来源:根据以下资料整理:① 国家体育总局,《体育总局经济司关于体育服务综合体典型案例遴选

结果的公示》,https://www.sport.gov.cn/gdnps/content.jsp?id=968338. ② 国家体育总局:《体育总局办公厅关于报送体育服务综合体典型案例的通知》,https://www.sport.gov.cn/jjs/n5032/c955218/content.html. ③ 何夷,陈磊,周彪,等.公共体育场馆改造建设体育服务综合体的现实困境与应对之策[J].武汉体育学院学报,2021,55(3):56-62. ④ 张强,陈元欣,王华燕,等.我国城市体育服务综合体的发展路径研究[J].成都体育学院学报,2016,42(4):21-26. ⑤ 大连体育中心—中心概况—场馆概况,www.dlsportscenter.com/index.php/single/index/menuid184/language/cn. ⑥ 苏州奥林匹克体育中心—关于我们,http://www.szosc.cn/index.php/about/index.html.

可以看出,无论在哪个城市、无论是何种类型,体育服务综合体的规模体量与其依托资源都有很大关系。依托自然景观、生态资源的体育服务综合体占地面积比依托商业、人文景观的体育服务综合体占地面积大,且体育场馆的建筑面积也相对更大。服务业态涵盖户外休闲运动、旅游度假的体育服务综合体的面积也相对较大。此外,在查阅资料的过程中发现,规模体量较大的体育服务综合体的资金投入、营业绩效、人流量都相对较大。因此,体育服务综合体的规模体量与依托资源、服务业态、经济的投入与产出都存在一定程度的函数关系。

4 基于钻石模型的体育服务综合体发展水平评价指标体系

4.1 钻石模型

4.1.1 钻石模型的诠释

钻石模型是美国学者迈克尔·波特在《国家竞争优势》一书中提出的。钻石模型用于分析一个国家或是地区在国际上的竞争力。钻石模型四要素包含生产要素、需求条件、相关产业的绩效以及企业战略、结构与竞争力的影响,此外,还受到外界机遇和与政府相关的两个支持性因素的影响[1]。波特的钻石模型理论也逐渐为评估产业提供了理论上的分析框架,并被各界学者广泛引用,主要用于探究经济领域竞争优势和发展因素等相关问题。

钻石模型中的生产要素是一种产业、区域、国家等生产要素的禀赋,在钻石模型理论中分为基本要素和超前生产要素。一般来说,自然资源、资金投入、劳动力等是较为基础的生产要素。专业技术、先进设备[2]、生产要素的研发行为属于高等的生产要素;需求条件:需求要素描述的是市场对产业产品的需求程度和需求量,包含市场的规模和市场成长的速度、市场组成、市场需求多样化等,对于周边区域的拓展也属于需求条件的范畴之一;支持与相关产业:在钻石模型的相关理论中认为,一个产业的发展与成功往往和相关行业的发展和支持分不开的,上游产业链的强盛将会带动下游产业链的兴旺,产业链的相关企业的需求也将得到大大提升,相关产业的兴盛也将推动核心产业技术的发展和市场的不断拓展;企业的战略、结构与竞争:一个企业对自身的定位与管理及其对企业、市场方向的把控将影响到企业的生存,积极的竞争往往会造就兴旺的产业;外界机遇:机遇

---

[1] 秦宏,孟繁宇.我国远洋渔业产业发展的影响因素研究:基于修正的钻石模型[J].经济问题,2015(9):57-62.
[2] 裴韬武,宋维明,王斯一,等.西南林区省域间森林公园旅游竞争力研究[J].林业经济问题,2021,41(5):518-526.

与社会、经济、产业、政治、文化等息息相关,甚至会引起不同领域的重大变革,具有偶然性与隐藏性的特征;政府支持:主要在于宏观调控与干预,政府既可以在宏观层面上把控市场和经济,也可以对某一产业进行直接支持或干预[①]。

4.1.2 钻石模型的应用价值

钻石模型理论是将研究的出发点和落脚点放在产业发展的竞争优势上。体育服务综合体竞争优势的根本来源是钻石模型框架内体育服务综合体的优势体现,钻石模型探求体育服务综合体竞争的基础要素和影响要素,得出体育服务综合体的发展方向,从而为体育服务综合体政策制定者、体育服务综合体的实践者深入了解相关产业发展潜力提供参考。

体育服务综合体作为体育服务中的重要组成部分,一般认为是为社会提供一定的体育服务的综合体。体育服务综合体在我国的发展仍处于起步阶段,其与文化、生态、科技等相关产业之间存在着众多的交叉,并受到社会资本、市场需求、人力、社会资源、体育相关政策等众多要素的影响。体育服务综合体在经济大环境下取得了巨大的发展[②]。目前就数据统计显示,虽然近年来体育服务的发展取得了长足的进步,但是,体育服务综合体的发展还是缺少总体规划,配套政策的支持力度不足,缺乏专业管理人才,服务综合体供给水平呈中低端,高端、高质量供给缺乏,体育服务综合体结构不合理,总体不稳定等状况不断凸显。

针对上述问题,本研究采用钻石模型的研究方法,将我国公共体育服务综合体的整体竞争力及发展要素按照生产要素、需求状况、产业之间的关联等进行系统的划分,不断厘清各系统要素之间影响关系,分析其影响程度,进而科学、准确地来衡量我国体育服务综合体的整体优势、发展潜力,并提供合理性建议,为我国体育服务综合体建设提供理论依据。

---

① 陈鲁夫,邵云飞."钻石模型"视角下战略性新兴产业创新绩效影响因素的实证研究:以新一代信息产业为例[J].技术经济,2017,36(2):1-7,116.
② 丁洁,黄亚玲,韩二涛.近15年外国学者关于社区体育社会组织能力提升研究的启示[J].首都体育学院学报,2021,33(5):488-495,506.

4.2 中外体育服务综合体发展状况

4.2.1 中国体育服务综合体发展现状

4.2.1.1 体育产业总产出及增幅现状(表4-1)

表4-1 全国体育产业总规模与年度增加值数据(2015—2020年)

行业分类	2020年总量(亿元)		2019年总量(亿元)		2018年总量(亿元)		2017年总量(亿元)		2016年总量(亿元)		2015年总量(亿元)	
	总值	增加值	总值	增加值	总值	增加值	总值	增加值	总值	增加值	总值	增加值
体育管理活动	880	459	866.1	451.0	747	390	504.9	262.6	287.1	143.8	229.1	115
体育竞赛表演活动	273	103	308.5	122.3	292	103	231.4	91.2	176.8	65.5	149.5	52.6
体育健身休闲活动	1580	736	1796.6	831.9	1028	477	581.3	254.9	368.6	172.9	276.9	129.4
体育场地设施管理	2149	808	2748.9	1 012.2	2632	855	1 338.5	678.2	1072.1	567.6	856.2	458.1
体育经纪与代理、广告与会展、表演与设计服务	316	98	392.9	117.8	317	106	81	24.6	63.2	17.8	47	14
体育教育与培训	2023	1612	1 909.4	1 524.9	1722	1425	341.2	266.5	296.2	230.6	247.6	191.8
体育传媒信息服务	847	339	705.6	285.1	500	230	143.7	57.7	110.4	44.1	100	40.8
体育用品及相关销售出租与贸易代理	4514	2574	4 501.2	2562	4116	2327	4 295.2	2 615.8	4 019.6	2 138.7	3 508.3	1 562.4
其他体育服务	1554	645	1 700.2	707	1377	616	501.6	197.2	433	179.7	299	139.6
体育用品及相关制造	12 287	3144	13 614.1	3421	13 201	3399	13 509.2	3 264.6	11 962.1	2 863.9	11 238.2	2 755.5

续表 4-1

行业分类	2020 总量(亿元)		2019 总量(亿元)		2018 总量(亿元)		2017 总量(亿元)		2016 总量(亿元)		2015 总量(亿元)	
	总值	增加值	总值	增加值	总值	增加值	总值	增加值	总值	增加值	总值	增加值
体育场地设施建设	948	217	939.8	211.9	646	150	459.6	97.8	222.1	50.3	155.2	35.3
体育产业	27 371	10 735	29 483	11 248	26 578	10 078	21 987	7 811	19 011	6 474	17 107	5 494.4

资料来源：中国政府网：《2020 年全国体育产业总规模与增加值数据公告》，http://www.gov.cn/xinwen/2021-12/30/content_5665345.htm。

从表中可知，2014 年提出"打造城市体育服务综合体"以来，我国体育产业得到不断发展，2015—2019 年，国家体育产业总规模分别约为 1.7 万亿、1.9 万亿元、2.2 万亿元、2.7 万亿元和 2.9 万亿元，五年间体育产业总产出增加 1.2 万亿元。2020 年因受新冠疫情影响，总规模约为 2.7 万亿元。

纵向看，自 2015 年体育用品及相关产品制造总产出达到 11 238.2 亿元以来，五年来占比始终稳居中国体育产业各类行业前两位，这也从侧面验证中国制造业在中国经济结构中的重要地位，在体育产业中的实际情况深刻说明了这一点。在国家政策和体育强国战略推动下，我国体育产业发展的规模化初现。从内部结构来看，体育竞赛表演活动、体育经纪与代理、广告与会展、表演与设计服务、体育传媒信息服务等业态比重偏小，这也是我国大型体育场馆发展困境的重要因素，通过打造知名体育商业赛事品牌，带动体育经纪与代理、广告与会展活动活跃度，进而促进体育传媒信息服务业的传播水平发展。

4.2.1.2 体育场馆服务业发展现状

2015—2020 年，中国体育场馆服务行业总产出分别达到 856.2 亿元、1 072.1 亿元、1 338.5 亿元、2 632 亿元、2 748.9 亿元和 2 149 亿元，增加值分别为 458.1 亿元、567.6 亿元、678.2 亿元、855 亿元、1 012.2 亿元和 808 亿元（图 4-1）。2020 年因受到新冠肺炎疫情影响，在体育产业规模总量和增量上均有所下降。

2015—2020 年我国体育场地数量分别为：177.5 万个、182.8 万个、195.7 万个、210.2 万个、354.44 万个和 371.34 万个（图 4-2），这一增长趋势对解决我国居民人均场馆不足、体育活动人均面积不足的局面有一定改善，但对比国外主要发达国家，现有场馆保有水平不足美国的 1/10，不足日本的 1/12，现阶段我国体育服务综合体的发展仍任重道远。

以苏州奥体中心为例，该体育服务综合体于 2018 年投入使用，坐落于苏州工业园区湖东核心地带，建设之初就定位为一站式时尚生活体验中心，是集体育竞技、休闲健身、商业娱乐、文艺演出于一体的多功能、综合性、生态型体育中心，这也是在国家提出打造

4 基于钻石模型的体育服务综合体发展水平评价指标体系

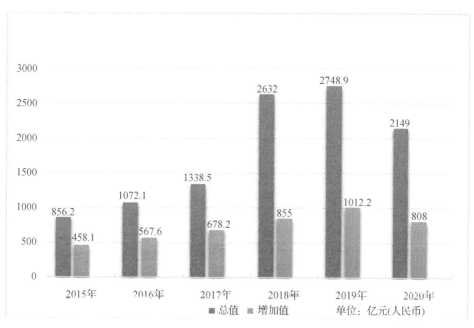

图 4-1 我国体育场馆服务业总产出和增加值(2015—2020)

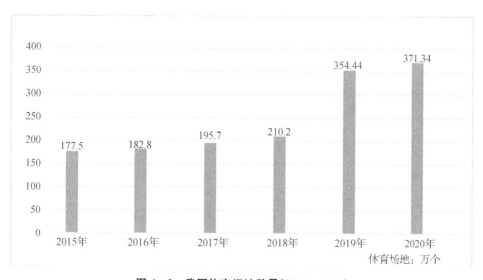

图 4-2 我国体育场地数量(2015—2020)

体育服务综合体发展理念后出现的新兴体育服务综合体,从配套功能、综合功能叠加和管理系统等具体实践上都体现出新的特点。而广州天河体育中心作为早期的大型体育场馆,其主要功能在早期是较为单一的。随着社会经济的不断发展,全民健身多元化需求的不断凸显,广州天河体育中心经过不断改造、拓建和升级,其体育服务功能得到不断丰富,实现了原有单一大型场馆功能的多元转型,打破了过去大型体育场馆单一功能定位的发展困境,更好地满足了社会体育服务多元需求。天河体育中心是国内少数打破发展困境的典型案例,更多的大型场馆还面临着发展周期长,原有的单一体育场馆功能转型困难等诸多困境,多元化功能定位实现需要多样化的服务内容载体和完善体系的驱动,国内的体育服务综合体发展水平还需进一步提升。

4.2.1.3 体育服务综合体政策分析

从国家层面来看,自 2013—2021 年以来,政府先后出台体育产业推动体育消费升级、体育服务综合体发展等相关产业政策(表 4-2)。《国务院关于加快发展体育产业促进体育消费的若干意见》《体育发展"十三五"规划》等文件提出,以体育设施为载体,以体育服务综合体为服务形式,重点关注体育服务业中长期处于低位态势的细分行业,增加行业规模,提高行业在整个体育服务业的占比;除了体育用品及相关产品制造业以外,通过提升体育服务行业中体育竞赛表演、体育旅游、运动休闲等"弱势"业态,并依托体育服务综合体建筑,与住宅、文化、商业、娱乐、教育等主要业态高度融合,提出"体育+X""X+体育"的体育服务综合体新业态,推动体育产业与其他主要业态融合发展的共赢思路。

表 4-2 体育服务综合体建设的主要引导政策

发布时间	政策名称	体育服务综合体建设内容
2013 年 10 月	《关于加强大型体育场馆运营管理改革创新 提高公共服务水平的意见》	在不改变公共体育场馆性质的前提下,打造特色鲜明、功能多元的体育服务综合体和体育产业集群
2014 年 10 月	《国务院关于加快发展体育产业促进体育消费的若干意见》	以体育设施为载体,打造城市体育服务综合体,推动体育与住宅、休闲、商业综合开发
2016 年 5 月	《体育发展"十三五"规划》	增强大型体育馆复合经营能力,拓展服务领域,延伸配套服务,打造城市服务综合体
2016 年 7 月	《体育产业发展"十三五"规划》	支持大型体育场馆发展体育商贸、体育会展、康体休闲、文化演艺、体育旅游等多元业态,打造体育服务综合体
2016 年 10 月	《国务院办公厅关于加快发展健身休闲产业的指导意见》	鼓励健身休闲设施与住宅、文化、商业、娱乐等综合开发,打造健身休闲服务综合体
2016 年 11 月	《山地户外运动产业发展规划》	规划和完善山地户外运动综合体建设
2017 年 7 月	《汽车自驾运动营地发展规划》	打造具备集聚效应和示范效应的营地服务综合体
2019 年 1 月	《进一步促进体育消费的行动计划(2019—2020)》	鼓励引导利用废旧厂房等现有设施,改造成健身休闲与商业融合发展的体育服务综合体;持续推进"两改"工程;支持景区引入体育资源,实现体育与旅游高度融合;打造"三生融合"体育服务综合体;推进营地建设;大力实施《百万公里健身步道工程实施方案》

4 基于钻石模型的体育服务综合体发展水平评价指标体系

续表4－2

发布时间	政策名称	体育服务综合体建设内容
2019年6月	《冰雪装备器材产业发展行动计划(2019—2022)》	积极推动建设"冰雪运动＋冰雪文化＋冰雪旅游＋冰雪装备器材"的冰雪休闲旅游综合体
2019年7月	《武术产业发展规划(2019—2025)》	引导商场、景区等引入武术特色资源,打造一批运动休闲与相关服务高度融合的武术服务综合体
2019年8月	《国务院办公厅关于印发体育强国建设纲要的通知》	推进体育服务综合体建设,在全国建设一批体育特色鲜明、服务功能完善的体育服务综合体
2019年9月	《国务院办公厅关于促进全民健身和体育消费推动体育产业高质量发展的意见》	支持推出一批体育特色鲜明、服务功能完善、经济效益良好的综合体项目
2020年10月	《关于加强全民健身场地设施建设 发展群众体育的意见》	大力开展群众体育活动,统筹推进新冠疫情防控和全民健身促进工作
2021年8月	《全民健身计划纲要(2021—2025)》	2025年经常参加体育锻炼人数比例达到38.5%,全国体育产业总规模达到5万亿元

资料来源:《体育服务综合体典型案例汇编》,中国工信出版集团 电子工业出版社。

此后,通过陆续出台的《山地户外运动产业发展规划》《汽车自驾运动营地发展规划》《武术产业发展规划(2019—2025)》《冰雪装备器材产业发展行动计划(2019—2022)》等一系列文件,结合当前体育服务综合体发展困境,找到了内容载体特色发展方向的突破口,这也是未来中长期打造体育服务综合体特色品牌的重要路径和具体思路,特别是《冰雪装备器材产业发展行动计划(2019—2022)》文件的颁布,借北京冬奥会的东风,促进我国历来羸弱的冰雪产业发展,增加冰雪项目参与人数,强化国产冰雪装备制造水平,降低冰雪项目消费成本,提高项目的社会参与程度,提升项目开展水平,同时也是对我国体育服务综合体满足多元需求的进一步拓宽。

地方政府层面,各省陆续出台推动体育服务综合体发展的落实政策,特别是江苏省先后推出《江苏省体育服务综合体评估及认证标准》《关于促进全民健身和体育消费推动体育产业高质量发展行动方案》等政策,其中《江苏省体育服务综合体评估及认证标准》是国内首个被提出的体育服务综合体建设评价标准,通过对当地体育服务综合体评估标准的制定,结合本省发展实际,明确了江苏省体育服务综合体的特色定位和发展规划,有助于长三角地区城市打造具有地区辐射效应和产业集群效应的体育服务综合体特色发展道路和模式。

4.2.2 中外体育服务综合体发展水平的对比

4.2.2.1 国家间历史发展阶段差异

20世纪40年代以来,西方发达国家经济社会发生巨大变化,城市功能需求和社会运转效率得到不同程度的拓展和提高。在"石油危机"和"美苏冷战"的双重背景下,以欧洲学者为代表的一批学者开始思考社会发展及公共治理过程中所出现的种种困境,这是经济社会发展到一定程度后的社会现象。彼时西方主要发达国家的体育服务综合体发展还是基于传统城市商业中心规划和管理的理论和实践创新,其驱动内核由商业发展和社会治理反思两方面共同作用。进入互联网经济时代以后,各种新兴信息技术手段和管理理念的出现给已有和规划中的体育服务综合体建设发展注入了新的活力,西方国家在经过较长时间发展后,其体育服务综合体的发展业态更为成熟。

我国经济社会的快速发展源于1978年改革开放,我们用相对短的时间完成了西方几百年的工业化进程,在经济上取得了巨大成就。城市化进程不断加快,城镇化率不断提高,城市功能定位、居民生活需求转变及现代化信息技术手段革新三方共同作用,推动我国体育服务综合体不断发展。20世纪90年代中后期,"体育服务综合体"这一概念进入中国,我国体育服务综合体的理论和实践都还处于探索阶段,政府决策、部门规划及居民需求间还存在脱节问题,自上至下还未能形成环环相扣的供需链条,导致一系列盲目上马的大型建设项目出现,营销业务开展困难、政策落实不到位、综合体功能定位和居民需求未能有效对接等一系列问题随之出现,也带来了土地、资本、物力、人力等资源的极大浪费。

4.2.2.2 缺乏核心业态着力点

体育产业是指为社会提供各种体育产品(货物和服务)和相关产品而进行的生产活动的集合。体育服务综合体应紧紧围绕体育竞赛表演活动、体育健身休闲活动、体育教育与培训等几个主营服务业态进行商业开发。以日本为例,体育服务综合体围绕健身休闲、电玩游戏、康体疗养等主要业态进行商业服务项目开发,覆盖各个年龄层的体育服务消费需求,实现了体育服务综合体以体育服务核心业态为主要支撑,带动医疗、餐饮、住宿等辅助业态联动发展,打造了家庭式体育休闲体验的商业开发模式。最早的现代"城市综合体"出现在美国,由于美国的商业体育十分发达,行业经济规模巨大,体育服务综合体依托体育竞赛表演活动作为运营核心,此外还就年轻人的消费意识和运动习惯,开发一系列的新兴体育服务内容来覆盖年轻消费人群的需求。

近年来,我国学者在理论层面提出"体育＋"或"＋体育"的体育服务综合体发展主张,但尚未有人就具体核心业态如何促进体育服务综合体发展提出观点。一方面,国内商业体育规模较小,体育竞赛表演活动份额在体育服务业中占比很小,目前尚不能作为核心体育服务业态带动体育服务综合体的商业开发。另一方面,受到过去社会经济发展水平低所带来的消费意识局限的影响,国内居民体育消费意识大多还停留在体育培训和大众健身层面,休闲娱乐体验式的体育服务消费意识尚未完全形成。基于以上,体育服务综合体的建设需要与其他行业高度融合,形成完善的"体育＋X"核心业态,引导潜在的体育消费市场升级,培养体育消费更大的人口基础,营造全民健身良好氛围,搭建体育服务综合体发展的相关外接体系和"引流"路径,做好体育服务综合体发展的外部条件营造。

此外,国内现有的体育服务综合体核心服务内容都还停留在一般大众健身体育项目的商业开发阶段,服务产品的开发缺乏特色和差异化定位,盲目追求运动项目的"大而全",错误地将服务内容的"大而全"作为体育服务综合体全面性和规模化功能定位。一所城市的体育功能定位和居民体育需求一定是多元化的,实现多元功能和满足多元需求也必然需要市场提供多样化的服务内容。当前我国体育服务综合体处于发展初期,还存在着不少建设思路上的误区,城市体育服务综合体多元功能,不是多个体育服务综合体在数量和规模上的简单叠加,而是不同体育服务综合体差异化功能和多样化需求的有机耦合,从这一点上也能解释当前我国体育场馆严重不足和大型体育场馆大量闲置的矛盾现象。

4.2.2.3 商业运营模式及运营机制需进一步优化

西方国家在公共服务领域的投入更加灵活,政府不是唯一的供给主体,市场作为主体作用更加积极,市场经济行为完全依赖于市场本身,政府在行业内起的作用较小,主要通过政策出台、框架制定、财政补贴、法律保障及监管等层面参与体育服务综合体的建设,市场基于逐利的天性,其融资渠道更加多样,资本利用更加高效。通过PPP模式以政府把控、市场运作的方式,将体育服务综合体的运营及商业开发交给更专业的公司去操盘,同时给予税收减免、土地财政优惠,扶持体育服务综合体快速发展。

当下国内改革进入深水区,特别是近年来供给侧改革已经明确政府职能的深刻转变,政府已不是公共服务投放的单一供给主体,但长期存在的管办权责不清,权利义务不明,既当裁判员又当运动员的乱象,极大限制了市场活力的释放,体育服务业市场主体未能得到充分激活。

体育服务综合体的建设和开发周期较长,前期资金投入巨大,回报周期长,国内业态发展还不完善,市场主体的投资意愿不强。目前尚处于国家政策出台与地方政府举措落实阶段,运行机制框架制定、融资模式、税收减免政策、老旧房屋改造和体育服务综合体建设评价标准都尚未完备,因而目前国内体育服务综合体建设及一揽子配套工具都尚未成形,仅仅处于实践摸索和探究阶段。

4.3 体育服务综合体发展水平评估框架

本研究基于近几年体育服务综合体的发展数据,利用钻石模型,在产业维度、功能维度、形态维度、制度维度下评估体育服务综合体的协调发展水平,借助指标体系的建构,进行了相关发展水平框架的建构,并对体育服务综合体四个维度的发展水平进行逐一解释。

4.3.1 产业维度发展水平

纵观近年来体育服务综合体的整体发展发现,由于产业维度发展的转型升级较为缓慢、体育服务综合体内的经济结构发展不合理[1]、新旧动能转换能力较弱,我国体育服务综合体发展与我国经济的发展水平之间差距较大,区域间体育服务综合体的发展日益不平衡。因此,在产业维度发展水平的基础上探索如何推动体育服务综合体的整体性发展对我国体育服务发展具有重要的意义。

在体育服务综合体产业维度发展水平的评估框架中,可以将产业维度中的因素分为人口密度、基础设施、文化水平、消费活力等一系列相关因素,其中人口密度通常是指体育服务综合体整体辐射范围之内的行政区域土地面积与辐射区域内常住人口的比值,其在对体育服务综合体整体的评估框架也具有一定的量化价值。产业维度中的基础设施[2],是在经济社会中可以提供的体育服务物品或是某种附加性服务的范围和数量。体育服务产业维度发展水平的评估框架中,主要选取体育服务综合体辐射的工业、企业数量来进行分析,以减少体育服务综合体产业中的规模、技术、利润等多方面的误差。文化水平是对体育服务综合体中的服务人员与工作人员数量及其文化水平进行评估分析。消费活力因素是体育服务综合体产业维度发展水平的重要因素,应当重点关注金融机构、社会资本对体育服务综合体的整体的资金进入。

在提升产业维度发展水平过程中,体育服务综合体的其他因素在相关产业转型过程

---

[1] 韩宏宇,郑家鲲.公共体育服务精准化供给的内涵、困境及实现策略[J].体育学研究,2021,35(3):75-82.
[2] 夏漫辉,李乐虎.我国公共体育服务政策嵌入体育治理的主要障碍与突破路径[J].沈阳体育学院学报,2021,40(3):122-129.

中也将起到重要的推动作用①,本研究在体育服务综合体产业维度发展水平的评估框架中将产业转型作为重要的研究视角和切入点。

4.3.2 功能维度发展水平

本研究结合体育服务综合体的区域空间功能分区,建立区域整体发展综合评价指标体系的框架,多层次、多目标体现体育服务综合评估框架模型,探讨功能维度影响下体育服务综合体的整体发展水平。功能维度的发展水平能凸显出各空间要素对研究主体的影响程度,提高体育服务综合体资源环境系统与社会经济之间的相互作用,不断丰富区域间体育服务发展科学性的整体研究体系,为促进体育服务综合体整体评估框架奠定了重要的基础。

体育服务综合体的发展不仅仅与经济的增长有重要的关系,还会受到个体收入的增长、社会技术的进步、产业结构的转型升级、外环境、社会的相对公平程度、资源的利用等一系列因素的影响②。体育服务综合体功能的各要素逐渐向整体性发展,以确保体育服务综合体的本体竞争优势。同时也要对体育服务综合体功能维度进行评价,体育服务综合体功能维度的评价不是最终目标,而是借此进一步测评其动态的发展过程,在不同时期体育服务综合体的功能价值不同、时代不同对体育服务综合体的发展要求也有不同,研究的切入点也不尽相同。在影响体育服务综合体整体功能维度的因素相对平稳时期,通常用区域总体社会经济和环境要素来测定其功能维度的发展水平。

因此,在对体育服务综合体的功能维度进行评价时,需要对其进行全面、科学、动态可预知的综合评价,将定性与定量分析相结合,对体育服务综合体功能维度进行整体的评价是非常有必要的。本研究对体育服务综合体的功能维度发展水平的综合评估旨在丰富体育服务综合体的整体供给质量,促进我国体育服务事业的进一步和谐发展。

4.3.3 形态维度发展水平

体育服务综合体作为一种载体,是在经济不断发展的情况下逐渐形成的,体育服务综合体是一种软文化,也是一种"硬功夫";既是物质形态和精神形态耦合的产物,也是连

---

① 何夷,陈磊,周彪,等.公共体育场馆改造建设体育服务综合体的现实困境与应对之策[J].武汉体育学院学报,2021,55(3):56-62.
② 滕苗苗,陈元欣,何于苗,等.我国城市体育服务综合体的发展:进程·困境·对策[J].首都体育学院学报,2018,30(2):113-116.

续性和间断性并存的辩证统一体①。在新时代,培育和建设体育服务综合体,应该注重体育服务理念的提炼,把握住体育服务综合体建设核心内容,不断优化体育服务人才的引进、培养。

体育服务综合体是新经济常态下,体育服务发展的新动力和重大举措。由于体育服务综合体诞生于体育服务,其形态是体育服务供给诱发的经济结构的演变。作为一种新的资源配置和生产方式,其形态维度发展是个体结构在供给过程中的延伸和变革②。随着我国体育事业在体育强国战略、全民健身战略中的不断快速推进,体育服务综合体的整体业态服务结构不断提升、发展方向不断转变、迁移速率也不断加快,成为体育服务发展过程的重要推动因素。

4.3.4 制度维度发展水平

以往探讨体育服务综合体的发展研究,通常仅仅关注个别制度的要素对整体运行机制的作用,未能深入地阐述清晰制度维度发展水平对体育服务综合体的影响过程。本研究从制度维度的发展水平出发,根据多种体育服务综合体的样本,分析制度维度发展水平、区域制度差异性和创新模式选择之间的作用机制。

自改革开放以来,我国市场经济迅速成长,逐渐促进国内外资本不断进入。体育服务综合体作为市场经济的重要组成部分,制度的选择不仅可以影响资本在体育服务综合体中的绩效水平和拓展能力,还会影响到区域间的发展。以往关于我国体育服务综合体的整体研究认为,我国独特的制度环境是资本进入的影响因素之一。制度维度发展水平不仅仅能够规范组织和个人行为,还能塑造体育服务综合体与社会之间的关系。

4.4 体育服务综合体发展水平评估指标

4.4.1 评估指标的选取

体育服务综合体系的有效构建是其健康发展的重要依据之一,也是体育服务综合体发展系统中各因子间的自我调节与整体协同的集中呈现。体育服务综合体协调发展的实现是一个巨大的工程,需要一个漫长的过程,需要制定长远的发展规划,还需要在实践

---

① 滕苗苗,陈元欣,何于苗,等.我国城市体育服务综合体的发展:进程·困境·对策[J].首都体育学院学报,2018,30(2):113-116.
② 丁云霞,潘于华.体育综合体转型发展的逻辑动因与路径:基于"以人民为中心"的体育价值取向[J].上海体育学院学报,2018,42(6):30-35.

过程中不断检验、反馈与修正。从体育服务综合体发展的当下来看,关于体育服务综合体的研究和数据并不少,但是从直观上就可以发掘出体育服务综合体发展潜力的研究是较少的,本研究根据钻石模型的理论来研究体育服务综合体的指标体系,可以从整体上对体育服务综合体整体系统中各因子之间的关系进行把握,能够从现实的角度来提出具有建设性的建议,对体育服务综合体发展具有非常关键的作用和意义。

体育服务综合体指标体系的建构是一项涉及内容众多、涵盖面较广、情况较为复杂的工作,在指标体系的建构过程中应该坚持以下基本原则:

第一,科学性原则。体育服务综合体的指标体系具有一定的科学性,在整个设计过程中必须要有具有一定实践意义的数据做支撑,这样才能真正从客观上反映体育服务综合体的现实状况,使得体系的设计更具有科学性、规范性、客观性,也更具有说服性。对指标的搜集、定义、适用范围、权重都要有相关的理论依据和数据的支撑。

第二,关键性原则。体育服务综合体的发展过程中涉及的因素众多,在对其涉及内容进行筛选的过程中应该注重关键性原则,挖掘出体育服务综合体内部的关键问题和指标。指标的命名不宜太过于繁杂,做到名称简单易懂,让整个体育服务综合体的指标体系具有一定的实际意义,更具有可操作性。

第三,全面性原则。体育服务综合体的指标体系涉及方面众多,指标体系也将涵盖众多方面。在围绕体育服务综合体的发展为主体的同时应该尽可能地考虑多种因素,做到指标体系能够抓得住关键,体现出体育服务综合体系统中的内部社会、资源、环境等相关因素之间的相关关系。

在此基础上,还要兼顾各因子之间的相对独立性,增加各因子的科学性和准确性。这也要求在对体育服务综合体指标体系的梳理过程中尽可能地厘清各指标之间的层次性,按体育服务综合体发展过程中的层次关系,可以将指标大致分为 4 个一级指标,16 个二级指标,81 个三级指标。

4.4.2 评估指标体系建构

上文中我们说到建构体育服务综合体的指标体系要有自身的层次结构,体育服务综合体作为典型的社会系统,是由众多因素构成的,各因子之间具有一定的层次结构,每个因子所起到的作用也是有根本区别的。

4.4.2.1 指标体系的经验性筛选

1) 以多学科的研究成果为基础

根据体育服务综合体的概念,在经济学、社会学、医学、哲学等相关学科指标体系的基础上,结合我国体育服务综合体的实际情况,确定了最初的体育服务综合体的指标体系,按照经验筛选的指标体系分为三个级别:一级指标为顶层设计,二级指标为宏观层次,三级指标为微观方面。

2) 以逻辑分析为主导

一级指标的顶层设计是从我国顶层战略的角度来分析体育服务综合体,代表战略指定的整体情况,涵盖了产业结构、功能价值、形态维度、制度体系等四个方面。二级指标的宏观层次涵盖了生产要素,需求条件,相关和支持产业,战略、结构与竞争,机遇和政府,产业功能,社区功能,文创功能,服务生产,资讯共享,社群构建,人力资源制度,资金投入保障,组织协调制度运行,法律法规制度,绩效评价制度等十六个方面。三级指标的微观方面包含了综合体用地质量水平、自然资源利用率、综合体发展长效机制的成熟度、相关产业扶持力度、资金投入水平、周边人群文化程度、高等院校和科研所集中度、适应人群、市场条件的广阔程度、综合体发展趋向、周边人群体育意识、相关协会数量、合作团队数量、组织化程度、产业化程度、产业科技含量、关联产业发展程度、综合利用深度、主导产业数量、产业集聚性、产业规模、竞争与共生关系、共生圈外的竞争数量、产业多样性构造等相关因子。根据上述条件及原则,初步制定了体育服务综合体的指标体系,如表4-3所示。

表4-3 基于钻石模型的体育服务综合体发展水平评价指标体系

一级指标	二级指标	三级指标
1 产业结构	1.1 生产要素	1.1.1 综合体用地质量水平 1.1.2 自然资源利用率 1.1.3 综合体发展长效机制的成熟度 1.1.4 相关产业扶持力度 1.1.5 资金投入水平 1.1.6 周边人群文化程度 1.1.7 高等院校、科研所集中度
	1.2 需求条件	1.2.1 适应人群 1.2.2 市场条件的广阔程度 1.2.3 综合体发展趋向 1.2.4 周边人群体育意识
	1.3 相关和支持产业	1.3.1 相关协会数量 1.3.2 合作团队数量 1.3.3 组织化程度 1.3.4 产业化程度 1.3.5 产业科技含量 1.3.6 关联产业发展程度 1.3.7 综合利用深度

4 基于钻石模型的体育服务综合体发展水平评价指标体系

续表 4-3

一级指标	二级指标	三级指标
1 产业结构	1.4 战略、结构与竞争	1.4.1 主导产业数量 1.4.2 产业集聚性 1.4.3 产业规模 1.4.4 竞争与共生关系 1.4.5 共生圈外的竞争数量 1.4.6 产业多样性构造
	1.5 机遇和政府	1.5.1 国家对于产业相关政策的出台数量 1.5.2 产业机遇周期 1.5.3 地方对于产业相关政策的出台数量
2 功能价值	2.1 产业功能	2.1.1 特色服务产业种类 2.1.2 服务综合体产业链延伸影响度 2.1.3 优质服务种类
	2.2 社区功能	2.2.1 吸引青年就地就业成效 2.2.2 当地体育服务综合体服务质量 2.2.3 周边居民的生活满意度变化
	2.3 文创功能	2.3.1 体育文化活动的举办 2.3.2 文化生活的转变 2.3.3 人才聚集贡献率 2.3.4 周边居民体育知识水平的变化
3 形态维度	3.1 服务生产	3.1.1 体育服务综合体主体间合作水平 3.1.2 价值生产的综合运用度 3.1.3 服务动机的多元化 3.1.4 参与行为的主动性 3.1.5 多元合作过程的制度化 3.1.6 结果改善时间
	3.2 资讯共享	3.2.1 公民参与程度 3.2.2 体育服务综合体与社会居民间的沟通渠道 3.2.3 反馈机制完善度 3.2.4 月均信息传播量
	3.3 社群构建	3.3.1 公民参与体育服务综合体服务意识 3.3.2 体育服务综合体构建社群的现代化手段 3.3.3 居民对于体育服务综合体的归属感 3.3.4 综合体辐射区域公民流失量

续表 4-3

一级指标	二级指标	三级指标
4 制度体系	4.1 人力资源制度	4.1.1 管理人员的配置比例 4.1.2 管理人员的学历 4.1.3 管理人员的行政级别 4.1.4 管理人员的从业年限 4.1.5 管理人员业务能力培训次数 4.1.6 管理人员引进数量 4.1.7 管理人员辞职、离退数量
	4.2 资金投入保障	4.2.1 财政拨款占体育财政比例 4.2.2 工作预算 4.2.3 工作经费投入增长率 4.2.4 社会资本投入
	4.3 组织协调制度运行	4.3.1 拥有工作机构数量 4.3.2 知识普及的次数 4.3.3 政府监督体系
	4.4 法律法规制度	4.4.1 国家法律法规政策 4.4.2 机构内的监管体系 4.4.3 国家税收政策的权衡与颁布数量 4.4.4 政府颁布的管理人员规范与约束管理文件 4.4.5 政府颁布的渠道管理的文件 4.4.6 政府颁布的内容约束与引导文件 4.4.7 政府颁布的工作奖惩机制文件
	4.5 绩效评价制度	4.5.1 财政投入评价 4.5.2 过程的评价 4.5.3 反馈结果的评价 4.5.4 政府机构评价 4.5.5 政策法规评价 4.5.6 政府运行评价 4.5.7 效益评价 4.5.8 满意度评价

体育服务综合体的指标体系初步建成之后,本研究采用德尔菲法根据专家的建议对初步设立的体育服务综合体的指标体系进行指标筛选和进一步的修正。将问卷设计成为"没必要""不重要""不太重要""一般""比较重要""重要""非常重要"七个等级,分别赋值为 1、2、3、4、5、6、7,来衡量初步设计的体育服务综合体中的因子在整体指标体系中的重要性,并在问卷中设计具有开放式的问题及修改意见栏,运用 SPSS 软件对专家的评分进行深入分析,通过统计学中的均值、变异系数来反馈专家的打分结果。分析打分结果一方面是为了更加直观地看出指标的得分高低,均值要求大于 5 才有统计学意义,标准差是为了看出数据的离散程度;另一方面为了看出所访问专家对于指标体系设置的建议

分歧程度,合理变异系数应该在 0.2 以下,这样便可以有针对性地对体育服务综合体的指标体系进行修改,对不合理的指标进行删除或是修正处理。

4.4.2.2 体育服务综合体指标体系的权威性筛选

1) 第一轮专家调研结果数据分析

一级指标调研结果分析。第一轮问卷结束后本研究对专家评分结果进行了一级指标体系的 SPSS 结果分析,结果如表 4-4 所示。

表 4-4 体育服务综合体一级指标第一轮专家评分统计结果

指标名称	均值 $\bar{x}$	标准差 s	变异系数 v
产业结构	6.61	0.78	0.12
功能价值	6.02	0.53	0.08
形态维度	6.05	0.74	0.05
制度体系	6.57	0.54	0.13

通过 SPSS 数据分析结果可以看出,在第一轮专家评分结果中,专家对于体育服务综合体的指标体系中的一级指标的认可度和统一性较高,均值都大于 5,但从变异系数中可以看出,产业结构和制度体系的变异系数较高,说明专家对该指标体系的修改建议分歧比较大,但是没有超出变异系数的边界值,指标是否需要进一步修改或删除,还需要对其所属的二级指标的统计结果进行分析,还要综合分析其三级指标的设置。

二级指标调研结果分析。在第一轮专家调研结果基础上,进行了二级指标的 SPSS 统计分析,结果如表 4-5 所示。

表 4-5 体育服务综合体二级指标第一轮专家评分统计结果

指标名称	均值 $\bar{x}$	标准差 s	变异系数 v
生产要素	6.25	1.23	0.06
需求条件	6.12	0.74	0.09
相关和支持产业	6.79	0.81	0.05
战略、结构与竞争	6.45	0.81	0.12
机遇和政府	6.31	0.69	0.08
产业功能	6.12	0.64	0.09
社区功能	5.56	0.80	0.09
文创功能	5.89	1.32	0.11
服务生产	5.86	1.91	0.06
资讯共享	5.61	1.81	0.09

续表 4-5

指标名称	均值 $\bar{x}$	标准差 s	变异系数 v
社群构建	5.19	1.34	0.08
人力资源制度	5.56	1.04	0.15
资金投入保障	5.39	1.05	0.09
组织协调制度运行	5.36	0.89	0.06
法律法规制度	5.45	0.12	0.12
绩效评价制度	5.15	0.14	0.09

根据第一轮德尔菲法的梳理分析可以看出，二级指标中人力资源制度指标的变异系数较高，但是均值的数值在正常范围内。其他二级指标的均值，标准差，变异系数都在正常范围之内，说明专家在进行评分过程中对于人力资源制度指标的意见分歧较大，但是整体的设计还是比较合理的，在后期对指标的修改或是合并时应该重点考虑其上属一级指标的合理性程度，在不合理的情况下可以对其予以修正或是删除。

三级指标调研结果分析。通过第一轮问卷的调研，对专家的调研结果进行了三级指标体系的 SPSS 数理分析，结果统计如表 4-6 所示。

表 4-6 体育服务综合体三级指标第一轮专家评分统计结果

指标名称	均值 $\bar{x}$	标准差 s	变异系数 v
综合体用地质量水平	6.52	0.61	0.06
自然资源利用率	6.41	0.72	0.09
综合体发展长效机制的成熟度	6.12	0.78	0.05
相关产业扶持力度	6.15	0.92	0.06
资金投入水平	6.42	0.61	0.07
周边人群文化程度	6.12	0.73	0.14
高等院校、科研所集中度	6.25	0.61	0.18
适应人群	5.16	1.03	0.06
市场条件的广阔程度	5.78	1.07	0.15
综合体发展趋向	6.05	1.02	0.13
周边人群体育意识	6.18	0.52	0.11
相关协会数量	6.13	1.09	0.11
合作团队数量	6.26	0.73	0.10
组织化程度	6.35	0.91	0.12
产业化程度	5.78	1.03	2.11

4 基于钻石模型的体育服务综合体发展水平评价指标体系

续表 4-6

指标名称	均值 $\bar{x}$	标准差 s	变异系数 v
产业科技含量	5.79	1.08	0.12
关联产业发展程度	6.15	1.04	2.13
综合利用深度	6.39	0.55	0.10
主导产业数量	6.15	0.89	0.15
产业集聚性	5.95	0.68	0.12
产业规模	5.57	1.05	0.08
竞争与共生关系	6.21	1.04	0.09
共生圈外的竞争数量	6.59	1.03	0.05
产业多样性构造	6.17	0.59	0.18
国家对于产业相关政策的出台数量	6.06	1.02	0.11
产业机遇周期	6.44	0.65	0.11
地方对于产业相关政策的出台数量	5.79	1.08	0.12
特色服务产业种类	5.18	0.51	0.05
服务综合体产业链延伸影响度	6.79	1.23	0.14
优质服务种类	6.68	0.51	0.13
吸引青年就地就业成效	5.58	0.65	0.11
当地体育服务综合体服务质量	6.43	1.18	0.12
周边居民的生活满意度变化	6.79	1.03	0.13
体育文化活动的举办	6.18	1.62	0.08
文化生活的转变	5.35	0.59	0.03
人才聚集贡献率	6.31	0.84	0.12
周边居民体育知识水平的变化	5.13	0.51	0.08
体育服务综合体主体间合作水平	5.58	1.81	0.11
价值生产的综合运用度	5.18	0.64	0.12
服务动机的多元化	6.47	0.51	0.11
参与行为的主动性	5.86	0.53	0.14
多元合作过程的制度化	5.56	1.75	0.11
结果改善时间	6.18	1.42	0.05
公民参与程度	6.53	1.29	0.10
体育服务综合体与社会居民间的沟通渠道	6.18	1.56	0.15
反馈机制完善度	6.78	0.56	0.11

续表 4-6

指标名称	均值 $\bar{x}$	标准差 s	变异系数 v
月均信息传播量	5.93	0.54	0.09
公民参与体育服务综合体服务意识	5.12	1.26	0.16
体育服务综合体构建社群的现代化手段	6.35	1.86	0.11
居民对于体育服务综合体的归属感	6.53	0.59	0.09
综合体辐射区域公民流失量	6.22	0.83	0.11
管理人员的配置比例	6.31	1.02	0.11
管理人员的学历	6.26	1.36	0.12
管理人员的行政级别	5.36	0.52	0.09
管理人员的从业年限	5.75	0.82	0.14
管理人员业务能力培训次数	5.31	1.02	0.09
管理人员引进数量	5.82	0.51	0.18
管理人员辞职、离退数量	5.45	0.56	0.13
政府拨款占体育财政比例	5.46	0.78	0.09
工作预算	6.15	0.98	0.15
工作经费投入增长率	5.48	1.39	0.11
社会资本投入	5.39	1.12	0.08
拥有工作机构数量	5.17	1.54	0.19
知识普及的次数	5.48	0.89	0.08
政府监督体系	6.25	0.98	0.06
国家法律法规政策	6.55	0.78	0.08
机构内的监管体系	5.89	0.89	0.24
国家税收政策的权衡与颁布数量	4.47	1.28	0.13
政府颁布的管理人员规范与约束管理文件	5.45	1.65	0.06
政府颁布的渠道管理的文件	6.21	1.12	0.07
政府颁布的内容约束与引导文件	5.45	1.13	0.14
政府颁布的工作奖惩机制文件	5.31	0.91	0.15
财政投入评价	5.69	0.86	0.16
过程的评价	5.44	0.59	0.08
反馈结果的评价	6.14	0.87	0.16
政府机构评价	5.99	0.96	0.17
政策法规评价	5.24	1.25	0.09

续表 4-6

指标名称	均值 $\bar{x}$	标准差 s	变异系数 v
政府运行评价	6.23	1.48	0.08
效益评价	6.11	1.69	0.06
满意度评价	6.15	1.54	0.17

从 SPSS 对体育服务综合体的三级指标专家评分结果可以看出，国家税收政策的权衡与颁布数量的均值低于 5 分，说明专家对该指标体系的评分过程中对该指标设置及存在的价值产生了不同的建议，但是该指标变异系数的值还是处在正常范围之内。变异系数大于 0.2 的指标为机构内的监管体系，说明专家对该指标存在较大的分歧。

经过第一轮对体育服务综合体的指标体系专家调研过程的分析可以看出，专家对一级指标中的产业结构和制度体系分歧较大，对于二级指标中的人力资源制度指标的分歧较大，在三级指标体系中，对于国家税收政策的权衡与颁布数量指标和机构内的监管体系两个指标存在较大的争议。在第一轮专家访谈过程中，专家建议增加"产业经济增长效能"指标，以便衡量体育服务综合体在产业中对经济增长的重要功能。

经过第一轮专家调研访谈，我们对我国体育服务综合体的发展现状有了进一步的认识，并对体育服务综合体的指标体系进行了修改。第一轮专家调研之后，确立的指标体系如表 4-7 所示。

表 4-7 体育服务综合体第一轮确定指标体系

一级指标	二级指标	三级指标
1 产业结构	1.1 生产要素	1.1.1 综合体用地质量水平 1.1.2 自然资源利用率 1.1.3 综合体发展长效机制的成熟度 1.1.4 相关产业扶持力度 1.1.5 资金投入水平 1.1.6 周边人群文化程度 1.1.7 高等院校、科研所集中度
	1.2 需求条件	1.2.1 适应人群 1.2.2 市场条件的广阔程度 1.2.3 综合体发展趋向 1.2.4 周边人群体育意识
	1.3 相关和支持产业	1.3.1 相关协会数量 1.3.2 合作团队数量 1.3.3 组织化程度 1.3.4 产业化程度 1.3.5 产业科技含量 1.3.6 关联产业发展程度 1.3.7 综合利用深度

续表 4-7

一级指标	二级指标	三级指标
1 产业结构	1.4 战略、结构与竞争	1.4.1 主导产业数量 1.4.2 产业集聚性 1.4.3 产业规模 1.4.4 竞争与共生关系 1.4.5 共生圈外的竞争数量 1.4.6 产业多样性构造
	1.5 机遇和政府	1.5.1 国家对于产业相关政策的出台数量 1.5.2 产业机遇周期 1.5.3 地方对于产业相关政策的出台数量
2 功能价值	2.1 产业功能	2.1.1 特色服务产业种类 2.1.2 服务综合体产业链延伸影响度 2.1.3 优质服务种类 2.1.4 产业经济增长效能
	2.2 社区功能	2.2.1 吸引青年就地就业成效 2.2.2 当地体育服务综合体服务质量 2.2.3 周边居民的生活满意度变化
	2.3 文创功能	2.3.1 体育文化活动的举办 2.3.2 文化生活的转变 2.3.3 人才聚集贡献率 2.3.4 周边居民体育知识水平的变化
3 形态维度	3.1 服务生产	3.1.1 体育服务综合体主体间合作水平 3.1.2 价值生产的综合运用度 3.1.3 服务动机的多元化 3.1.4 参与行为的主动性 3.1.5 多元合作过程的制度化 3.1.6 结果改善时间
	3.2 资讯共享	3.2.1 公民参与程度 3.2.2 体育服务综合体与社会居民间的沟通渠道 3.2.3 反馈机制完善度 3.2.4 月均信息传播量
	3.3 社群构建	3.3.1 公民参与体育服务综合体服务意识 3.3.2 体育服务综合体构建社群的现代化手段 3.3.3 居民对于体育服务综合体的归属感 3.3.4 综合体辐射区域公民流失量

4 基于钻石模型的体育服务综合体发展水平评价指标体系

续表 4-7

一级指标	二级指标	三级指标
4 制度体系	4.1 人力资源制度	4.1.1 管理人员的配置比例 4.1.2 管理人员的学历 4.1.3 管理人员的行政级别 4.1.4 管理人员的从业年限 4.1.5 管理人员业务能力培训次数 4.1.6 管理人员引进数量 4.1.7 管理人员辞职、离退数量
	4.2 资金投入保障	4.2.1 财政拨款占体育财政比例 4.2.2 工作预算 4.2.3 工作经费投入增长率 4.2.4 社会资本投入
	4.3 组织协调制度运行	4.3.1 拥有工作机构数量 4.3.2 知识普及的次数 4.3.3 政府监督体系
	4.4 法律法规制度	4.4.1 国家法律法规政策 4.4.2 机构内的监管体系 4.4.3 国家税收政策的权衡与颁布数量 4.4.4 政府颁布的管理人员规范与约束管理文件 4.4.5 政府颁布的渠道管理的文件 4.4.6 政府颁布的内容约束与引导文件 4.4.7 政府颁布的工作奖惩机制文件
	4.5 绩效评价制度	4.5.1 财政投入评价 4.5.2 过程的评价 4.5.3 反馈结果的评价 4.5.4 政府机构评价 4.5.5 政策法规评价 4.5.6 政府运行评价 4.5.7 效益评价 4.5.8 满意度评价

2）第二轮专家调研结果分析

根据修改结果对问卷进一步完善，又进行了第二轮调研。结果如下：

一级指标调研结果分析。根据第一轮对体育服务综合体指标体系的调研结果对指标体系修改后，将指标体系中的问卷进行整理，并进行了第二次专家调研，其中一级指标体系的第二轮专家评分结果如表 4-8 所示。

表 4-8　体育服务综合体一级指标第二轮专家评分统计结果

指标名称	均值 $\bar{x}$	标准差 s	变异系数 v
产业结构	5.5	0.70	0.05
功能价值	6	0.87	0.12
形态维度	5.2	1.12	0.08
制度体系	5.8	1.32	0.15

根据上表可以看出,对一级指标进行第一轮修改后,对应均值都大于5,变异系数在0.2以下,从专家评分结果上可以看出,体育服务综合体指标体系的一级指标趋于稳定。

二级指标调研结果分析。通过对第二轮问卷的调研,对专家的调研结果进行了二级指标体系的数据统计分析,分析结果如表4-9所示。

表 4-9　体育服务综合体二级指标第二轮专家评分统计结果

指标名称	均值 $\bar{x}$	标准差 s	变异系数 v
生产要素	6.88	0.94	0.16
需求条件	6.45	0.66	0.08
相关和支持产业	4.55	0.98	0.09
战略、结构与竞争	5.98	0.88	0.03
机遇和政府	5.98	0.66	0.06
产业功能	5.65	1.54	0.07
社区功能	5.96	1.85	0.09
文创功能	6.45	1.66	0.06
服务生产	6.65	0.65	0.15
资讯共享	5.65	1.65	0.08
社群构建	6.21	1.65	0.06
人力资源制度	6.32	0.98	0.09
资金投入保障	6.32	0.51	0.12
组织协调制度运行	6.54	0.98	0.13
法律法规制度	6.32	0.67	0.15
绩效评价制度	6.54	0.58	0.14

根据上表可以看出,体育服务综合体二级指标均值小于5的指标为相关和支持产业,但是其变异系数的值小于0.2,说明专家对于该指标的设置存在一定的争议,需要对后面对应的指标做进一步的修正,还要对三级指标体系进行数理分析,再返回到二级指标中,重新考量二级指标体系的合理性。

4 基于钻石模型的体育服务综合体发展水平评价指标体系

三级指标第二轮调研结果分析。通过对第二轮问卷的调研,对专家的调研结果进行了三级指标体系的 SPSS 数理分析,结果统计如表 4-10 所示。

表 4-10 体育服务综合体三级指标第二轮专家调研统计结果

指标名称	均值 $\bar{x}$	标准差 s	变异系数 v
综合体用地质量水平	5.11	0.56	0.06
自然资源利用率	5.34	0.85	0.13
综合体发展长效机制的成熟度	5.13	1.23	0.15
相关产业扶持力度	5.66	0.54	0.14
资金投入水平	5.76	0.56	0.16
周边人群文化程度	6.78	0.98	0.19
高等院校、科研所集中度	5.87	0.87	0.17
适应人群	6.02	1.56	0.18
市场条件的广阔程度	6.95	1.32	0.17
综合体发展趋向	5.95	0.65	0.13
周边人群体育意识	6.66	0.65	0.19
相关协会数量	6.85	1.54	0.18
合作团队数量	6.68	1.32	0.20
组织化程度	5.21	1.22	0.11
产业化程度	5.98	1.31	0.15
产业科技含量	5.98	1.60	0.15
关联产业发展程度	5.67	1.63	0.16
综合利用深度	6.23	1.65	0.06
主导产业数量	5.36	0.65	0.17
产业集聚性	5.63	0.78	0.15
产业规模	5.93	0.65	0.16
竞争与共生关系	5.63	0.98	0.19
共生圈外的竞争数量	5.69	0.99	0.13
产业多样性构造	6.65	1.02	0.17
国家对于产业相关政策的出台数量	6.35	1.65	0.19
产业机遇周期	6.32	0.65	0.05
地方对于产业相关政策的出台数量	5.33	0.66	0.09
特色服务产业种类	5.98	1.06	0.08

续表 4-10

指标名称	均值 $\bar{x}$	标准差 s	变异系数 v
服务综合体产业链延伸影响度	6.56	1.09	0.06
优质服务种类	5.45	1.01	0.08
产业经济增长效能	5.85	0.65	0.07
吸引青年就地就业成效	5.87	0.68	0.16
当地体育服务综合体服务质量	6.87	0.53	0.14
周边居民的生活满意度变化	6.31	1.32	0.12
体育文化活动的举办	6.86	0.98	0.16
文化生活的转变	6.52	0.96	0.15
人才聚集贡献率	6.12	0.56	0.19
周边居民体育知识水平的变化	6.32	0.64	0.06
体育服务综合体主体间合作水平	6.54	1.06	0.05
价值生产的综合运用度	6.32	0.98	0.07
服务动机的多元化	6.54	1.03	0.09
参与行为的主动性	6.21	1.65	0.16
多元合作过程的制度化	6.30	1.87	0.13
结果改善时间	5.36	1.69	0.12
公民参与程度	6.57	1.65	0.15
体育服务综合体与社会居民间的沟通渠道	6.87	0.65	0.13
反馈机制完善度	5.54	0.94	0.16
月均信息传播量	6.32	1.09	0.13
公民参与体育服务综合体服务意识	6.12	1.63	0.16
体育服务综合体构建社群的现代化手段	5.44	1.54	0.18
居民对于体育服务综合体的归属感	6.31	1.54	0.14
综合体辐射区域公民流失量	6.54	1.23	0.16
管理人员的配置比例	6.54	0.68	0.15
管理人员的学历	6.34	0.54	0.16
管理人员的行政级别	6.23	1.31	0.19
管理人员的从业年限	6.32	1.87	0.06
管理人员业务能力培训次数	6.54	0.58	0.09
管理人员引进数量	6.32	1.65	0.05
管理人员辞职、离退数量	6.54	1.63	0.07

4 基于钻石模型的体育服务综合体发展水平评价指标体系

续表 4 – 10

指标名称	均值 $\bar{x}$	标准差 s	变异系数 v
财政拨款占体育财政比例	6.54	1.98	0.06
工作预算	6.32	1.65	0.16
工作经费投入增长率	6.54	1.36	0.06
社会资本投入	6.32	1.34	0.13
拥有工作机构数量	6.54	1.54	0.12
知识普及的次数	6.12	1.87	0.16
政府监督体系	6.12	1.98	0.15
国家法律法规政策	6.34	1.65	0.14
机构内的监管体系	6.54	1.56	0.16
国家税收政策的权衡与颁布数量	6.24	1.33	0.12
政府颁布的管理人员规范与约束管理文件	5.33	1.55	0.13
政府颁布的渠道管理的文件	6.45	1.44	0.16
政府颁布的内容约束与引导文件	6.54	1.94	0.15
政府颁布的工作奖惩机制文件	6.32	1.33	0.14
财政投入评价	6.32	1.54	0.16
过程的评价	6.23	1.78	0.13
反馈结果的评价	6.54	1.85	0.16
政府机构评价	6.21	1.23	0.15
政策法规评价	6.87	1.26	0.12
政府运行评价	6.85	0.1	0.16
效益评价	6.54	1.02	0.17
满意度评价	6.32	1.05	0.12

从第二轮专家调研结果的数理分析可以看出,通过对第一轮专家评分结果分析后指标体系的修正,指标体系的合理性得到明显的提升,均值和变异系数都在正常范围之内,在第二轮专家调研过程中有专家提出,需要重点关注具有评价性含义的指标体系。根据上表可以看出,体育服务综合体指标体系中的三级指标的均值都大于5,其中团队合作数量指标的变异系数等于0.2。在与专家进行深度交流后发现,该指标在命名方面存在一定的偏差,容易产生误导作用,在后期的使用过程中需要对该指标进行进一步的解释说明,避免该指标的命名使本研究产生一定的偏差,但是并没有明确表示是否进行修正或是删减。所以,本研究组针对体育服务综合体指标体系的评估进行了第三轮指标体系的专家调研,对上述重点问题进行访谈,尽可能地对该指标体系做进一步完善,让最终呈现

的指标体系符合指标体系建立的原则。

在第二轮体育服务综合体指标体系的专家调研后,对该指标体系进行了整理和修正,最终得出如表 4-11 所示的指标体系。

表 4-11 体育服务综合体第二轮确定的指标体系

一级指标	二级指标	三级指标
1 产业结构	1.1 生产要素	1.1.1 综合体用地质量水平 1.1.2 自然资源利用率 1.1.3 综合体发展长效机制的成熟度 1.1.4 相关产业扶持力度 1.1.5 资金投入水平 1.1.6 周边人群文化程度 1.1.7 高等院校、科研所集中度
	1.2 需求条件	1.2.1 适应人群 1.2.2 市场条件的广阔程度 1.2.3 综合体发展趋向 1.2.4 周边人群体育意识
	1.3 相关和支持产业	1.3.1 相关协会数量 1.3.2 合作团队数量 1.3.3 组织化程度 1.3.4 产业化程度 1.3.5 产业科技含量 1.3.6 关联产业发展程度 1.3.7 综合利用深度
	1.4 战略、结构与竞争	1.4.1 主导产业数量 1.4.2 产业集聚性 1.4.3 产业规模 1.4.4 竞争与共生关系 1.4.5 共生圈外的竞争数量 1.4.6 产业多样性构造
	1.5 机遇和政府	1.5.1 国家对于产业相关政策的出台数量 1.5.2 产业机遇周期 1.5.3 地方对于产业相关政策的出台数量
2 功能价值	2.1 产业功能	2.1.1 特色服务产业种类 2.1.2 服务综合体产业链延伸影响度 2.1.3 优质服务种类 2.1.4 产业经济增长效能
	2.2 社区功能	2.2.1 吸引青年就地就业成效 2.2.2 当地体育服务综合体服务质量 2.2.3 周边居民的生活满意度变化

4 基于钻石模型的体育服务综合体发展水平评价指标体系

续表 4-11

一级指标	二级指标	三级指标
2 功能价值	2.3 文创功能	2.3.1 体育文化活动的举办 2.3.2 文化生活的转变 2.3.3 人才聚集贡献率 2.3.4 周边居民体育知识水平的变化
3 形态维度	3.1 服务生产	3.1.1 体育服务综合体主体间合作水平 3.1.2 价值生产的综合运用度 3.1.3 服务动机的多元化 3.1.4 参与行为的主动性 3.1.5 多元合作过程的制度化 3.1.6 结果改善时间
	3.2 资讯共享	3.2.1 公民参与程度 3.2.2 体育服务综合体与社会居民间的沟通渠道 3.2.3 反馈机制完善度 3.2.4 月均信息传播量
	3.3 社群构建	3.3.1 公民参与体育服务综合体服务意识 3.3.2 体育服务综合体构建社群的现代化手段 3.3.3 居民对于体育服务综合体的归属感 3.3.4 综合体辐射区域公民流失量
4 制度体系	4.1 人力资源制度	4.1.1 管理人员的配置比例 4.1.2 管理人员的学历 4.1.3 管理人员的行政级别 4.1.4 管理人员的从业年限 4.1.5 管理人员业务能力培训次数 4.1.6 管理人员引进数量 4.1.7 管理人员辞职、离退数量
	4.2 资金投入保障	4.2.1 财政拨款占体育财政比例 4.2.2 工作预算 4.2.3 工作经费投入增长率 4.2.4 社会资本投入
	4.3 组织协调制度运行	4.3.1 拥有工作机构数量 4.3.2 知识普及的次数 4.3.3 政府监督体系
	4.4 法律法规制度	4.4.1 国家法律法规政策 4.4.2 机构内的监管体系 4.4.3 国家税收政策的权衡与颁布数量 4.4.4 政府颁布的管理人员规范与约束管理文件 4.4.5 政府颁布的渠道管理的文件 4.4.6 政府颁布的内容约束与引导文件 4.4.7 政府颁布的工作奖惩机制文件

续表 4-11

一级指标	二级指标	三级指标
4　制度体系	4.5　绩效评价制度	4.5.1　财政投入评价 4.5.2　过程的评价 4.5.3　反馈结果的评价 4.5.4　政府机构评价 4.5.5　政策法规评价 4.5.6　政府运行评价 4.5.7　效益评价 4.5.8　满意度评价

3）第三轮指标体系调研结果分析

一级指标调研结果分析。根据第二轮对体育服务综合体指标体系的专家调研结果和分析建议对指标体系进行修正后,本研究组将指标体系的问卷进行了进一步整理,并在相隔一段时间后,进行了第三轮专家调研,其中一级指标专家访谈调研结果的数理分析如表4-12所示。

表4-12　体育服务综合体一级指标第三轮专家评分结果统计结果

指标名称	均值 $\bar{x}$	标准差 s	变异系数 v
产业结构	6.64	0.79	0.06
功能价值	6.52	0.82	0.08
形态维度	6.10	0.61	0.05
制度体系	6.42	0.92	0.03

根据上表可以看出,通过对第二轮指标体系修改后,一级指标的均值都大于5,变异系数都在0.2以下,说明专家对一级指标的认可度较高,所以整个一级指标的设计结果基本上可以确定。

二级指标调研结果分析。根据体育服务综合体指标体系的第三轮问卷结果,对体育服务综合体指标体系的二级指标进行了数理统计分析,结果如表4-13所示。

表4-13　体育服务综合体指标体系二级指标第三轮专家调研统计结果

指标名称	均值 $\bar{x}$	标准差 s	变异系数 v
生产要素	6.23	0.71	0.11
需求条件	6.42	0.80	0.06
相关和支持产业	6.10	0.81	0.06
战略、结构与竞争	6.49	0.65	0.09
机遇和政府	5.82	1.17	0.05

续表 4-13

指标名称	均值 $\bar{x}$	标准差 s	变异系数 v
产业功能	6.10	1.32	0.06
社区功能	6.33	1.51	0.15
文创功能	5.72	0.95	0.13
服务生产	6.15	1.23	0.09
资讯共享	5.89	1.32	0.09
社群构建	5.86	1.91	0.06
人力资源制度	5.61	1.81	0.15
资金投入保障	5.19	1.34	0.12
组织协调制度运行	5.56	1.04	0.13
法律法规制度	5.39	1.05	0.15
绩效评价制度	5.65	1.54	0.07

根据上表可以看出，第三轮专家调研结果后二级指标的均值都大于5，变异系数都小于0.2，说明通过第二轮修改与调整后，专家对于二级指标设计的建议和分歧相差不大，所以体育服务综合体的指标体系的二级指标基本上也可以确定。下面将着重对三级指标体系进行第三轮专家调研。

三级指标调研结果分析。根据第三轮专家问卷调研结果，对体育服务综合体的三级指标进行了数理分析，其中统计结果分析如表 4-14 所示。

表 4-14 体育服务综合体三级指标第三轮专家评分统计结果

指标名称	均值 $\bar{x}$	标准差 s	变异系数 v
综合体用地质量水平	5.11	0.68	0.13
自然资源利用率	5.37	0.81	0.10
综合体发展长效机制的成熟度	6.12	1.15	0.15
相关产业扶持力度	5.32	1.42	0.06
资金投入水平	5.12	0.65	0.08
周边人群文化程度	6.15	0.86	0.12
高等院校、科研所集中度	5.46	0.51	0.06
适应人群	6.15	1.08	0.14
市场条件的广阔程度	6.54	1.24	0.05
综合体发展趋向	5.78	0.50	0.11
周边人群体育意识	6.64	0.60	0.06

续表 4-14

指标名称	均值 $\bar{x}$	标准差 s	变异系数 v
相关协会数量	5.28	1.17	0.12
合作团队数量	6.46	0.64	0.16
组织化程度	5.28	1.05	0.06
产业化程度	6.46	0.51	0.05
产业科技含量	5.94	0.51	0.09
关联产业发展程度	5.21	0.84	0.09
综合利用深度	5.28	0.65	0.13
主导产业数量	5.37	0.52	0.15
产业集聚性	6.00	0.98	0.10
产业规模	6.15	0.74	0.12
竞争与共生关系	6.38	1.08	0.11
共生圈外的竞争数量	5.97	0.41	0.09
产业多样性构造	5.54	0.53	0.16
国家对于产业相关政策的出台数量	5.13	0.56	0.13
产业机遇周期	5.72	1.61	0.14
地方对于产业相关政策的出台数量	6.83	0.56	0.12
特色服务产业种类	6.05	1.66	0.06
服务综合体产业链延伸影响度	6.14	0.58	0.07
优质服务种类	6.79	0.57	0.09
产业经济增长效能	5.68	0.56	0.12
吸引青年就地就业成效	5.81	1.83	0.05
当地体育服务综合体服务质量	5.52	0.34	0.14
周边居民的生活满意度变化	6.73	0.75	0.05
体育文化活动的举办	5.82	0.88	0.08
文化生活的转变	6.03	1.16	0.11
人才聚集贡献率	6.27	1.38	0.09
周边居民体育知识水平的变化	6.85	0.94	0.07
体育服务综合体主体间合作水平	6.13	1.02	0.15
价值生产的综合运用度	6.46	0.58	0.14
服务动机的多元化	5.12	0.56	0.12
参与行为的主动性	6.51	1.52	0.05

4 基于钻石模型的体育服务综合体发展水平评价指标体系

续表 4-14

指标名称	均值 $\bar{x}$	标准差 s	变异系数 v
多元合作过程的制度化	6.34	1.02	0.14
结果改善时间	6.87	0.84	0.12
公民参与程度	6.64	0.64	0.05
体育服务综合体与社会居民间的沟通渠道	6.38	1.94	0.13
反馈机制完善度	6.11	1.25	0.16
月均信息传播量	5.78	0.61	0.06
公民参与体育服务综合体服务意识	6.05	1.00	0.05
体育服务综合体构建社群的现代化手段	6.24	1.06	0.06
居民对于体育服务综合体的归属感	5.46	0.64	0.15
综合体辐射区域公民流失量	6.18	0.53	0.07
管理人员的配置比例	6.17	1.34	0.09
管理人员的学历	6.78	1.09	0.15
管理人员的行政级别	6.21	0.56	0.11
管理人员的从业年限	6.15	0.53	0.11
管理人员业务能力培训次数	5.20	0.60	0.12
管理人员引进数量	5.30	1.10	0.10
管理人员辞职、离退数量	5.30	0.69	0.10
财政拨款占体育财政比例	5.20	0.86	0.12
工作预算	6.12	0.56	0.13
工作经费投入增长率	6.11	0.62	0.13
社会资本投入	5.42	0.5	0.11
拥有工作机构数量	5.55	0.55	0.09
知识普及的次数	5.32	0.62	0.13
政府监督体系	5.20	0.68	0.16
国家法律法规政策	5.31	0.70	0.18
机构内的监管体系	5.12	1.10	0.09
国家税收政策的权衡与颁布数量	5.13	0.90	0.10
政府颁布的管理人员规范与约束管理文件	5.21	0.82	0.16
政府颁布的渠道管理的文件	5.12	0.76	0.19
政府颁布的内容约束与引导文件	5.60	0.90	0.10
政府颁布的工作奖惩机制文件	5.23	0.59	0.15

续表 4-14

指标名称	均值 $\bar{x}$	标准差 s	变异系数 v
财政投入评价	5.40	0.62	0.07
过程的评价	6.12	0.64	0.06
反馈结果的评价	5.62	0.58	0.07
政府机构评价	6.10	0.75	0.10
政策法规评价	5.80	0.89	0.09
政府运行评价	6.00	0.81	0.08
效益评价	5.90	0.76	0.17
满意度评价	5.40	0.95	0.13

通过体育服务综合体指标体系第三轮专家调研评分汇总结果可以看出,根据第二轮专家评分结果和修改建议对体育服务综合体指标体系进行修改后,专家对第二次修改后的三级指标中的因子没有异议和分歧。体育服务综合体的整个指标体系可以充分展现出体育综合体发展过程中产业结构、功能价值、形态维度、制度体系之间的资料交换、信息互通等关系,可以全面地反映出体育服务综合体的发展要素。

4.4.2.3 指标体系的最终确立

通过针对体育服务综合体的专家调研,对体育服务综合体的指标体系不断地修正,最终确立的指标体系如表 4-15 所示。

表 4-15 体育服务综合体最终确定指标体系

一级指标	二级指标	三级指标
1 产业结构	1.1 生产要素	1.1.1 综合体用地质量水平 1.1.2 自然资源利用率 1.1.3 综合体发展长效机制的成熟度 1.1.4 相关产业扶持力度 1.1.5 资金投入水平 1.1.6 周边人群文化程度 1.1.7 高等院校、科研所集中度
	1.2 需求条件	1.2.1 适应人群 1.2.2 市场条件的广阔程度 1.2.3 综合体发展趋向 1.2.4 周边人群体育意识

4 基于钻石模型的体育服务综合体发展水平评价指标体系

续表 4-15

一级指标	二级指标	三级指标
1 产业结构	1.3 相关和支持产业	1.3.1 相关协会数量 1.3.2 合作团队数量 1.3.3 组织化程度 1.3.4 产业化程度 1.3.5 产业科技含量 1.3.6 关联产业发展程度 1.3.7 综合利用深度
	1.4 战略、结构与竞争	1.4.1 主导产业数量 1.4.2 产业集聚性 1.4.3 产业规模 1.4.4 竞争与共生关系 1.4.5 共生圈外的竞争数量 1.4.6 产业多样性构造
	1.5 机遇和政府	1.5.1 国家对于产业相关政策的出台数量 1.5.2 产业机遇周期 1.5.3 地方对于产业相关政策的出台数量
2 功能价值	2.1 产业功能	2.1.1 特色服务产业种类 2.1.2 服务综合体产业链延伸影响度 2.1.3 优质服务种类 2.1.4 产业经济增长效能
	2.2 社区功能	2.2.1 吸引青年就地就业成效 2.2.2 当地体育服务综合体服务质量 2.2.3 周边居民的生活满意度变化
	2.3 文创功能	2.3.1 体育文化活动的举办 2.3.2 文化生活的转变 2.3.3 人才聚集贡献率 2.3.4 周边居民体育知识水平的变化
3 形态维度	3.1 服务生产	3.1.1 体育服务综合体主体间合作水平 3.1.2 价值生产的综合运用度 3.1.3 服务动机的多元化 3.1.4 参与行为的主动性 3.1.5 多元合作过程的制度化 3.1.6 结果改善时间
	3.2 资讯共享	3.2.1 公民参与程度 3.2.2 体育服务综合体与社会居民间的沟通渠道 3.2.3 反馈机制完善度 3.2.4 月均信息传播量

续表 4-15

一级指标	二级指标	三级指标
3　形态维度	3.3　社群构建	3.3.1　公民参与体育服务综合体服务意识 3.3.2　体育服务综合体构建社群的现代化手段 3.3.3　居民对于体育服务综合体的归属感 3.3.4　综合体辐射区域公民流失量
4　制度体系	4.1　人力资源制度	4.1.1　管理人员的配置比例 4.1.2　管理人员的学历 4.1.3　管理人员的行政级别 4.1.4　管理人员的从业年限 4.1.5　管理人员业务能力培训次数 4.1.6　管理人员引进数量 4.1.7　管理人员辞职、离退数量
	4.2　资金投入保障	4.2.1　财政拨款占体育财政比例 4.2.2　工作预算 4.2.3　工作经费投入增长率 4.2.4　社会资本投入
	4.3　组织协调制度运行	4.3.1　拥有工作机构数量 4.3.2　知识普及的次数 4.3.3　政府监督体系
	4.4　法律法规制度	4.4.1　国家法律法规政策 4.4.2　机构内的监管体系 4.4.3　国家税收政策的权衡与颁布数量 4.4.4　政府颁布的管理人员规范与约束管理文件 4.4.5　政府颁布的渠道管理的文件 4.4.6　政府颁布的内容约束与引导文件 4.4.7　政府颁布的工作奖惩机制文件
	4.5　绩效评价制度	4.5.1　财政投入评价 4.5.2　过程的评价 4.5.3　反馈结果的评价 4.5.4　政府机构评价 4.5.5　政策法规评价 4.5.6　政府运行评价 4.5.7　效益评价 4.5.8　满意度评价

本研究根据三轮专家的调研结果，最终确立了体育服务综合体的指标体系，该指标体系包含4个一级指标：产业结构、功能价值、形态维度、制度体系；16个二级指标：生产要素，需求条件，相关和支持产业，战略、结构与竞争，机遇和政府，产业功能，社区功能，文创功能，服务生产，资讯共享，社群构建，人力资源制度，资金投入保障，组织协调制度运行，法律法规制度，绩效评价制度；81个三级指标。指标的确立为体育服务综合体的研究提供了整体性视角。

4.4.3 评估的视角

体育服务综合体是现代化信息技术和文化创新逐渐融合而产生的一种新经济业态，也是目前整个体育服务中最具有典型性的产业形态，在整个体育服务事业的发展过程中处于领先的水平。在我国，体育服务综合体发展正处于起步阶段，其发展面临着各种制约因素。钻石模型作为一种较为成熟的理论和一种可行的分析工具，可以分析体育服务综合体发展过程中的各种因素的相互关系。本研究运用钻石模型对我国体育服务综合体的发展做出科学的分析，提出可行性建议。

针对我国体育服务综合体发展中的制约因素，本研究借助多种评估视角，从发展的角度来看，首先是引进和培养体育服务综合体的人才，体育服务综合体的发展，要涵盖人才的发展，推动管理人才和运营人才的发展；其次是开发和引导市场的需求，鉴于体育服务综合体的发展对于经济的增长和体育服务产业的升级具有重要的意义，应该将体育服务综合体的发展上升到战略发展的高度，切实采取一系列措施不断扩大需求的规模，优化需求结构，促进需求量增长；再次，要不断提升体育服务综合体的整体竞争环境，将体育服务综合体看作一个体系，以政策为导向，以市场为基础，以资本的进入为纽带，进一步优化体育服务综合体的整体体系建设；最后便是发挥出政府在体育服务综合体建设过程中的作用，将传统的政府职能重新定位，积极发挥政府在体育服务综合体建设过程中的重要作用。

当前体育服务综合体的发展已经受到我国政府的高度重视，也必将成为我国的重要经济增长点。正确分析、评估其发展的重要因素并寻求发展的新思路，从正确的视角去评判其发展的思路，都将有利于促进我国体育服务综合体又好又快地发展，有利于体育强国战略总目标的顺利实现和科学发展观理念的贯彻落实。

4.5 体育服务综合体发展水平综合分析模式研究

4.5.1 指标的评价方法

近年来，体育服务综合体在发展过程中不断深入贯彻落实新时代我国新发展理论，加快转变经济增长方式和产业增长结构，使其在整体经济总量中的占比逐渐扩大，体育服务综合体发展的全面性、协调性和可持续性水平在不断增强，服务形式和供给内容也在不断成为新的竞争优势。

本研究在现有体育服务综合体的评价模型中,按照传统的指标评价方法建构了体育服务综合体的指标体系,综合评价后,由专家主观评价系数的大小并进行打分[①],有一定的主观色彩,为更好地对体育服务综合体进行指标体系的评判,本章运用全排列多边形指标法的评价方法,该方法简单易行,评价结果简单易懂,而且还能全面地反映出系统反馈,为体育服务综合体的指标体系评价提供了科学的方法支撑。

本研究在建构了指标体系的基础上,运用全排列多边形图示法来测量体育服务综合体指标体系的整体发展状况,并依此提出可行的建议。

4.5.2 基于钻石模型的指标法

4.5.2.1 指标体系标准化处理

体育服务综合体指标体系内的变量具有不同的单位和不同的变异程度,为了消除量纲和自身变异数大小的影响,我们采用了双曲线标准化处理,将涉及的 M 个指标进行了标准化。

4.5.2.2 全排列多边形图示指标法数理原理

全排列多边形指标法的基本思想是假设共有 M 个指标,所有指标都经过标准化,该指标的最大值为多边形的半径,其构成了一个中心正 M 边的多边形,这个不规则的 M 边形的各个顶点对应 M 个指标[②],多边形的顶点是由时间来标记的,形状的偏向代表了指标在某一年限中的作用大小或是数量多少,故 M 边形也可以动态地反馈出指标随时间的变化。

各指标的标准化值相互连接组成的不规则 M 边形的面积和相应的正 M 边形面积的比值就是全排列多边形综合指数,全排类多边形综合指数的整体计算公式如下:

$$N = \frac{1}{2M(M-1)} \sum_{j=1}^{M} \sum_{c=1}^{M} [A(\chi_j)+1][A(\chi_c)+1]$$

其中 N 是综合指标得分,M 是选中指标的总个数,$A(\chi_j)$ 表示第 j 个指标的标准值,$A(\chi_c)$ 表示第 c 个指标的标准值,综合指数的结果越高,表示综合评价结果越优良,在图上面积就越大[③]。

---

① 武金爽,张涛.中国演艺与旅游产业融合发展水平测度[J].统计与决策,2021,37(21):52-56.
② 梁树广,马中东,张延辉,等.基于钻石模型的区域制造业质量竞争力评价[J].统计与决策,2020,36(23):173-177.
③ 李冰.基于"钻石模型"的我国服务贸易竞争力空间差异研究[J].商业经济研究,2017(14):136-138.

4.5.3 体育服务综合体指标评价

4.5.3.1 指标的选取

根据上面已有的研究和数据,本研究选取了体育服务综合体指标体系中的部分指标,并对指标进行了无量纲处理,包含政府资金投入体育服务综合体总值、社会资本进入体育服务综合体的数额、体育服务综合体周边高校平均数量、长期使用体育服务综合体的体育协会数量、体育服务综合体提供服务平均种类、官方媒体关于体育服务综合体的月均报道数量、本科及以上管理人员的比例、政府颁布的关于体育服务综合体的相关激励文件数量、辐射区域居民满意与不满意比例、体育服务综合体工作人员离退比例等十个具体指标。

4.5.3.2 数据的来源

根据国家统计年鉴、地方统计年鉴、国家统计局等官方数据,经过多次核查,得出上述指标从 2016—2020 年五年的数据,具体数据如表 4-16 所示。

表 4-16 2016—2020 年十项指标的官方数据表

指标	2016	2017	2018	2019	2020
政府资金投入体育服务综合体总值(千亿元)	1.46	1.58	2.35	2.26	2.65
社会资本进入体育服务综合体的数额(千亿元)	0.47	0.42	0.55	0.52	0.65
体育服务综合体周边高校平均数量(个)	0.21	0.30	0.22	0.25	0.27
长期使用体育服务综合体的体育协会数量(个)	1.22	1.45	2.61	2.44	3.01
体育服务综合体提供服务平均种类(种)	2.1	2.2	1.7	2.6	3.6
官方媒体关于体育服务综合体的月均报道数量(百条)	0.16	0.21	0.34	0.37	0.48
本科及以上管理人员的比例(%)	0.24	0.52	0.86	2.35	3.07
政府颁布的关于体育服务综合体的相关激励文件数量(个)	0.45	0.66	1.62	2.54	3.57
辐射区域居民满意与不满意比例(%)	0.26	0.31	0.14	0.10	0.06
体育服务综合体工作人员离退比例(%)	0.31	0.38	0.24	0.22	0.18

4.6 中外体育服务综合体发展水平评价及差距析因

4.6.1 评价对象

根据上文对体育服务综合体进行的归纳和分类,体育服务综合体建设路径实施保障体系是由一系列的模式来加以支撑的,根据实施保障体系的分类,本研究对中外体育服务综合体发展水平的评价也按照相应的保障模式进行分类,共涵盖了四种模式,本研究也将按这四种模式对体育服务综合体进行评价研究。

4.6.1.1 商业模式

商业模式包括土地一级开发、二级房产开发、体育特色项目开发、产业链整合开发、城镇建设开发。

4.6.1.2 运营模式

以企业为主体,政府负责体育服务综合体的定位、规划、基础设施和审批服务,引进民营企业建设体育服务综合体。(研究内容包括:运营模式的种类、运营模式的对比及优劣分析、运营模式的实施条件、运营模式的绩效评估)。

4.6.1.3 投融资模式

主要构建以项目为核心,以城市投资及体育项目投资为支撑,多种投资平台相互协调的投融资框架结构。

4.6.1.4 资源导入模式——全要素一体化导入模式

资源导入模式是通过产业链整合,突破原有项目的推进和开发时序,成熟的体育IP、运营机构、管理团队、建造机构、投资机构等资源,使得创建过程也成为一个推动项目落地的过程。以整合投融资平台为基础,PPP及PPT项目为抓手,创新体育IP导入为驱动,形成创新的体育投融资模式,推进体育服务综合体创新发展。

4.6.2 不同类型体育服务综合体发展水平现状

2014年国务院《关于加快发展体育产业促进体育消费的若干意见》首次提出"以体育

设施为载体,打造城市体育服务综合体,推动体育与住宅、休闲、商业的综合开发"①。鼓励社会资本进入体育产业,盘活资源,对闲置资源进行改造,并用于体育服务综合体的建设。目前我国正处于体育服务综合体发展的良好时机,且发展模式呈现多样化,作为多业态融合下体育产业的新产物,由于其发展时间较短,在国内外体育服务综合体进行对比时,发现在活动开展、需求、产业链的延伸、市场运营等方面存在一定的差别与不足,诸多因素严重阻碍了体育服务综合体业态的发展。

4.6.2.1 商业模式:赛事活动开展较为单一

开展赛事活动是体育服务综合体吸引融资的一种模式,也是发挥体育服务综合体服务功能的一种体现,但是根据上文中的现状梳理可以看出,我国体育服务综合体的赛事活动开展不佳②,缺乏连续性的优质赛事,也缺乏具有社会影响力的赛事,这在一定程度上降低了体育服务综合体的整体影响力。各类型的体育服务综合体之间的相关性较小,没有联系纽带,开展的赛事活动单一,缺乏系统的发展。体育服务综合体之间没有关于赛事举办的统一的标准和规则,更没有因地制宜的管理模式,各体育服务综合体之间的赛事培育机构没有建立品牌效应,无法从本质上发挥出体育服务综合体的价值,不利于体育服务综合体的社会效益和经济效益的扩大。

4.6.2.2 运营模式:区域间的服务定位不清晰

根据国家相关文件可以看出,体育服务综合体的功能布局应当重点集中在群众体育的发展上,服务于群众体育③。体育服务综合体发挥最大功能的前提是要对周边辐射的人群进行有目的的摸排,找准自身定位,突出体育功能和合理布局各体育业态。但是一些体育服务综合体的发展定位过于脱离实践,一味追求高标准、高档次,在看似高端的定位中脱离了群众的基础需求和居民实际消费水平,造成供需不对称的状况,从而阻碍了体育服务综合体的发展,体育服务综合体的可持续发展必须要有坚实的群众基础,不能只局限于休闲健身服务,还要增加服务内容,增加服务人群,开创服务的新路径,满足群众的多元化社会需求。

4.6.2.3 投融资模式:体育服务综合体产业链较短

从体育产业的理论上来讲,随着产业的转型和升级,在相关政策的驱动下,以各类运

---

① 中国政府网.国务院关于加快发展体育产业促进体育消费的若干意见(国发〔2014〕46号)[EB/OL].(2014-10-20)[2022-04-19]. http://www.gov.cn/zhengce/content/2014/10/20/content_9152.htm.
② 阳艺武,伍艺昭,黄彩虹.基于SWOT分析的城市体育服务综合体发展研究[J].体育文化刊,2020(11):91-97.
③ 褚贝,陈刚.基于GEM模型的体育综合体竞争力研究[J].体育与科学,2018,39(5):93-101.

营模式为导向的体育服务综合体陆续投入运营,但是多数体育服务综合体的服务功能一直停留在最基础的层面,资源整合的力度不足,产业链的发掘较短。国内一些场馆类体育服务综合体是以举办赛事活动为主,附加休闲健身场地,这样的模式造成了资源上的浪费;工商业空间改造的体育服务综合体,过度突出商业化,违背了以体育为核心的出发点;以旅游为核心的体育服务综合体借助体育的平台,在发展旅游业的同时,将体育产业的相关发展逐渐弱化、边缘化。上述发展模式极大地限制了体育服务综合体中的产业链延伸问题。简单地在基础商业模式上加上体育的元素,这一简单的融合造成了参与主体的单一化,没有良好效益的体育产业链,无法使体育服务综合体多元化发展,体育服务综合体的发展要结合自身的特色资源,主动占据发展优势,顺应产业发展的大趋势,结合社会和消费市场的实际,及时调整、转变方向。

4.6.2.4 资源导入模式:运用能力差距较大

随着计划经济向市场经济的转轨,在以前经济体制下的一些业态正在转换思路,由此演化出新型的体育服务综合体,但是在运行管理过程中其出现运行的内容与提供的相关服务存在不相匹配的现象,在运营上逐渐暴露出新的问题。体育服务综合体是一个具有一定体量的综合性体育产业聚集地,没有专业人才的运营分析,就会造成各产业之间的相互协调能力不足,在市场中不会占据优势。其他业态在转型发展体育服务综合体的过程中,需要结合自身状况,对辐射环境做出精准的预判,在保障原来发展的基础上要有所提升,不断参考成功经验,占据有利的市场资源。

4.6.3 不同类型体育服务综合体发展差距及原因

体育服务综合体是指依托体育场馆、户外运动休闲空间、商业空间等载体,以体育服务为核心,有效组合体育、健康、文化、旅游、休闲、娱乐、商业等功能,且各个功能之间相互依存、相互支撑、相互裨益的多功能、多业态、高效的体育消费聚集区。根据空间载体的不同,可以将体育服务综合体分为体育场馆型、户外休闲空间型、商业空间载体型和其他型四种。

体育场馆型的体育服务综合体还可以细分为竞赛表演主导型和全民健身主导型。竞赛表演主导型以大型体育场馆为载体,以大型体育赛事活动服务、大型会展服务、大型文化表演服务为主导。全民健身主导型,以中小型体育场馆群为载体,以全民健身为主导,同时具备举办中小型体育赛事活动和商务会展的能力。

户外运动休闲型的体育服务综合体可以细分为体育旅游型、健身休闲型、运动康养型。体育旅游型以自然生态资源、户外运动休闲设施、户外营地等覆盖的空间为依托,以体育旅游为核心业态,涵盖了山地户外运动、航空运动、汽车摩托车运动、冰雪运动等运动项目;健身休闲型以各类体育公园所覆盖的空间为依托,以市民健身休闲服务为主要业态;运动康养型以康养资源等覆盖的空间为依托,基于一个或几个运动项目,以康体为核心服务内容,涵盖康养、休闲、度假等相关业态。

商业空间载体型体育服务综合体包括体育服务主导型、体育服务导入型两种类型。体育服务主导型以体育商业空间为载体,以体育服务为主导,并由休闲、娱乐、文化、餐饮、健康、商务等元素构成;体育服务导入型以商业综合体为载体,在商业空间中导入体育服务功能提供健身休闲、体育培训等服务。

上述我国现有体育服务综合体的类型,其主要特征不尽相同,也将造成相应类型的体育服务综合体之间产生差距,不同类型的体育服务综合体区域分布不同,也会因为区域间的发展水平不同而产生不同的发展状态。

5 基于扎根理论的我国体育服务综合体建设路径影响因素分析

2020年国家体育总局在全国范围内的综合性体育场馆中遴选并树立了49个体育服务综合体典型标杆,并对体育服务综合体的概念和内涵做以诠释,给我国体育服务综合体建设指明了前进的方向。在接下来的第二个百年目标新征程中,加速发展体育事业是我国体育强国战略的重要目标。产业融合发展、体育服务综合体建设路径的不断完善是全国人民的共同愿望。本研究在前人研究的基础之上继续开拓创新、探索理论,助力我国体育服务综合体建设,使其成为适用于人民的体育服务场所。

5.1 扎根理论

5.1.1 扎根理论的诠释

5.1.1.1 扎根理论

质性研究是为了发现特殊现象的意义模式而对文本和访谈进行分析和解释的一种研究,扎根理论(Grounded Theory)是质性研究中最科学的方法之一[①]。1967年,格拉泽和施特劳首次提出了扎根理论这一方法论,扎根理论是从大量文本资料的对比分析结果中构建理论的方法论。与其他"设立假设—推理假设—得出结论"的研究方法不同,扎根理论是一种采用自下而上的归纳式研究路径,在研究之前无须设定任何假设,仅是扎根于文本资料,进行归纳并进一步提炼,最终得出新的理论的方法(图5-1)。

5.1.1.2 三级编码

扎根理论可分为三种:经典扎根理论、程序化扎根理论和建构型扎根理论。本研究

---

① Auerbach C, Silverstein L B. Qualitative data: An introduction to coding and analysis[C]//Qualitative Studies in Psychology. New York: New York University Press, 2003: 102-124.

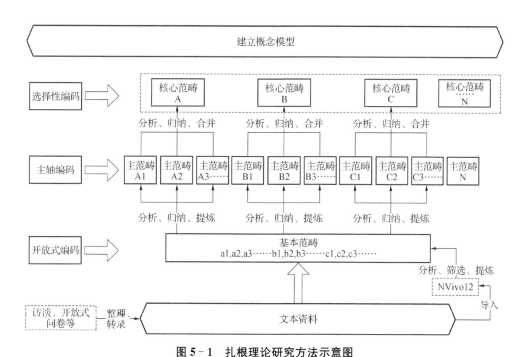

图 5-1　扎根理论研究方法示意图

图片来源:根据扎根理论研究方法绘制。

运用的方法论是经过调研获取到第一手文本资料,经对比、分析、提炼、抽象化、概念化,总结出概念及范畴,从而构建我国体育服务综合体建设路径影响因素的模型。扎根理论研究过程的关键是对文本资料完成精准提炼后进行的三级编码(图 5-2)。一级编码,即开放式编码,是对原始文本资料进行逐字逐句分析、归类,结合研究目的挖掘关键语句、提炼语句中的关键词,使之概念化、范畴化并形成基本范畴的过程。二级编码,即主轴编码,是在对基本范畴进行归纳、整理的同时发掘各基本范畴间的关系,进而形成主范畴和对应子范畴的过程。三级编码,即选择性编码,是在已形成的主范畴及各对应范畴中提炼重点、串联故事线,最终形成核心范畴的过程。

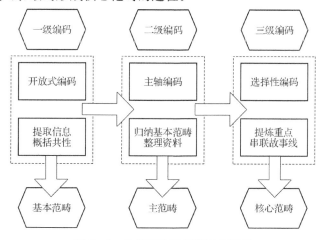

图 5-2　扎根理论三级编码示意图

图片来源:根据本文整理。

5.1.1.2 研究工具

NVivo12软件是一个高效且较为科学的质性研究工具,研究者利用该软件对收集来的非数值或非结构化数据资料进行归纳、分析,完成扎根理论的三级编码,最终形成概念模型(图5-3)[①]。NVivo12软件具有分析过程透明化的特点,能够对数据进行快速的、深度的定性分析。

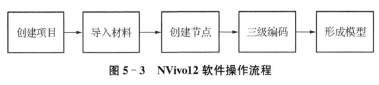

图5-3　NVivo12软件操作流程

图片来源:根据NVivo12操作流程整理。

5.1.2 扎根理论的应用价值

当前我国体育服务综合体路径建设的研究多集中于运用实地考察、案例分析、文献资料等方法,借鉴成功案例来规划我国体育服务综合体的发展路径。我国体育服务综合体路径的研究过程是自上而下的理论思辨过程,而充分考虑受众群体的消费需求及感官体验的研究较少,考虑政府职能部门及管理者在体育服务综合体管理过程中的实际操作办法的研究也相对较少。

扎根理论的研究对象普遍具有互动性特征,因此运用该方法论研究体育服务综合体建设路径影响因素,其实质是了解政府职能部门、管理者和受众群体最真实感受的一个过程。以下有两方面原因说明了采用扎根理论研究方法进行本章节的研究的可行性:一是,有利于使研究成果更贴近于体育服务综合体受众群体的消费需求及真实的感官体验;二是,能够扎根调研一线,真正做到自下而上以受众群体和管理参与者的主观意识为导向,深入剖析体育服务综合体建设路径影响因素。

---

① 储节旺,曹振祥.乡村振兴战略科技支撑路径的理论模型构建[J].安徽大学学报(哲学社会科学版),2020,44(4):133-143.

5.2 体育服务综合体建设路径的影响因素概念模型的建立

5.2.1 体育服务综合体建设路径影响因素的概念化、范畴化

5.2.1.1 资料收集

1) 制定问卷和访谈提纲

本研究采用能够充分体现扎根理论深层次、多层面探究社会学现象的调查手段。体育服务综合体建设路径影响因素本身就是一个抽象且在学界尚处于研究初级阶段的概念,体育服务综合体的评价主体不该拘于一域。因此,本次调研应扎根于体育服务综合体的受众群体及各行业(学术领域)专家学者中,通过开放式的问题,深挖概念、探索范畴。

根据《中华人民共和国消费者权益保护法》中对消费者的定义,可以将消费者定义为以生活消费需求为目的而购买、使用商品或接受服务的个人[①]。结合体育服务综合体是政府主导并属于公共体育服务范畴,其参与人群包括以消费为目的和以接受公共体育服务为目的两类。本研究将接受服务者统称为受众群体,包括以消费为主要目的的消费者和接受公共体育服务为主要目的的参与者。

本研究以体育服务综合体建设路径影响因素为研究目的,兼顾考虑体育服务综合体受众群体特点各有不同、样本数量较多、散布地域较广等情况,经过本研究组成员的多轮讨论、反复斟酌和预演,初步制定了开放式的受众群体问卷和半结构式的专家访谈提纲,并完成可行性测试。

可行性测试分为两个阶段:第一阶段,邀请 1 位专家对访谈提纲和问卷进行可行性测试,并结合其提出的建议完成第一次修改;第二阶段,分别随机选取受众群体中的 30 人和 3 位专家开展小样本测试,调研过程中记录真实情况及修改意见,经第二次修改后完成受众群体问卷和专家访谈提纲制定。

2) 受众群体样本

受众群体问卷内容涵盖受众群体基本信息、对体育服务综合体认知、经济实力、消费状况、满意度等五个方面,共设置了 36 项问题。通过网络调查法、面对面调查法、面谈访问法等多种形式向参与体育运动人群发放问卷。网络调查法是以问卷星为载体在网络

---

① 中国消费者协会官网. 中华人民共和国消费者权益保护法[EB/OL]. (2014-03-15)[2022-04-19]. http://www.cca.org.cn/wqfg/detail/25194.html.

平台发放问卷;面对面调查法和面谈访问法采用问卷星和纸质问卷两种调研形式,在体育服务综合体实地开展调研工作。实地调研是针对目标人群开展的调研工作,获得的数据更能代表体育消费人群的感受。同时,调查组考虑到年龄偏大且不善于操作网络媒介的运动爱好者(如"广场舞大妈"等),可使用纸质问卷或可在调研员的辅助下完成调研。本次调研工作历时12日,共有175名被访者完成调查问卷(图5-4),形成5.7842万字的原始资料。

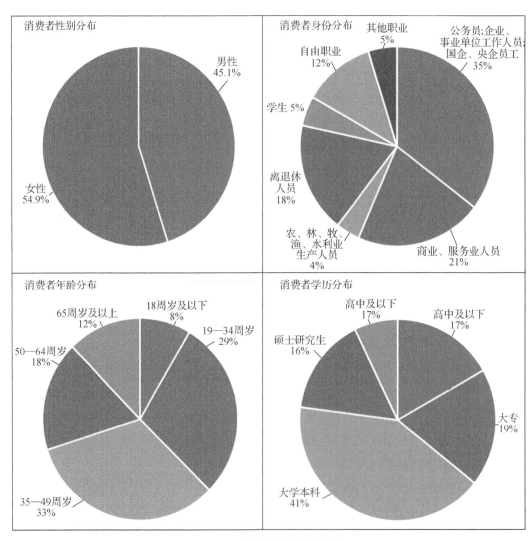

图5-4 消费者构成基本情况

3) 学术及行业专家样本

专家访谈采用半结构式访谈设计访谈提纲,设置了14个主要问题及28个追问预设问题。在访谈过程中,调研员可根据现场的实际情况有选择性地与被访问专家进行交流。体育服务综合体是在国家战略政策、经济战略下产生的,是具有公益性特征的体育

5 基于扎根理论的我国体育服务综合体建设路径影响因素分析

服务场所。因此在进行体育服务综合体建设路径影响因素的研究中,调研对象应该包括体育服务综合体的受众群体和各行业专家,各行业专家包括科研人员、政府官员、管理者、融资方、运营方等方面专家。

对于政府官员及体育服务综合体的管理者、融资方、运营方采用判断抽样方式进行访问;对于科研人员则采用判断抽样与偶遇抽样结合的方式进行访问,即找到预先选定的各领域专家学者,直奔主题地进行访谈交流,在访谈过程中,可能会遇到一些对本话题见解颇深的科研人员,也可对此类人员进行访谈交流。

本次共对 15 位专家进行访谈(图 5-5),并在征求其许可的前提下对访谈内容全程录音。通过腾讯 PDF 转换器软件将访谈音频资料转录成文本资料后,邀请 3 名调研员对转录的文本与原始访谈音频资料进行"背对背式"的比对和复核。将复核后的文稿进行"两两"对比,其重复率均值为 96.7%,符合信度检验要求[①]。比对、筛选未重复部分并完成微调整,形成 9.475 1 万字的原始资料。

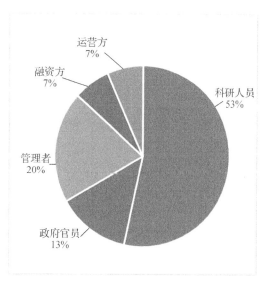

图 5-5 访谈专家分布情况

5.2.1.2 创建项目、导入资料

将已收集到的文本资料进行整合,形成了 15.259 3 万字的文本资料,并在 NVivo12 软件中进行文本资料导入操作(图 5-6)。在正式进入开放式编码前,借助 NVivo12 软件的查询词频功能,将词汇出现的频率展现在词汇云集图中。

词汇云集图以颜色区分不同词汇、以字体大小代表词汇出现频率的高低,通过将文本数据可视化的表现形式,帮助研究者直观地了解文本资料中出现的频次高频词汇,快速地领略文本资料的主旨。从图 5-7 词汇云集图中看出体育、服务、公共、质量、发展、综合等高频词,代表了本次被访者本真意愿。同时,从图中出现的关键词符合体育服务综合体的内涵,可初步判定本次问卷和访谈结果符合本研究的研究目的。

5.2.1.3 开放式编码

在 NVivo12 软件中选择"手动编码",对 15.259 3 万字的文本资料进行逐句分析和

---

① 宋娟.我国体育院校体育舞蹈教师专业素养评价与提升策略研究[D].上海:上海体育学院,2021:31.

提炼,标注若干个初始独立自由节点。结合 NVivo12 软件第一次聚类分析结果(图 5-8),将初始节点代入文本资料进行反复分析、比对,探寻初始节点间的逻辑关系。同时,将语句进行抽象化、概念化,通过对初始节点筛选、合并,提炼获得 44 个基本范畴。

为保证开放式编码的信度,研究人员在第一次开放式编码完成后,间隔 30 天严格按照相同的操作再次进行开放式编码。比对两次开放式编码结果,一致率为 94.3%,符合信度要求。

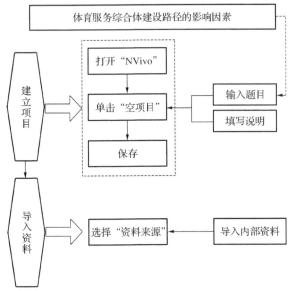

图 5-6　NVivo12 文本资料导入操作示意图

图片来源:根据 NVivo12 操作流程绘制。

图 5-7　文本资料的词汇云集

图片来源:由 NVivo12 软件导出。

5 基于扎根理论的我国体育服务综合体建设路径影响因素分析

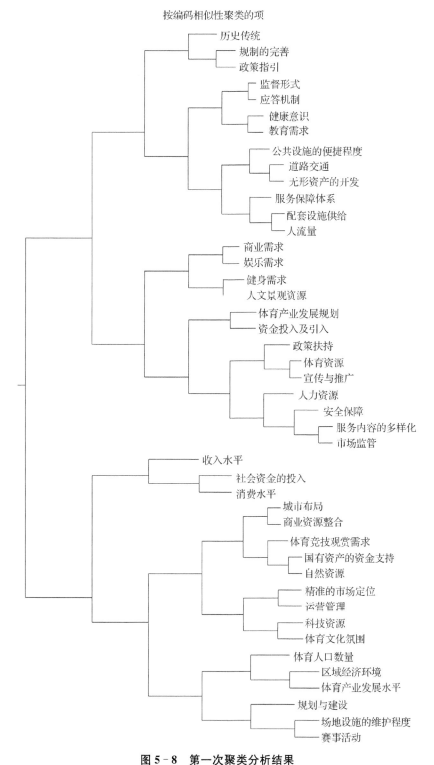

图 5-8 第一次聚类分析结果

图片来源:由 NVivo12 软件导出。

5.2.2 体育服务综合体建设路径影响因素的主范畴筛选

主轴编码阶段,通过分析、筛选、整合以上44个基本范畴,在NVivo12软件再次进行聚类分析(图5-9)。同样地将聚类分析结果结合文本资料进行比对和分析,提炼出13个主范畴,分别是政策法规、政府规划、营销策略、服务水平、管理体系、融资模式、参与者需求、消费者满意度、参与者经济状况、经济影响因素、社会监督、人文因素、依托资源。

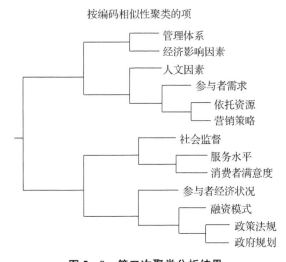

图5-9 第二次聚类分析结果

图片来源:由NVivo12软件导出。

5.2.3 体育服务综合体建设路径影响因素的概念模型

在选择性编码阶段,采用上述同样的对比方法,以体育服务综合体参与主体作为出发点的归纳思路,将13个主范畴归纳为4个核心范畴。4个核心范畴的分布依次为:将政策法规和政府规划2个主范畴归纳为政府作用,作为第一个核心范畴(图5-10);将营销策略、服务水平、管理体系、融资模式4个主范畴归纳为运营管理机构作用,作为第二个核心范畴(图5-11);将参与者需求、消费者满意度、参与者经济状况3个主范畴归纳为受众群体作用,作为第三个核心范畴(图5-12);将经济影响因素、社会监督、人文因素、依托资源4个主范畴归纳为社会作用,作为第四个核心范畴(图5-13)。

5　基于扎根理论的我国体育服务综合体建设路径影响因素分析

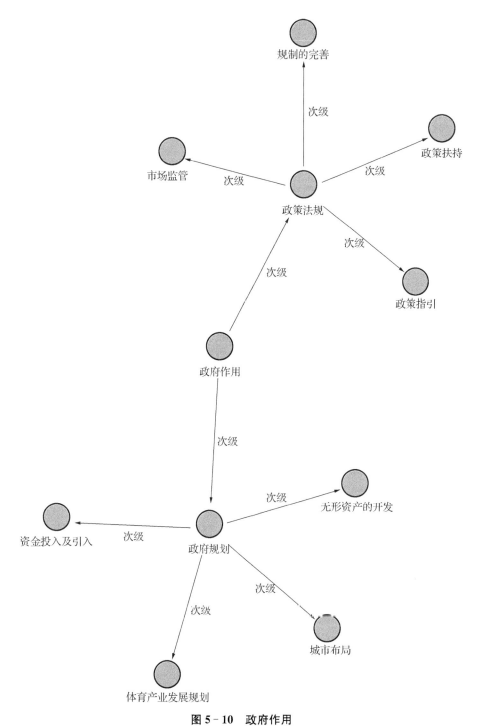

图 5-10　政府作用

图片来源：由 NVivo12 软件导出。

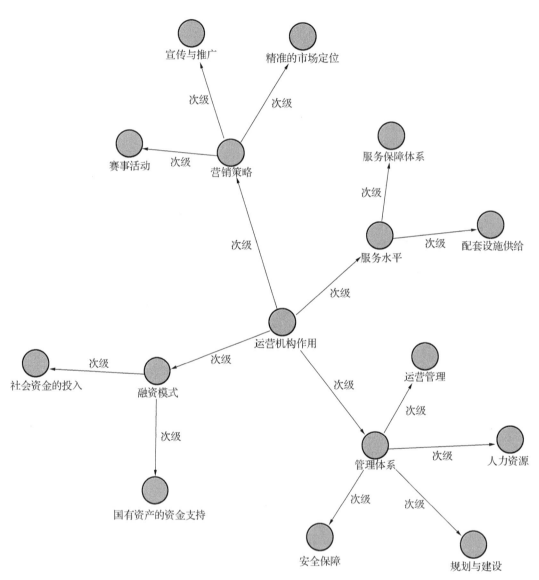

图 5-11 运营管理机构作用

图片来源：由 NVivo12 软件导出。

5 基于扎根理论的我国体育服务综合体建设路径影响因素分析

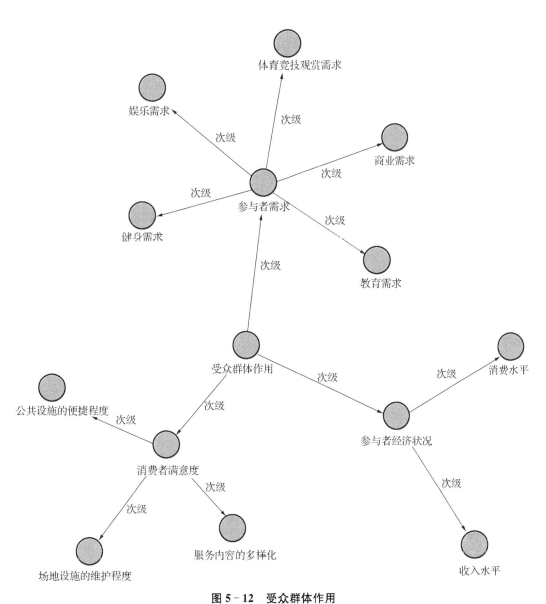

图 5-12 受众群体作用

图片来源：由 NVivo12 软件导出。

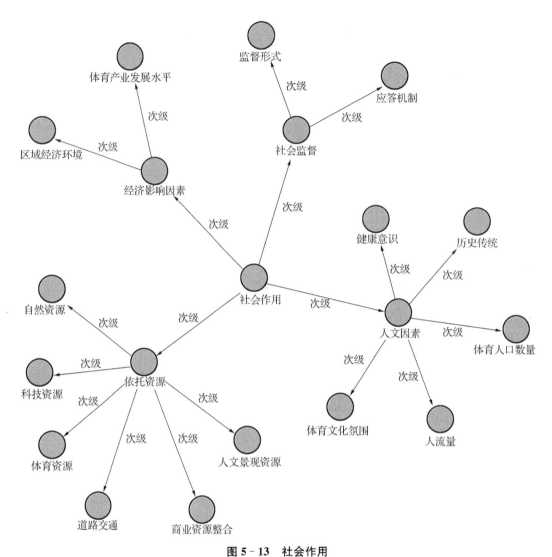

图 5-13 社会作用

图片来源：由 NVivo12 软件导出。

经过三级编码，得到了 4 张关系网，4 张关系网组成了整个体育服务综合体建设路径影响因素故事脉络，每条脉络自下而上又分为三个层级。将该三个层级划分为：一级影响因素、二级影响因素、三级影响因素，即核心范畴、主范畴、基本范畴（表 5-1）。围绕这一故事线，构建出体育服务综合体建设路径影响因素的概念模型（图 5-14）。

5 基于扎根理论的我国体育服务综合体建设路径影响因素分析

表 5-1 体育服务综合体建设路径的影响因素

一级影响因素	二级影响因素	三级影响因素
A 政府作用	A1 政策法规	a1 规制的完善
		a2 政策指引
		a3 政策扶持
		a4 市场监管
	A2 政府规划	a5 体育产业发展规划
		a6 资金投入及引入
		a7 无形资产的开发
		a8 城市布局
B 运营管理机构作用	B1 营销策略	b1 赛事活动
		b2 宣传与推广
		b3 精准的市场定位
	B2 服务水平	b4 配套设施供给
		b5 服务保障体系
	B3 管理体系	b6 人力资源
		b7 运营管理
		b8 规划与建设
		b9 安全保障
	B4 融资模式	b10 国有资产的资金支持
		b11 社会资金的投入
C 受众群体作用	C1 参与者需求	c1 体育竞技观赏需求
		c2 健身需求
		c3 娱乐需求
		c4 教育需求
		c5 商业需求
	C2 消费者满意度	c6 服务内容的多样化
		c7 公共设施的便捷程度
		c8 场地设施的维护程度
	C3 参与者经济状况	c9 收入水平
		c10 消费水平

续表 5-1

一级影响因素	二级影响因素	三级影响因素
D 社会作用	D1 经济影响因素	d1 区域经济环境
		d2 体育产业发展水平
	D2 社会监督	d3 监督形式
		d4 应答机制
	D3 人文因素	d5 历史传统
		d6 体育人口数量
		d7 健康意识
		d8 体育文化氛围
		d9 人流量
	D4 依托资源	d10 自然资源
		d11 人文景观资源
		d12 商业资源整合
		d13 道路交通
		d14 体育资源
		d15 科技资源

扎根理论的饱和度是停止采样的判断标准，研究者有针对性地选择新的文本资料进行编码，编码结果不再出现新的概念与范畴，则判定为饱和[1]。本研究选择具有权威性和代表性的《体育服务综合体典型案例汇编》做饱和度检验。结果显示，未出现新的概念与范畴，认定本次编码结果已达到饱和[2]。

为保证编码的严谨性，采用重测法在间隔 1 个月后对文本资料进行两次编码，对照两次编码结果完成微调整。测得两次编码的一致率为 94.3%，符合信度要求。

本研究采用的扎根理论研究方法是从管理者和使用者的意愿出发探求和挖掘概念与范畴，构建出的体育服务综合体影响因素的概念模型以更符合以人民为中心的体育强国战略的根本任务。

---

[1] 程艳霞,王紫穗,王虎,等.基于扎根理论:ISM 的县域科普制约因素研究[J].科普研究,2021,16(5):66-75,102-103.
[2] 张党珠,王晶,齐善鸿.基于扎根理论编码技术的道本领导理论模型构建研究[J].管理学报,2019,16(8):1117-1126.

5 基于扎根理论的我国体育服务综合体建设路径影响因素分析

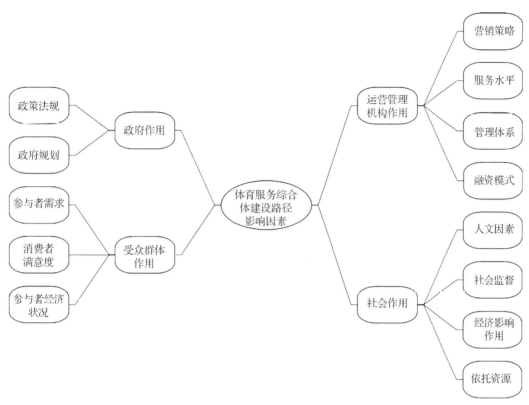

图 5-14 体育服务综合体建设路径影响因素的概念模型

图片来源：由 NVivo12 软件导出。

5.3 体育服务综合体建设路径影响因素的检验与优化

5.3.1 体育服务综合体建设路径影响因素的筛选

对体育服务综合体建设路径影响因素检验与优化是本章节研究的主要内容。用专家筛选、小样本测试等方法对上述研究成果进行验证，通过发放正式问卷、收集数据、分析数据、检验模型适配度最终构建成体育服务综合体建设路径影响因素结构方程模型（图 5-15）。

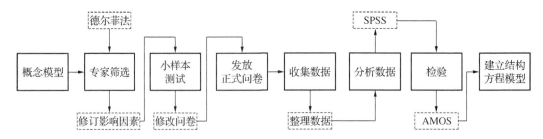

图 5-15　体育服务综合体建设路径影响因素结构方程模型的构建流程

图片来源：根据体育服务综合体建设路径影响因结构方程模型构建流程绘制。

5.3.1.1　专家筛选

1）德尔菲法

为了给各位专家创造能独立充分发表意见、不受他人观点干扰的调研环境，特采用德尔菲法对体育服务综合体建设路径影响因素进行筛选。德尔菲法是通过函询的方式获取专家意见的调查方法，研究者通过电子邮件等通讯方式对专家进行几轮的意见征询，最终获得专家认可度一致性较高的体育服务综合体建设路径影响因素。

2）确立专家人选

根据德尔菲法专家选择的原则，邀请多年从事相关领域研究的专家进行咨询，主要包括体育科研人员、从事体育服务综合体（大型体育场馆）管理的管理者（以下简称"管理者"）（表 5-2）。

表 5-2　专家选择标准

领域	从业年限（年）	职称	学历
体育科研人员	8年以上	高级职称	硕士研究生及以上
管理者	5年以上	高级职称	大学本科及以上

为提高专家积极性、保证专家积极系数合规，本研究组与各位专家取得联系，说明调查目的、内容及时间并征得专家的同意后开展咨询工作，本研究组共邀请了 15 位专家进行咨询（表 5-3）。

表 5-3　专家情况表

领域	专家人数（人）	平均从业年限（年）	大学本科（人）	硕士研究生（人）	博士研究生（人）
体育科研人员	12	10.75	0	4	8
管理者	3	8	2	1	0

5 基于扎根理论的我国体育服务综合体建设路径影响因素分析

3) 咨询设计与实施

本研究共开展两轮专家咨询,第一轮调查专家对各影响因素的通过率并收集专家意见,第二轮请专家评判各影响因素的重要程度并收集专家意见。经对咨询结果可靠性检验等环节完成体育服务综合体路径建设影响因素的优化。

4) 专家积极系数

专家积极系数用问卷的回收率来表示,一般认为回收率≥50%符合数据分析要求,回收率≥70%认定为专家积极性较高[1]。以发放、收回有效问卷数为依据,计算得出两次专家积极性均为100%,表明两轮咨询中专家积极性较高[2]。

5) 专家权威系数

在两轮专家咨询开展的同时请专家填写专家询问表,按照专家实际情况计算专家权威系数[3]。专家权威程度有互评和自评两种测试方式,本研究采用自评的方式,专家须自查本次问卷的判断依据及熟悉程度,为计算专家权威系数提供基础数据。

专家权威系数(C_r)取决于判断依据系数(C_a)和熟悉程度系数(C_s)的平均值(表 5-4),计算公式如下:

$$C_r=\frac{C_a+C_s}{2}$$

表 5-4 判断依据量化值及专家询问表部分内容

判断依据	量化值		
	大	中	小
理论分析	0.3	0.2	0.1
实践经验	0.5	0.4	0.3
国内外资料的了解	0.1	0.1	0.1
自己直觉	0.1	0.1	0.1

表 5-5 熟悉态度量化值及专家询问表部分内容

熟悉程度	量化值
非常了解	0.9
比较了解	0.7
一般了解	0.5
比较不了解	0.3
不了解	0.1

---

[1] 程超.ICU 护理质量敏感性指标体系的构建[D].合肥:安徽医科大学,2018:25.
[2] 黄汉升.体育科学研究方法[M].北京:高等教育出版社,2015:158-186.
[3] 张力为.体育科学研究方法[M].北京:高等教育出版社,2002:102-113.

在两轮专家咨询的同时请专家填写专家询问表,按照专家实际情况计算专家权威系数[①]。本研究邀请了15名专家进行问卷的咨询,因此专家权威系数为15名专家权威系数的平均数。通常认为,专家权威系数(C_r)>0.7即认为咨询结果可信,且专家权威系数越高,其可信度越高[②]。

调研组根据专家咨询表打分结果的数值计算专家权威性,两次专家咨询测得专家权威系数分别为0.87和0.90(表5-6)。可见,本研究咨询的专家具有较高的权威性,进一步说明可信度相对较高。

表5-6 专家权威系数计算结果

咨询次数	C_a	C_s	C_r
第一次专家咨询	0.88	0.86	0.87
第二次专家咨询	0.90	0.90	0.90

6)第一轮专家筛选结果

根据本研究构建的体育服务综合体建设路径的4个一级影响因素、13个二级影响因素、44个三级影响因素分别设计半开放式问卷,针对各影响因素设置"同意""不同意""建议"3个选项,并在问卷中说明各影响因素的含义。收集问卷并计算各影响因素的通过率,通过率大于等于三分之二(66.67%)予以保留。

第一轮专家咨询结束后,整理本轮咨询结果并计算各影响因素的通过率。在一级影响因素的咨询结果中,4个影响因素的通过率均为100%,表明了专家的一致认可(表5-7)。

表5-7 一级影响因素的通过率及专家意见处理结果

编号	通过率(%)	专家意见及处理结果
A	100	保留
B	100	保留
C	100	保留
D	100	保留

在二级影响因素的咨询结果中,有8个影响因素的通过率为100%,表明了专家的一致认可。D2—D4的通过率分别为93.33%、86.67%、93.33%,并未给出建议,说明专家对这3个影响因素认可度相对较高,故本研究组对这3个指标不做修改。此外,专家对B3、B4发表了不同意见,本研究考虑到大多数专家对B3、B4持认可态度,故对B3、B4不做修改。

---

① 张力为.体育科学研究方法[M].北京:高等教育出版社,2002:102-113.
② 赵元吉,邱建钢,廖恒.农村公共体育服务体系的构建研究[M].成都:电子科技大学出版社,2015:67-68.

5 基于扎根理论的我国体育服务综合体建设路径影响因素分析

表5-8 二级影响因素的通过率及专家意见处理结果

编号	通过率(%)	专家意见及处理结果
A1	100	A1、A2保留。
A2	100	
B1	100	B1、B2保留。 少数专家在完全认可B2的前提下提出B3应包括B2,本研究组考虑到通过率为80%,故不做修改。 少数专家认为B4应合并到B3中,本研究组考虑到本项通过率为73.33%,故不做修改。
B2	100	
B3	80	
B4	73.33	
C1	100	C1—C3保留。
C2	100	
C3	100	
D1	100	D1—D4保留。
D2	93.33	
D3	86.67	
D4	93.33	

在三级影响因素的咨询结果中,有15个影响因素得到了专家一致认可。同时,专家对其余29个影响因素作出了不同程度的认可并给出了不同的建议,本研究组结合通过率和专家意见对相应的影响因素做出了调整(表5-9)。

表5-9 三级影响因素的通过率及专家意见处理结果

编号	通过率(%)	专家意见及处理结果
a1	100	a1、a4保留。 有1位专家认为a2、a3合并为政策指引,1位专家认为a2包括a3,建议删除。a2和a3的通过率分别为93.33%和86.67%,经本研究组讨论、商定,将a2和a3合并为政策指引。
a2	93.33	
a3	86.67	
a4	100	
a5	86.67	专家对a5—a8持有不同意见,以重新划分三级影响因素为主,经本研究组讨论最终商定,将a5和a8合并为区域经济发展的规划和布局,a6和a7合并为资产的引入和开发。
a6	93.33	
a7	80	
a8	100	
b1	100	b1—b3保留。
b2	93.33	
b3	100	

续表 5-9

编号	通过率(%)	专家意见及处理结果
b4	100	b4、b5 保留。
b5	100	
b6	100	b6—b8 保留。 b9 通过率为 60%，部分专家认为安全保障应该属于 B2 的三级影响因素，经本研究组综合考虑，最终商定将 b5 与 b9 合并为服务和安全保障体系。
b7	100	
b8	100	
b9	60	
b10	66.67	b10、b11 的通过率均为 66.67%。专家对 b10、b11 持有不同意见，以 b10、b11 划分过细建议合并和 b10、b11 属于资产管理范畴两种意见最为集中，经课题组最终商定将 b10、b11 合并为资产管理并归属到 B3 下的三级影响因素。
b11	66.67	
c1	86.67	c1、c2 保留。 部分专家认为 c4 表述不准确，但通过率符合保留标准，经课题组综合考虑，将 c4 改为教育培训需求。 专家对 c3 和 c5 持有不同意见，以将 c3 和 c5 合并的建议居多，本研究考虑到 c5 的通过率不符合保留标准，最终商定将 c3 和 c5 合并为休闲游憩需求。
c2	93.33	
c3	66.67	
c4	66.67	
c5	53.33	
c6	100	c6—c8 保留。
c7	100	
c8	100	
c9	66.67	大部分专家建议将 c9、c10 合并，另有小部分专家建议将 c9 删除，经课题组商定将 c9 和 c10 合并为消费水平。
c10	73.33	
d1	86.67	d1、d2 保留。
d2	93.33	
d3	80	专家对 d3 和 d4 持有不同意见，以合并意见居多，经课题组商定，将 d3 和 d4 修改为社会监督实效。
d4	73.33	
d5	66.67	d6、d7 保留。 个别专家提出将 d5、d8 合并，专家组考虑到 d5 的通过率为 66.67%，最终商定将 d5、d8 合并为体育文化氛围。 d9 的通过率为 60%，故删除。
d6	100	
d7	100	
d8	86.67	
d9	60	

5 基于扎根理论的我国体育服务综合体建设路径影响因素分析

续表 5－9

编号	通过率(%)	专家意见及处理结果
d10	86.67	专家认为 d10—d15 划分过细，建议整合，经专家组商定，将 d10—d15 整合为自然人文交通资源和商业体育科技资源。
d11	73.33	
d12	80	
d13	73.33	
d14	93.33	
d15	86.67	

在第一轮专家咨询结束后，本研究组结合专家意见对体育服务综合体建设路径影响因素做出了相应调整，完成第一轮修订并且重新编号（表 5－10），为进行下一轮专家咨询做准备。

表 5－10 体育服务综合体建设路径影响因素的第一轮修订

一级影响因素	二级影响因素	三级影响因素
A 政府作用	A1 政策法规	a1 规制的完善
		a2 政策指引
		a3 市场监管
	A2 政府规划	a4 区域经济发展的规划和布局
		a5 资产的引入和开发
B 运营管理机构作用	B1 营销策略	b1 赛事活动
		b2 宣传与推广
		b3 精准的市场定位
	B2 服务水平	b4 配套设施供给
		b5 服务和安全保障体系
	B3 管理体系	b6 资产管理
		b7 运营管理
		b8 规划与建设
		b9 人力资源
C 受众群体作用	C1 参与者需求	c1 体育竞技观赏需求
		c2 健身需求
		c3 休闲游憩需求
		c4 教育培训需求

续表 5 - 10

一级影响因素	二级影响因素	三级影响因素	
C　受众群体作用	C2　消费者满意度	c5	服务内容的多样化
		c6	公共设施的便捷程度
		c7	场地设施的维护程度
	C3　参与者经济状况	c8	消费水平
D　社会作用	D1　经济影响因素	d1	区域经济环境
		d2	体育产业发展水平
	D2　社会监督	d3	社会监督实效
	D3　人文因素	d4	体育人口数量
		d5	健康意识
		d6	体育文化氛围
	D4　依托资源	d7	自然人文交通资源
		d8	商业体育科技资源

7) 第二轮专家筛选结果

按照第一轮修订结果制定专家咨询问卷,问卷内容为半开放式,分为重要程度评分和专家建议两项内容,请专家对每个影响因素的重要程度进行评分,并发表意见。对重要程度按李克特(LIKERT)5 分量表法设置分值:"非常重要"对应 5 分、"比较重要"对应 4 分、"一般重要"对应 3 分、"比较不重要"对应 2 分、"非常不重要"对应 1 分。

在专家分别对各影响因素完成评分后计算各影响因素的"意见集中度"和"意见协调度"。"意见集中度"用各影响因素重要性专家评分的算术平均值(M_j)表示;"意见协调度"用各影响因素重要性专家评分的变异系数(V_j)来表示,变异系数越小,说明专家协调度越高。

变异系数计算公式:$V_j = \dfrac{x^2}{M_j}$,即方差与算数平均数的比值,其中 x^2 为专家评分的方差。

第二轮专家咨询结束后,整理专家评分结果,按照上述方法统计各影响因素的集中度和协调程度。为保证影响因素检验与优化过程的科学性,课题组借鉴多数学者的筛选标准,即重要性专家评分的算术平均值≥4.00、变异系数≤0.25 时,对应影响因素有效。

在第二轮的专家咨询结果中(表 5 - 11),一级影响因素和二级影响因素的意见集中度均大于 4.00,且意见协调度均小于 0.25,其中 A 的意见协调度为 0.00。表明专家对一级影响因素和二级影响因素的认可度较高且意见统一,故本轮对一级影响因素和二级影响因素不做修改。三级影响因素的意见集中度均大于 4.00,且意见协调度均小于 0.25,但是个别影响因素的专家集中度趋近于 4.00、意见协调度趋近于 0.25。

5 基于扎根理论的我国体育服务综合体建设路径影响因素分析

专家对 c1、c2、c4 提出不同意见,少数专家提出将"c4 教育培训需求"细化为"体育教育培训需求",另有个别专家提出 c1、c2 同属体育需求。本研究组认同了体育教育培训需求也属于体育需求的观点,结合 c1、c2、c4 的意见集中度和意见协调度分别为 4.333 3、4.333 3、4.133 3 和 0.235 9、0.174 4、0.221 5 的数据,最终商定将 c1、c2、c4 合并。除此之外,专家意见集中在将 d5、d6 合并的观点,数据显示 d5、d6 的意见集中度和意见协调度分别 4.133 3、4.133 3 和 0.189 2、0.221 5,经本研究组商定,将 d5、d6 合并。

表 5-11 第二轮专家咨询中影响因素统计分析参数

影响因素层级	编号	意见集中度	意见协调度
一级影响因素	A	5.000 0	0.000 0
	B	4.730 0	0.041 3
	C	4.530 0	0.054 9
	D	4.800 0	0.033 3
二级影响因素	A1	4.733 3	0.041 3
	A2	4.800 0	0.033 3
	B1	4.600 0	0.052 2
	B2	4.800 0	0.033 3
	B3	4.466 7	0.055 7
	C1	4.533 3	0.054 9
	C2	4.600 0	0.052 2
	C3	4.666 7	0.047 6
	D1	4.400 0	0.054 5
	D2	4.666 7	0.047 6
	D3	4.533 3	0.054 9
	D4	4.533 3	0.054 9
三级影响因素	a1	4.600 0	0.052 2
	a2	4.666 7	0.047 6
	a3	4.400 0	0.054 5
	a4	4.733 3	0.041 3
	a5	4.866 7	0.023 7
	b1	4.533 3	0.054 9
	b2	4.666 7	0.047 6
	b3	4.466 7	0.055 7

续表 5-11

影响因素层级	编号	意见集中度	意见协调度
三级影响因素	b4	4.600 0	0.052 2
	b5	4.866 7	0.023 7
	b6	4.666 7	0.047 6
	b7	4.466 7	0.055 7
	b8	4.733 3	0.041 3
	b9	4.533 3	0.054 9
	c1	4.333 3	0.235 9
	c2	4.333 3	0.174 4
	c3	4.733 3	0.041 3
	c4	4.133 3	0.221 5
	c5	4.733 3	0.041 3
	c6	4.733 3	0.041 3
	c7	4.866 7	0.051 1
	c8	4.866 7	0.023 7
	d1	4.800 0	0.033 3
	d2	4.466 7	0.055 7
	d3	4.800 0	0.033 3
	d4	4.666 7	0.047 6
	d5	4.133 3	0.189 2
	d6	4.133 3	0.221 5
	d7	4.533 3	0.054 9
	d8	4.600 0	0.052 2

在第二轮专家咨询结束后，本研究组结合专家意见对体育服务综合体建设路径影响因素做出了相应调整，完成第二轮修订并且重新编号（表 5-12）。

表 5-12 体育服务综合体建设路径影响因素的第二轮修订

一级影响因素	二级影响因素	三级影响因素
A 政府作用	A1 政策法规	a1 规制的完善
		a2 政策指引
		a3 市场监管
	A2 政府规划	a4 区域经济发展的规划和布局
		a5 资产的引入和开发

续表 5-12

一级影响因素	二级影响因素	三级影响因素	
B 运营管理机构作用	B1 营销策略	b1	赛事活动
		b2	宣传与推广
		b3	精准的市场定位
	B2 服务水平	b4	配套设施供给
		b5	服务和安全保障体系
	B3 管理体系	b6	资产管理
		b7	运营管理
		b8	规划与建设
		b9	人力资源
C 受众群体作用	C1 参与者需求	c1	体育需求
		c2	休闲游憩需求
	C2 消费者满意度	c3	服务内容的多样化
		c4	公共设施的便捷程度
		c5	场地设施的维护程度
	C3 参与者经济状况	c6	消费水平
D 社会作用	D1 经济影响因素	d1	区域经济环境
		d2	体育产业发展水平
	D2 社会监督	d3	社会监督实效
	D3 人文因素	d4	体育文化氛围
		d5	体育人口数量
	D4 依托资源	d6	自然人文交通资源
		d7	商业体育科技资源

5.3.1.2 小样本测试

根据本研究构建的体育服务综合体建设路径影响因素的概念模型,按照上述基本范畴、主范畴和核心范畴的研究成果初步制定问卷。问卷分为 5 个维度,共设置了 30 个问题,用以调查我国体育服务综合体建设路径的影响因素。

根据体育服务综合体建设路径的影响因素序号(表 5-12),5 个维度分别设置为政府作用(QA1—QA5)、运营管理机构作用(QB1—QB9)、受众群体作用(QC1—QC6)、社会作用(QD1—QD7)、CP 建设成效(CP1—CP3)。30 个问题按照李克特 5 分量表法,设置 5 个分值的影响程度评分标准:5 分对应"非常赞同";4 分对应"赞同";3 分对应"一般";2

分对应"不赞同";1 分对应"非常不赞同"。

在全国各种类型体育服务综合体的运营机构、企业、体育部门、行业协会、中介服务机构等利益相关主体中随机选取 150 个目标样本进行小样本测试。回收 137 份,回收率为 91.33%。剔除无效问卷 13 份,最终得到有效问卷 124 份,有效回收率为 82.67%。对 124 份有效数据进行信度效度检验。

1) 信度分析

为了验证本问卷的内部一致性,采用了克隆巴赫 α 系数对本问卷进行信度检验。如表 5-13 所示,问卷的 30 个题项,整体 α 信度系数为 0.916。一级指标"政府作用"维度下共 5 个题目,整体 α 信度系数为 0.877;一级指标"运营管理机构作用"维度下共 9 个题目,整体 α 信度系数为 0.877;一级指标"受众群体作用"维度下共 6 个题目,整体 α 信度系数为 0.801;一级指标"社会作用"维度下共 7 个题目,整体 α 信度系数为 0.892,"建设成效"维度下共 3 个题目,整体 α 信度系数为 0.858。从信度分析的结果中可以看出,α 信度系数均大于 0.7,说明问卷的内部一致性较强,问卷信度水平高,为后续研究结果的有效性提供了强有力的保证。

表 5-13 体育服务综合体建设路径影响因素预测试信度统计表

名称	样本量	题目数	克隆巴赫 α 系数
政府影响(QA)	124	5	0.877
运营管理机构影响(QB)	124	9	0.877
受众群体影响(QC)	124	6	0.801
社会影响(QD)	124	7	0.892
建设成效(CP)	124	3	0.858
总体	124	27	0.916

2) 效度分析

本研究采用探索性因子分析对结构效度进行检验,探索性因子分析简称 EFA,是检验所测结果结构效度的重要方法,通过对庞杂测量的简化,找出可能存在于测量变量背后的公共因子,使其更为明确。首先需要通过 KMO 和 Bartlett 球形检验,KMO 值是相关系数与偏相关系数的一个比值,可用作对取样足够性的度量,按统计学的要求 KMO 值与 1 越接近越好[1]。当 KMO 值<0.6 时是不适合做因子分析的。本研究的 KMO 值为 0.886 很接近 1,说明样本量足够大。Bartlett 球形检验的显著性概率 $P<0.001$,说明采用因子分析法处理样本结果数据完全适用(表 5-14)。

---

[1] G S W. Rutherford. Multivariate Data Analysis with Readings[J]. Journal of the Royal StatisticalSociety: Series D(The Statistician),1988,37:4-5.

5 基于扎根理论的我国体育服务综合体建设路径影响因素分析

表 5-14 预测试第一次探索性因子分析 KMO 和 Bartlett 检验

KMO 值	Bartlett 球形度检验		
	近似卡方值	自由度	显著性
0.886	5 381.941	435	0.000

运用 SPSS 24.0 软件对体育服务综合建设路径影响因素的 30 个题项进行探索性因子分析,得出各指标间的相关系数、相关矩阵、特征值、贡献率及累计贡献率。本文通过主成分分析法,根据提取特征值的原则提取了特征值大于 1 的因子,得到的前 5 个因子即主成分,其累计贡献率达到 71.099%,按照社会科学统计分析的要求,能够达到反映总体的信息量的要求(表 5-15),但由于部分题项因子载荷值小于 0.5(QD3)或者部分题项因子载荷横跨两个因子(QB2、QB6),需对该题项进行删除,然后对剩余的 27 个题项再进行第二次探索性因子分析(表 5-16)。

表 5-15 预测试第一次探索性因子分析总方差解释

成分	初始特征值			提取载荷平方和			旋转载荷平方和		
	总计	方差百分比(%)	累积(%)	总计	方差百分比(%)	累积(%)	总计	方差百分比(%)	累积(%)
1	10.033	37.160	37.160	10.033	37.160	37.160	5.158	19.104	19.104
2	3.311	12.264	49.424	3.311	12.264	49.424	4.038	14.957	34.061
3	2.193	8.121	57.545	2.193	8.121	57.545	3.650	13.520	47.581
4	2.034	7.535	65.079	2.034	7.535	65.079	3.545	13.129	60.710
5	1.625	6.020	71.099	1.625	6.020	71.099	2.805	10.389	71.099

提取方法:主成分分析法。

表 5-16 预测试第一次探索性因子分析旋转后的成分矩阵[a]

题项	成分				
	1	2	3	4	5
QC1	0.165	0.042	**0.831**	0.259	0.085
QC2	0.133	0.030	**0.887**	0.227	0.052
QC3	0.138	−0.065	**0.853**	0.186	0.143
QC4	0.214	0.043	**0.748**	0.348	0.048
QC5	0.029	0.154	**0.792**	−0.080	0.121
QC6	0.183	0.148	**0.615**	0.222	0.078
QB1	**0.722**	0.085	0.047	0.241	0.127
QB2	**0.505**	0.176	0.495	0.100	0.044

续表 5-16

题项	成分				
	1	2	3	4	5
QB3	**0.755**	0.148	0.095	0.183	0.137
QB4	**0.793**	0.079	0.031	0.200	−0.021
QB5	**0.780**	0.194	0.082	0.090	0.192
QB6	**0.552**	0.067	0.514	0.162	0.268
QB7	**0.676**	0.132	0.285	0.115	0.224
QB8	**0.706**	0.207	0.226	0.110	0.202
QB9	**0.746**	0.063	0.077	0.233	0.163
QD1	0.158	**0.831**	0.123	0.092	0.135
QD2	0.014	**0.811**	−0.054	0.187	0.190
QD3	0.406	**0.468**	0.234	0.178	0.203
QD4	0.119	**0.755**	0.055	0.071	0.104
QD5	0.099	**0.829**	−0.031	0.222	0.003
QD6	0.183	**0.818**	0.136	0.100	0.094
QD7	0.222	**0.676**	0.066	0.111	0.081
QA1	0.342	0.194	0.274	**0.636**	0.145
QA2	0.268	0.340	0.114	**0.689**	0.125
QA3	0.230	0.192	0.252	**0.755**	0.082
QA4	0.250	0.195	0.245	**0.747**	0.077
QA5	0.274	0.130	0.314	**0.739**	0.107
CP1	0.182	0.096	0.203	0.095	**0.768**
CP2	0.135	0.136	0.104	−0.007	**0.687**
CP3	0.100	0.142	0.003	0.298	**0.651**

提取方法：主成分分析法。
旋转方法：凯撒正态化最大方差法。
a：旋转在 5 次迭代后已收敛。

第二次探索性因子分析的 KMO 值为 0.898（良好），近似卡方为 4 274.326，自由度为 351，显著性 $P<0.001$（表 5-17）。自动降维后获得 5 个公共因子的方差总解释率达到了 79.782%，达到因子分析的要求（表 5-18）。各个因子载荷系数均在 0.6 以上，表明各个因子之间存在良好的区分度，而且每个因子内部的观测变量之间存在高度的相关性

5 基于扎根理论的我国体育服务综合体建设路径影响因素分析

(表 5-19),由此得出该问卷效度符合标准要求的结论[①]。

表 5-17　预测试第二次探索性因子分析 KMO 和 Bartlett 检验

KMO 值	Bartlett 球形度检验		
	近似卡方值	自由度	显著性
0.898	4274.326	351	0.000

表 5-18　预测试第二次探索性因子分析总方差解释

成分	初始特征值			提取载荷平方和			旋转载荷平方和		
	总计	方差百分比(%)	累积(%)	总计	方差百分比(%)	累积(%)	总计	方差百分比(%)	累积(%)
1	12.493	44.619	44.619	12.493	44.619	44.619	5.461	19.503	19.503
2	3.644	13.015	57.634	3.644	13.015	57.634	5.217	18.632	38.135
3	2.526	9.022	66.656	2.526	9.022	66.656	4.913	17.547	55.682
4	2.208	7.886	74.542	2.208	7.886	74.542	3.642	13.006	68.688
5	1.467	5.240	79.782	1.467	5.240	79.782	3.106	11.094	79.782

提取方法:主成分分析法。

表 5-19　预测试第二次探索性因子分析旋转后的成分矩阵[a]

题项	成分				
	1	2	3	4	5
QC1	0.156	**0.831**	0.037	0.265	0.123
QC2	0.128	**0.889**	0.027	0.229	0.209
QC3	0.149	**0.853**	−0.071	0.182	−0.132
QC4	0.196	**0.749**	0.035	0.356	0.161
QC5	0.004	**0.792**	0.147	−0.061	0.171
QC6	0.173	**0.620**	0.152	0.225	0.236
QB1	**0.773**	0.050	−0.077	0.229	0.073
QB3	**0.757**	0.102	0.151	0.193	0.123
QB4	**0.814**	0.038	0.079	0.200	−0.102
QB5	**0.805**	0.096	0.207	0.085	0.152
QB7	**0.697**	0.287	0.119	0.121	0.195

[①] Kaiser H F. An index of factorial simplicity[J]. Psychometrika,1974,39(1):31-36.

续表 5-19

题项	成分				
	1	2	3	4	5
QB8	**0.722**	0.230	0.198	0.116	0.122
QB9	**0.703**	0.086	0.071	0.262	0.173
QD1	0.145	0.129	**0.832**	0.105	0.076
QD2	0.011	−0.047	**0.819**	0.187	0.136
QD4	0.125	0.064	**0.760**	0.068	0.126
QD5	0.094	−0.023	**0.836**	0.223	0.216
QD6	0.178	0.144	**0.824**	0.109	0.199
QD7	0.228	0.064	**0.657**	0.124	0.270
QA1	0.344	0.270	0.181	**0.641**	0.233
QA2	0.268	0.114	0.333	**0.688**	0.203
QA3	0.211	0.250	0.189	**0.764**	0.166
QA4	0.219	0.246	0.195	**0.761**	0.139
QA5	0.254	0.311	0.123	**0.750**	0.196
CP1	0.191	0.108	0.073	0.206	**0.768**
CP2	0.142	−0.021	0.123	0.109	**0.698**
CP3	0.110	0.318	0.102	0.008	**0.648**

提取方法：主成分分析法。
旋转方法：凯撒正态化最大方差法。
a：旋转在 5 次迭代后已收敛。

通过第二次探索性因子分析，得到该 27 个题项的结构效度很好，根据提取的 5 个因子将 27 个题项归为政府作用、运营管理机构作用、受众群体作用、社会作用和建设成效。其中 1—24 题项分别对应着体育服务综合体建设路径的 24 个影响因素，25—27 题项为体育服务综合体建设成效的 3 个观察变量，由此确定了本研究正式调查量表的所有题项。

5.3.2 我国体育服务综合体的调查结果

5.3.2.1 选取样本

在全国范围内选取体育场馆型体育服务综合体、商业空间载体型体育服务综合体、户外运动休闲型体育服务综合体、其他类型体育服务综合体的运营机构、企业、体育部门、行业协会、中介服务机构等利益相关主体，并发放李克特 5 分量表形式的调查问卷

600份。运用SPSS 26.0软件、AMOS软件进行定量的探索性及验证性因素分析,由此明确我国体育服务综合体建设路径影响因素并量化其重要性。

5.3.2.2 制定问卷

根据以上小样本测试结果,采用上述同样的问卷制定方法制定问卷,按照(表5-20)中序号,分5个维度,设置27个问题。5个维度分别为政府影响(QA)、运营管理机构影响(QB)、受众群体影响(QC)、社会影响(QD)和建设成效(CP)。依照李克特5分量表法设置5个级别的评分标准:5分对应"非常赞同";4分对应"赞同";3分对应"一般";2分对应"不赞同";1分对应"非常不赞同"。

表5-20 调查问卷题项设计

维度	题项	影响因素		来源
A 政府影响	QA1	a1	规制的完善	扎根理论
	QA2	a2	政策指引	
	QA3	a3	市场监管	
	QA4	a4	区域经济发展的规划和布局	
	QA5	a5	资产的引入和开发	
B 运营管理机构影响	QB1	b1	赛事活动	扎根理论
	QB3	b3	精准的市场定位	
	QB4	b4	配套设施供给	
	QB5	b5	服务和安全保障体系	
	QB7	b7	运营管理	
	QB8	b8	规划与建设	
	QB9	b9	人力资源	
C 受众群体影响	QC1	c1	体育需求	扎根理论
	QC2	c2	休闲游憩需求	
	QC3	c3	服务内容的多样化	
	QC4	c4	公共设施的便捷程度	
	QC5	c5	场地设施的维护程度	
	QC6	c6	消费水平	
D 社会影响	QD1	d1	区域经济环境	扎根理论
	QD2	d2	体育产业发展水平	
	QD4	d4	体育文化氛围	

续表 5-20

维度	题项	影响因素	来源
D 社会影响	QD5	d5 体育人口数量	扎根理论
	QD6	d6 自然人文交通资源	
	QD7	d7 商业体育科技资源	
CP 建设成效	CP1	体育服务综合体的建设速度很快	专家筛选
	CP2	体育服务综合体的建设质量很高	
	CP3	群众对体育服务综合体的建设满意程度高	

5.3.2.3 发放与回收问卷

本次问卷调查以问卷星为载体,通过分层抽样法面向全国体育服务综合体的运营机构、企业、体育部门、行业协会、中介服务机构等利益相关主体发放 600 份问卷。回收问卷 560 份,回收率为 93.33%。其中有效问卷 543 份,有效回收率为 90.5%(表 5-21)。

表 5-21 有效样本描述

人口统计学变量	题项	数目	百分比
性别	男	327	60.22%
	女	216	39.78%
体育服务综合体类型	运动场馆型	211	38.86%
	休闲型	179	32.96%
	商务型	153	28.18%
单位性质	运营机构	144	26.52%
	企业	107	19.70%
	体育部门	105	19.34%
	行业协会	92	16.94%
	中介服务机构	95	17.50%

5.3.3 调查数据的因子分析

本研究通过规范的检验流程,依次对问卷数据展开共同方法偏差检验、验证性因素分析、整体适配度检验等信度分析与效度分析操作,以进一步确保正式量表及调研数据的可靠性与有效性。

5 基于扎根理论的我国体育服务综合体建设路径影响因素分析

5.3.3.1 共同方法变异检验

共同方法变异(CMB)检验方法中,Harman单因素检验方法的使用最为普遍。运用SPSS 26.0进行探索性因子分析,可检验所得数据是否存在共同方法变异问题。数据通过检验须满足两个条件:一是特征值大于1的主成分超过1个(最少两个);二是第1个主成分方差解释率低于40%[①]。本研究通过主成分分析法对全部变量进行探索性因子分析,未旋转的因子分析结果表明特征值大于1的共同因子有5个(>1),且首个主成分方差解释率为18.75%(<40%)。因此,本研究正式问卷调查所收集的数据共同方法变异问题并不突出(表5-22)。

表5-22 共同方法变异检验统计表

成分	初始特征值			提取载荷平方和			旋转载荷平方和		
	总计	方差百分比(%)	累积(%)	总计	方差百分比(%)	累积(%)	总计	方差百分比(%)	累积(%)
1	9.959	36.885	36.885	9.959	36.885	36.885	5.062	18.750	18.750
2	2.415	8.943	45.828	2.415	8.943	45.828	3.848	14.251	33.001
3	1.854	6.866	52.694	1.854	6.866	52.694	3.214	11.902	44.903
4	1.624	6.016	58.710	1.624	6.016	58.710	2.903	10.751	55.654
5	1.309	4.850	63.560	1.309	4.850	63.560	2.135	7.906	63.560
6	0.863	3.196	66.756						
7	0.817	3.025	69.781						
8	0.738	2.734	72.515						
9	0.686	2.539	75.054						
10	0.616	2.282	77.336						
11	0.594	2.201	79.537						
12	0.584	2.165	81.702						
13	0.563	2.084	83.786						
14	0.517	1.916	85.702						
15	0.485	1.797	87.499						
16	0.475	1.761	89.260						
17	0.438	1.623	90.883						
18	0.397	1.470	92.353						

---

① 周浩,龙立荣.共同方法偏差的统计检验与控制方法[J].心理科学进展,2004,12(6):942.

续表 5-22

成分	初始特征值			提取载荷平方和			旋转载荷平方和		
	总计	方差百分比(%)	累积(%)	总计	方差百分比(%)	累积(%)	总计	方差百分比(%)	累积(%)
19	0.371	1.376	93.729						
20	0.334	1.239	94.968						
21	0.308	1.141	96.109						
22	0.288	1.066	97.175						
23	0.261	0.967	98.142						
24	0.213	0.789	98.931						
25	0.153	0.568	99.499						
26	0.092	0.339	99.838						
27	0.044	0.162	100.000						

提取方法：主成分分析法。

5.3.3.2 验证性因素分析

验证性因素分析简称 CFA，是 SEM 分析的一部分。一般认为在正式构建结构方程模型前需要对每个构面进行验证性因素分析[1]。在探索式因子分析中共提取了 5 个因子。本研究对所有构面进行 CFA 分析，模型的 5 个构面为：政府作用、运营管理机构作用、受众群体作用、社会作用和建设成效。

政府作用构面总计 5 个题项，经 CFA 分析后，可以看到每个题项的标准化结果均超过 0.6，并且未超过 0.95，所有题项均可保留（图 5-16）。除此之外，该构面模型的各拟

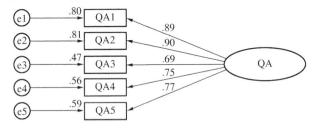

卡方值=52.215，自由度=5，卡方值/自由度=10.443
CFI=.972，IFI=.972，AGFI=.897，TLI=.945，RMSEA=.132

图 5-16 政府作用一阶验证分析图（标准化解）

图片来源：AMOS 软件导出。

---

[1] Jackson D L, Gillaspy J A, Purc-Stephenson R. Reporting practices in confirmatory factor analysis: An overview and some recommendations[J]. Psychological methods, 2009, 14(1), 6-23.

5 基于扎根理论的我国体育服务综合体建设路径影响因素分析

合指标:CMIN=52.215,DF=5,CMIN/DF=10.443,CFI=0.972,IFI=0.972,AGFI=0.897,TLI=0.945,RMSEA=0.132,根据与模型拟合指标对比得知 CMIN/DF、AGFI 和 RMSEA 的值不在可接受范围内(表5-23),说明该构面拟合程度稍差,需要对模型进行适当修改。

表 5-23 政府作用构面 CFA 检验结果

拟合指标	CMIN/DF	CFI	IFI	AGFI	TLI	RMSEA
参考值	<3	>0.9	>0.9	>0.9	>0.9	<0.08
模型拟合结果	10.443	0.972	0.972	0.897	0.945	0.132
对比结果	不可接受	理想	理想	不理想	理想	不可接受

如果模型拟合值在规定标准范围内,则说明模型拟合尚可,不需修正模型;反之,则需要根据修正参数(M.I.)修改模型以实现良好的拟合度。M.I.修正指数指的是当自由度为1时,估计修正前后卡方值之间的差异。在对模型进行修正时,依照 MacKinnon 的修正方法,根据题项因素的理论实际意义及 M.I.修正参数的相关系数,删除某一项或多项题项,从而让模型更简化,这样比给某些残差拉相关性更具有统计学意义[①]。在 Amos Graphics 的 Output 窗口中打开 Modification Indices,根据 M.I.修正参数(表5-24),选取 M.I.修正参数最大时对应的残差相互关系项,通过对比分析删除某一项题项使卡方值减少最多,此处将 e3 即题项 QA3 删除,得到政府作用构面一阶模型修正拟合图(图5-17)。

表 5-24 政府作用构面 M.I.修正参数

构面	残差相互关系	M.I.	Par Change
政府作用	e3↔e1	22.658	0.049
	e3↔e2	28.485	−0.055
	e4↔e2	4.761	0.020
	e5↔e1	6.808	−0.022

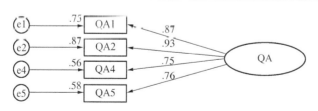

卡方值=.301,自由度=2,卡方值/自由度=.150
CFI=1.000,IFI=1.001,GFI=1.000,TLI=1.004,RMSEA=.000

图 5-17 政府作用一阶修正拟合图(标准化解)

图片来源:AMOS 软件导出。

---

① Mackinnon D P. Introduction to statistical mediation analysis[M]. Mahwah,NJ:Erlbaum,2008:38-43.

运营管理机构作用构面总计 7 个题项，经过 CFA 后发现所有题项的标准化系数均大于 0.6 且未超过 0.95，所以所有题项予以保留（图 5-18）。

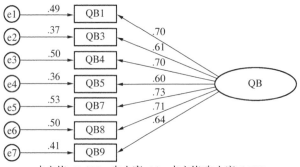

卡方值=51.829，自由度=14，卡方值/自由度=3.702
CFI=.971，IFI=.971，AGFI=.949，TLI=.956，RMSEA=.071

图 5-18　运营管理机构作用一阶验证分析图（标准化解）

图片来源：AMOS 软件导出。

通过与模型拟合度各参考值对比发现 CMIN、DF、CFI、IFI、AGFI、TLI、RMSEA 等指标达到可接受范围，只有 CMIN/DF 为 3.702＞3，未达到可接受范围，需对该构面模型做进一步修正（表 5-25）。

表 5-25　运营管理机构作用构面 CFA 检验结果

拟合指标	CMIN/DF	CFI	IFI	AGFI	TLI	RMSEA
参考值	＜3	＞0.9	＞0.9	＞0.9	＞0.9	＜0.08
模型拟合结果	3.702	0.971	0.971	0.949	0.956	0.071
对比结果	不可接受	理想	理想	理想	理想	理想

根据 M.I. 修正参数（表 5-26）对模型进行修正，在 Amos Graphics 的 Output 窗口中打开 Modification Indices，选取 M.I. 修正参数最大时对应的残差相互关系项，通过对比分析删除某一项题项使卡方值减少最多，此处将 e4 即题项 QB5 删除，得到运营管理作用构面的一阶模型拟合图（图 5-19）。

表 5-26　运营管理机构作用构面 M.I. 修正参数

构面	残差相互关系	M.I.	Par Change
运营管理机构作用	e2↔e7	6.619	−0.108
	e3↔e2	4.760	0.077
	e4↔e5	11.703	−0.157
	e4↔e7	9.012	0.149
	e4↔e6	10.911	0.169

5 基于扎根理论的我国体育服务综合体建设路径影响因素分析

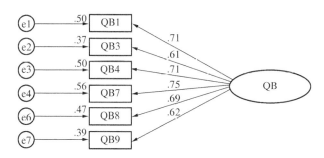

卡方值=18.176，自由度=9，卡方值/自由度=2.020
CFI=.991, IFI=.991, AGFI=.975, TLI=.986, RMSEA=.043

图 5-19 运营管理机构作用一阶模型修正拟合图（标准化解）

图片来源：AMOS 软件导出。

受众群体作用构面总计 6 个题项，经过 CFA 后发现所有题项的标准化系数均大于 0.6 且未超过 0.95，所以 6 个题项全部予以保留（图 5-20）。

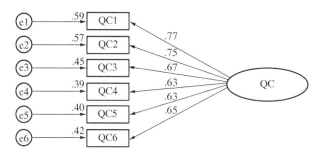

卡方值=32.339，自由度=9，卡方值/自由度=3.593
CFI=.979, IFI=.979, AGFI=.952, TLI=.965, RMSEA=.069

图 5-20 受众群体作用一阶验证分析图（标准化解）

图片来源：AMOS 软件导出。

从受众群体作用构面 CFA 检验结果（表 5-27）可以看出，模型拟合结果 CMIN/DF 的值为 4.042>3，不在可接受范围，说明模型拟合不好，需对该模型进行修正。

表 5-27 受众群体作用构面 CFA 检验结果

拟合指标	CMIN/DF	CFI	IFI	AGFI	TLI	RMSEA
参考值	<3	>0.9	>0.9	>0.9	>0.9	<0.08
模型拟合结果	4.042	0.979	0.979	0.952	0.965	0.69
对比结果	不可接受	理想	理想	理想	理想	理想

在受众群体作用构面，根据 M.I. 修正参数（表 5-28）对模型进行修正，在 Amos Graphics 的 Output 窗口中打开 Modification Indices，选取 M.I. 修正参数最大时对应的残差相互关系项，通过对比分析删除某一项题项使卡方值减少最多，此处将 e4 即题项

QC4 删除,得到政府作用构面一阶模型修正拟合图得到受众群体构面一阶模型拟合图(图 5-21)。

表 5-28 受众群体作用构面 M.I.修正参数

构面	残差相互关系	M.I.	Par Change
受众群体作用	e2↔e1	4.867	−0.059
	e2↔e3	8.953	0.068
	e4↔e3	12.010	0.102
	e4↔e2	6.801	−0.071
	e5↔e1	6.039	−0.060

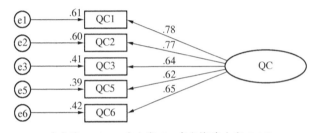

卡方值=13.301,自由度=5,卡方值/自由度=2.660
CFI=.990,IFI=.991,AGFI=.971,TLI=.981,RMSEA=.055

图 5-21 受众群体作用一阶模型修正拟合图(标准化解)

图片来源:AMOS 软件导出。

社会作用构面总计 6 个题项,经过 CFA 后发现所有题项的标准化系数均大于 0.6 且未超过 0.95,所以予以保留(图 5-22)。

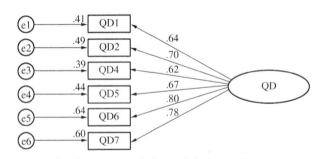

卡方值=29.464,自由度=9,卡方值/自由度=3.274
CFI=.983,IFI=.983,AGFI=.959,TLI=.972,RMSEA=.065

图 5-22 社会作用一阶验证分析图(标准化解)

图片来源:AMOS 软件导出。

通过对该构面模型的各拟合指标的对比发现(表 5-29):CFI、IFI、AGFI、TLI 及 RMSEA 值分别为 0.983、0.983、0.959、0.972 和 0.065,这五项指标均在可接受范围内。

5 基于扎根理论的我国体育服务综合体建设路径影响因素分析

但是 CMINF/DF 值为 3.274＞3,根据与模型拟合指标对比,这项指标不在可接受范围内,说明模型拟合度不好,后期需对该构面模型做修正。

表 5-29 政府作用构面 CFA 检验结果

拟合指标	CMIN/DF	CFI	IFI	AGFI	TLI	RMSEA
参考值	＜3	＞0.9	＞0.9	＞0.9	＞0.9	＜0.08
模型拟合结果	3.274	0.983	0.983	0.959	0.972	0.065
对比结果	不可接受	理想	理想	理想	理想	理想

在 Amos Graphics 的 Output 窗口中打开 Modification Indices,根据 M.I.修正参数(表 5-30),选取 M.I.修正参数最大时对应的残差相互关系项,通过对比分析删除某一项题项使卡方值减少最多,此处将 e4 即题项 QD4 删除,再运行运算,得到社会作用构面模型拟合图(图 5-23)。

表 5-30 社会作用构面 M.I.修正参数

构面	残差相互关系	M.I.	Par Change
社会作用	e6↔e2	4.978	−0.062
	e4↔e2	10.030	0.089
	e4↔e3	5.189	−0.082

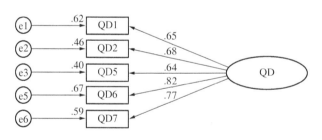

卡方值=7.333,自由度=5,卡方值/自由度=1.467
CFI=.998, IFI=.998, AGFI=.983, TLI=.995, RMSEA=.029

图 5-23 社会作用一阶模型修正拟合图(标准化解)

图片来源:AMOS 软件导出。

建设成效构面总计 3 个题项,在 CFA 时发现数据点数目与模型中待估计参数数目相同,模型的自由度等于 0,卡方值也等于 0,模型刚好被识别,这种数据与模型形成完美适配的情形被称为饱和模型(saturated model)[①]。该构面 3 个题项通过 CFA 验证,全部保留(图 5-24)。

---

① Byrne, B M. Structural equation modeling with Amos: Basic concepts, applications and programming[M]. New Jersey: Lawrence Erlbaum Associates, 2001.

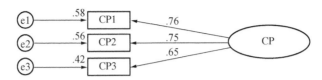

图 5-24 建设成效一阶模型拟合图

图片来源：AMOS 软件导出。

5.3.3.3 模型适配度检验

基于各题项与变量之间的从属关系，本研究运用 Amos 24.0 软件，采用最大似然估计法，通过验证性因子分析后进行模型的构建，对正式调查所得到的数据开展整体拟合度验证。首次建立模型时，将运行结果对照拟合标准来考察测量模型的整体拟合情况，整体适配度指数如未符合标准，需要依照结构方程模型的评价指标及修正原则调试、修正模型使之趋向合理。

模型修正时若题项的测量变量和潜在变量之间的标准化系数小于0.6，需将题项进行删除，对于特殊原因无法删除的题项以及部分拟合指标需通过模型修正来进行优化。在对模型进行修正时，可以在 AMOS 软件 Output 功能查看 M.I. 修正指数，通过对比分析，删除残差项使得模型卡方值减少最大，使模型适配指标都达到标准[1]。修正后的模型适配值表明模型适配度良好，最终确立模型。通过修正政府作用、运营管理机构作用、受众群体作用、社会作用和建设成效五个构面拟合值统计表（表 5-31），最终得出以上五个构面拟合指标均达到理想范围，各构面模型得到确认。修正后的模型绝对拟合参数卡方值（CMIN）为 604.858，自由度（DF）为 220，卡方与自由度的比值为 2.749 小于 3.0，修正的拟合优度指数（AGFI）为 0.913，拟合残差（RMSEA）为 0.057，非增值拟合度（TLI）为 0.927，增值拟合度指数（IFI）为 0.937，比较拟合度指数（CFI）为 0.936。综合考虑，本研究测量模型的拟合程度比较理想，整体适配度较好，最终构建出体育服务综合体建设路径影响因素一阶因子模型（图 5-25）。

表 5-31 一阶模型配适度指标统计

拟合指标	CMIN/DF	CFI	IFI	AGFI	TLI	RMSEA
参考值	<3	>0.9	>0.9	>0.9	>0.9	<0.08
政府作用	0.150	1.000	1.001	0.999	1.004	0.000

---

[1] 刘畅.基于 SEM 的施工企业信用评价体系研究[D].福建：福建农林大学，2017：48-50.

5 基于扎根理论的我国体育服务综合体建设路径影响因素分析

续表 5-31

拟合指标	CMIN/DF	CFI	IFI	AGFI	TLI	RMSEA
运营管理机构作用	2.020	0.991	0.991	0.975	0.986	0.043
受众群体作用	2.660	0.990	0.991	0.971	0.981	0.055
社会作用	1.467	0.998	0.998	0.983	0.995	0.029
建设成效	0	1	1	—	—	—
整体模型	2.749	0.936	0.937	0.913	0.927	0.057

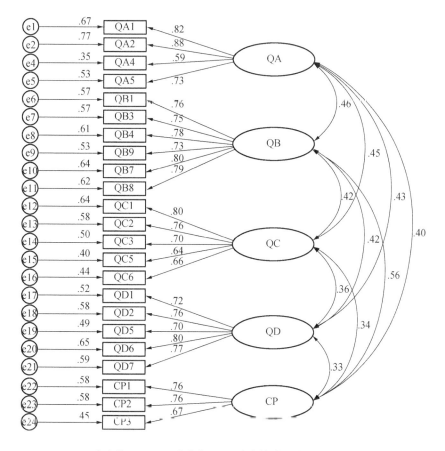

卡方值=604.858，自由度=220，卡方值/自由度=2.749
CFI=.936, IFI=.937, GFI=.913, TLI=.927, RMSEA=.057

图 5-25　体育服务综合体建设路径作用因素一阶因子模型（标准化解）

图片来源：AMOS软件导出。

5.4 体育服务综合体建设路径影响因素结构模型的构建

本部分研究将在本章构建的体育服务综合体建设路径作用因素正式量表的基础上，基于已提取的政府作用、运营管理机构作用、受众群体作用、社会作用四大因素，构建体育服务综合体建设路径作用因素假设模型，并采用结构方程模型理论对假设模型进行拟合度检验和评价，进而对模型进行修正，最终构建出体育服务综合体建设路径作用因素模型。整个作用因素模型的构建分为假设模型构建、模型拟合、模型评价和模型修正四个步骤，使用 AMOS 24.0 软件进行结构方程模型的相关分析。

5.4.1 体育服务综合体建设路径作用因素假设模型建构

本研究根据前文中扎根理论归纳出的体育服务综合体建设路径的作用因素，结合专家一致性数据和探索性研究，再根据上文对影响因素的选择和优化以及因素分析的结果，用 AMOS 软件构建模型并进行检验，提出体育服务综合体建设路径影响因素的假设模型（图 5-26）。模型理论框架代表着变量间的相互影响作用，包括政府作用、运营管理机构作用、受众群体作用、社会作用以及建设成效 5 个构面，总计包括 23 个观测变量。

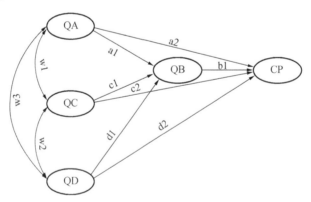

图 5-26　体育服务综合体建设路径作用因素假设模型

图片来源：AMOS 软件导出。

5.4.2 体育服务综合体建设路径影响因素假设模型的阐述

影响因素是指决定某事物达成目的原因和条件，它与事物的目的有着正向或反向的关系。一级影响因素政府作用、运营机构作用、受众群体作用、社会作用构成了体育服务综合体建设路径的参与主体,四者对体育服务综合体建设路径的影响作用处于一种动态平衡的状态(图 5-27)。

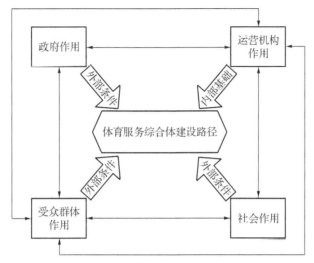

图5-27 体育服务综合体建设路径作用因素间关系示意图

图片来源:根据 4 个一级影响因素之间关系绘制。

政府、社会和受众群体是体育服务综合体路径建设的外部作用力,运营机构是内部助推力。因此,亦可将政府、社会和受众群体归结为体育服务综合体建设路径的外部影响因素,将运营机构归结为体育服务综合体建设路径的内部影响因素,同时外部影响因素会根据内部影响因素的变化做出相应的调整。

体育服务综合体建设路径是在外部影响因素和内部影响因素的共同作用下逐步建立和完善体育服务综合体的过程。外部影响因素的形成是内部影响因素的先决条件,故外部影响因素是条件,内部影响因素是基础,外部影响因素通过内部影响因素而起作用。

5.4.3 体育服务综合体建设路径影响因素结构方程模型构建的理论

自 1917 年 4 月毛泽东主席在《新青年》发表《体育之研究》到习近平总书记发表的关于体育强国建设的一系列重要论述,百余年的复兴之路,党和国家领导人带领人民坚定不移走中国特色社会主义体育发展道路。

在政府持续推动深化改革作用下,有关部门陆续出台了多个文件及多项政策,指引与扶持体育产业运营机构的改革与资源的整合。我国体育产业运营机构为顺应新时代体育产业发展趋势,创新体育产业融合发展模式,转变体育空间布局与产业链供给模式,在全国各地建立了一大批体育服务综合体。随着体育产业规制陆续建立与完善,市场监管职能逐渐趋于健全,在政府的科学规划下,我国正从体育大国向体育强国迈进。党的十九届五中全会以后,我国已转向高质量发展阶段,经济长期向好。在社会主义制度优势下,体育产业的发展得到了精准治理与效能提升,我国体育服务综合体建设发展态势将长期向好,期望在2035年完成体育强国的远大目标。

近年来,马拉松、自行车、滑雪等赛事活动的快速发展已经成为某一空间载体的"名片",冰雪小镇、体育小镇等以赛事、旅游、休闲康养为市场定位的体育服务综合体前景广阔。谷文立等认为,配套设施、交通服务、合理营销手段及宣传力度对客户评价产生正向影响[①]。合理的营销策略、高质量的服务,有利于刺激体育消费水平的提升、增加消费粘性,进而提升体育服务综合体的经济效益。科学的管理体系及适宜的融资模式是体育服务综合体良性发展的基础保障。在政策的指引与扶持下,我国体育服务综合体的运营机构正走在探索以服务于人民为根本任务的体育产业高质量发展道路上。

习近平指出,把人民作为发展体育事业的主体,建设体育强国最终服务于人民的需求和人的全面发展。体育服务综合体是人民参与体育活动的载体,要持续深化改革体育服务综合体,顺应人民需求,开拓其新功能。人民的需求是指体育服务综合体参与者的需求,即消费需求和公共体育服务需求。研究表明,参与者需求是体育服务综合体发展的前提基础,参与者满意度和消费粘性与参与消费(体育运动)频次成正相关[②③]。消费(体育运动)频次与体育服务综合体运营绩效有直接关系,运营机构往往为了提升运营绩效而设置满足参与者需求的设施和服务,使参与者满意度升高。

在经济环境发展的推动下,体育服务综合体成为社会体育经济发展的必然结果。国家体育总局根据空间载体将体育服务综合体分为四类,这里的空间载体可以理解为体育服务综合体所依托的资源。依托的资源不同很可能影响着体育服务综合体的类别划分及建设路径规划。在前期的调研中,晴隆二十四道拐体育服务综合体依托红色历史文化名片及生态旅游资源打造徒步和汽车摩托车两大运动基地,其营销手段是以赛事带动旅游、以旅游宣传赛事的方式,以历史文化为基础打造体育文化氛围吸引人流,形成良性循环的发展态势。因此,经济因素和人文因素对体育服务综合体路径建设存在影响。

根据上述理论提出假设(表5-32)。

表5-32 体育服务综合体建设路径影响因素理论假设表

编号	假设内容
H1	政府作用对体育服务综合体建设路径有正向的影响

---

① 谷文立,李安娜.基于扎根理论的吉林松花湖冰雪小镇建设研究[J].体育科技文献通报,2021,29(9):67-70.
② 丁云霞.体育综合体服务供应链利益主体间的关系及其协调机制研究[D].上海:上海体育学院,2019:66.
③ 蔡振峰.重庆市大型体育场馆消费者满意度及忠诚度的关系研究[D].重庆:西南大学,2017:8.

5 基于扎根理论的我国体育服务综合体建设路径影响因素分析

续表 5-32

编号	假设内容
H1a	QA1 正向影响政府作用因素
H1b	QA2 正向影响政府作用因素
H1c	QA4 正向影响政府作用因素
H1d	QA5 正向影响政府作用因素
H2	运营管理机构作用对体育服务综合体建设路径有正向的影响
H2a	QB1 正向影响运营管理机构作用因素
H2b	QB3 正向影响运营管理机构作用因素
H2c	QB4 正向影响运营管理机构作用因素
H2d	QB7 正向影响运营管理机构作用因素
H2e	QB8 正向影响运营管理机构作用因素
H2f	QB9 正向影响运营管理机构作用因素
H3	受众群体作用对体育服务综合体建设路径有正向的影响
H3a	QC1 正向影响受众群体作用因素
H3b	QC2 正向影响受众群体作用因素
H3c	QC3 正向影响受众群体作用因素
H3d	QC5 正向影响受众群体作用因素
H3e	QC6 正向影响受众群体作用因素
H4	社会作用对体育服务综合体建设路径有正向的影响
H4a	QD1 正向影响社会作用因素
H4b	QD2 正向影响社会作用因素
H4c	QD5 正向影响社会作用因素
H4d	QD6 正向影响社会作用因素
H4e	QD7 正向影响社会作用因素
H5	政府作用对运营管理机构作用有正面影响
H6	受众群体作用对运营管理机构作用有正面影响
H7	社会作用对运营管理机构作用有正面影响
H8	政府作用通过运营管理机构作用的中介作用对建设成效有显著正相关
H9	受众群体作用通过政府作用对体育服务综合体的建设成效有显著的正相关
H10	社会作用通过运营管理机构作用对体育服务综合体的建设成效有显著的正相关

5.4.4 体育服务综合体建设路径影响因素假设模型识别与拟合

5.4.4.1 体育服务综合体建设路径影响因素假设模型识别

结构方程模型(SEM)在 AMOS 中进行检验操作的过程中可能会出现无法辨识的情况,在这种情况下无法顺利进行各个参数估计和拟合度检验。一个能够被识别的模型虽不一定是适配度最优的模型,但一个不能够被识别的模型会因无法估计参数而造成整体无法检验适配。模型识别(model identification)分为低度识别、正好识别和过度识别三种形态;低度识别的模型因为参数无法估计所以模型无法被识别;正好识别是适配度最佳的模型;过度识别的模型是可以进行下一步拟合度检测的模型,经修正之后的模型也是可以接受的。Tabachnik 等人用 t 法则进行模型识别度判别[①]。在模型估计程序中,假设模型中观察变量的数量为 P,那么模型识别(df)的计算公示如下:

$$df = \frac{k(k+1)}{2} - t$$

其中,t 值为待估计自由参数个数,df(Degree of freedom)为测量数据数,P 为模型中所有的观测变量,若 $df>0$,则表示模型过度识别;若 $df=0$,则表示模型正好识别;若 $df<0$,表示模型低度识别。根据上面公式所示,本研究的作用因素假设模型的观测指标(p)是 23 个,因此数据点数目为 $23\times24\div2=276$,$t=55$,所以本研究假设模型的自由度(df)为 $221>0$。因此,该假设模型为过度识别。再根据前文已验证的一阶四因子的模型,信效度均达到可接受范围,所以可以进行下一步的模型拟合度分析。

5.4.4.2 体育服务综合体建设路径影响因素假设模型拟合度分析

通过 AMOS 软件对 SEM 进行模型拟合度的检验,将各观测变量的数据按各构面分别录入 AMOS 24.0 软件中,并设置及命名对应的残差项。通过软件运算显示出结果,说明该模型顺利收敛,可以得出模型的验证结果,从而获得体育服务综合体建设路径影响因素结构方程模型(图 5-28)。

---

① Barbara G T, Lina S F. Using Multivariate Statistics(Fifth Edition)[M]. Needham Heights, MA: Allyn and Bacon, 2001.

5 基于扎根理论的我国体育服务综合体建设路径影响因素分析

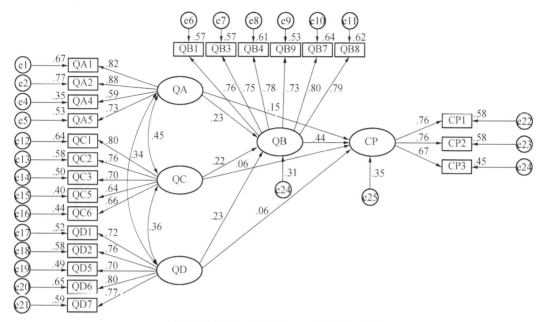

卡方值=604.858，自由度=220，卡方值/自由度=2.749
CFI=.936，IFI=.937，GFI=.913，TLI=.927，RMSEA=.057

图 5-28　体育服务综合体建设路径影响因素结构方程模型

图片来源：AMOS 软件导出。

5.4.4.3　违犯估计分析

模型识别时一般需要验证模型的适配指标要求[①]，当以下五个方面的指标未达到标准要求时，则视为违犯估计：

（1）估计参数的残差项不能是负值（大于 0）；
（2）所有残差项必须达到显著性水平（P 小于 0.05）；
（3）回归系数的相关参数统计值的绝对值越小越好（小于 1）；
（4）潜在变量与观测变量之间的因素负荷量值要符合要求（0.50 至 0.95）；
（5）不能有很大的标准误。

P 值和 C.R. 值检验模型的显著性，其中 P 值表示是否在 0.001 的水平上显著，而 C.R. 值表示非标准化和 S.E. 标准误差的比值[②]。在 AMOS 对模型进行运算后，对"Estimates"中数据结果进行汇总整理，得到的结果如下表 5-33 和表 5-34 所示。

[①] Bagozzi R P, Yi Y. On the evaluation of structural equation models[J]. Academic of Marketing Science, 1998, 16, 76-94.

[②] 吴明隆. 结构方程模型：AMOS 的操作与运用[M]. 重庆：重庆大学出版社，2010: 54.

表 5-33　模型残差估计值统计表

残差项	因素载荷量	标准误	t值	P
e1	0.323	0.028	11.716	***
e2	0.198	0.022	8.854	***
e3	0.677	0.044	15.213	***
e4	0.289	0.021	13.692	***
e5	0.334	0.029	11.322	***
e6	0.326	0.026	12.563	***
e7	0.386	0.028	13.613	***
e8	0.388	0.027	14.525	***
e9	0.295	0.021	14.213	***
e10	0.417	0.03	13.869	***
e11	0.498	0.039	12.934	***
e12	0.554	0.039	14.172	***
e13	0.34	0.028	11.954	***
e14	0.395	0.03	13.038	***
e15	0.495	0.035	14.099	***
e16	0.477	0.034	14.083	***
e17	0.389	0.029	13.631	***
e18	0.468	0.032	14.39	***
e19	0.402	0.03	13.229	***
e20	0.418	0.031	13.496	***
e21	0.621	0.059	10.457	***
e22	0.615	0.059	10.516	***
e23	0.772	0.059	12.983	***
e24	0.455	0.045	10.02	***
e25	0.567	0.066	8.532	***

注：***表示$P<0.001$。

表 5-34　体育服务综合体建设路径作用因素模型参数估计值统计表

变量	非标准化因素载荷	标准误	临界比率	P	标准化因素载荷
QA1	1.000	—	—	—	0.818
QA2	1.002	0.044	22.818	***	0.876

5 基于扎根理论的我国体育服务综合体建设路径影响因素分析

续表 5-34

变量	非标准化因素载荷	标准误	临界比率	P	标准化因素载荷
QA4	0.747	0.053	14.165	***	0.601
QA5	0.706	0.04	17.846	***	0.727
QB1	1.000	—	—	—	0.756
QB3	0.977	0.053	18.344	***	0.754
QB4	0.96	0.05	19.292	***	0.781
QB9	0.903	0.051	17.714	***	0.731
QB7	1.044	0.053	19.69	***	0.801
QB8	1.021	0.053	19.247	***	0.789
QC1	1.000	—	—	—	0.803
QC2	0.862	0.047	18.248	***	0.761
QC3	0.794	0.048	16.487	***	0.705
QC5	0.66	0.045	14.774	***	0.636
QC6	0.614	0.041	15.141	***	0.661
QD1	1.000	—	—	—	0.722
QD2	1.24	0.073	17.099	***	0.764
QD4	1.076	0.069	15.505	***	0.698
QD6	1.168	0.066	17.741	***	0.803
QD7	1.111	0.065	17.007	***	0.766
CP1	1.000	—	—	—	0.764
CP2	0.988	0.065	15.315	***	0.761
CP3	0.846	0.062	13.728	***	0.668

注：* 表示 $P<0.05$，** 表示 $P<0.01$，*** 表示 $P<0.001$。

如表 5-33 所示，本模型的估计参数 S.E.（标准误）值大于零，范围为 0.038~0.073；所有残差 t 值（变异量估计值）均大于 1.96，说明各项均达到 0.05 显著水平；如表 5-34 所示，潜在变量与观测变量之间的标准化因素载荷在 0.601~0.876 之间，满足 0.50 到 0.95 范围的要求，得出参数的标准化估计值均符合要求，至此模型未违反模型基本适配度检验标准，无模型界定错误[①]。

---

① 吴明隆.结构方程模型：AMOS 的操作与运用[M].重庆：重庆大学出版社，2010：54.

5.4.4.4 体育服务综合体建设路径作用因素假设模型拟合度检验

将模型检验结果数据与模型适配度的标准参数进行对比,发现 CMIN、CMIN/DF、RMSEA、GFI、TLI、CFI、IFI 等指标的适配度均在可接受的理想范围内,表明模型的拟合度很好(表 5-35)。

表 5-35 体育服务综合体建设路径作用因素模型拟合度检验

统计检验量	适配的标准	检验结果数据	模型适配度
CMIN	愈小愈好	1209.715	理想
CMIN/DF	<3.0	2.688	理想
GFI	>0.8	0.913	理想
RMSEA	<0.08	0.039	理想
TLI	>0.9	0.929	理想
IFI	>0.9	0.937	理想
CFI	>0.9	0.937	理想

5.5 模型路径分析

5.5.1 测量模型路径分析

经测量模型的实证表明(表 5-34):测量模型的所有题项全部通过检验,能够表达对所在构面的支持作用,所以本文所提出的假设 H1a、H1b、H1c、H1d、H2a、H2b、H2c、H2d、H2e、H2f、H3a、H3b、H3c、H3d、H3e、H4a、H4b、H4c、H4d、H4e 均得到所搜集数据的支持。

5.5.2 结构方程模型路径分析

表 5-36 所列的是表示潜在变量与自变量关系的数据,从中可以得知:在体育服务综合体的建设路径中,政府作用对运营管理机构作用的路径标准化系数为 $a1=0.260, p<0.001$;受众群体作用对运营管理机构作用的路径标准化系数为 $c1=0.218, p<0.001$;社会作用对运营管理机构作用的路径标准化系数为 $d1=0.235, p<0.001$;运营管理机构作用对体育服务综合体的建设成效的路径标准化系数为 $b1=0.441, p<0.001$。由此得知:政府作用、受众群体作用、社会作用对运营管理机构作用均有显著的正向影响;此外运营

管理机构对体育服务综合体的建设成效也有显著的正向影响。基于此,本文所搜集的数据完全支持前面提出的假设 H5、H6、H7、H2。

表 5-36　结构方程模型路径系数统计表

假设	路径	标准化路径系数	标准误	t 值	P 值	假设检验
H5	QA→QB	0.26	0.038	6.894	***	支持
H6	QC→QB	0.218	0.038	5.932	***	支持
H7	QD→QB	0.235	0.044	6.469	***	支持
H2	QB→CP	0.441	0.048	10.511	***	支持

注:***表示 $P<0.001$。

5.5.3　中介效应分析

中介效应的检验采用 Bootstrap 法,设置重新抽取 1000 次和 95% 置信区间,重新估计间接效果的标准误及信赖区间,如果得到的置信区间不包含 0,表明路径系数显著,存在中介效应[①]。国内外多名学者已证实这种中介效应的检验方法比 Baron&Kenny 的因果法和 Sobel 的系数乘积法更具统计效力[②]。根据表 5-37 结果来分析各中介效应是否存在显著性。

表 5-37　中介效应统计表

	路径	标准化路径系数	标准误	95%置信区间		显著性
				下限	上限	
总效应	QA→CP	0.264	0.066	0.136	0.393	显著
	QC→CP	0.160	0.049	0.058	0.255	显著
	QD→CP	0.159	0.063	0.038	0.285	显著
直接效应	QA→CP	0.149	0.07	0.009	0.280	显著
	QC→CP	0.064	0.069	−0.074	0.197	不显著
	QD→CP	0.056	0.071	−0.088	0.194	不显著
间接效应	QA→QB→CP	0.115	0.037	0.053	0.201	显著
	QC→QB→CP	0.096	0.038	0.028	0.179	显著
	QD→QB→CP	0.104	0.032	0.047	0.179	显著

---

① Preacher J, Hayes F. Asymptotic and resampling strategies for assessing and comparing indirect effects in multiple mediator models[J]. Behavior Research Methods, 2008(40):879-891.
② 温忠麟,叶宝娟. 中介效应分析:方法和模型发展[J]. 心理科学进展,2014,22(5):731-745.

受众群体作用对体育服务综合体的建设成效的总效应为 0.16,95% 的置信区间为 0.058 至 0.255,置信区间不包含 0,表明此路径存在且显著;受众群体作用对体育服务综合体的建设成效的直接效应为 0.064,95% 的置信区间为 -0.074 至 0.197,置信区间包含 0,表明此路径存在但不显著;受众群体作用通过运营管理机构作用对体育服务综合体的建设成效的间接效应为 0.096,95% 的置信区间为 0.028 至 0.179,置信区间不包含 0,表明此路径存在且显著。综合分析表明受众群体作用对体育服务综合体的建设成效的总效应存在且显著、直接效应存在而不显著、间接效应存在且显著,所以运营管理机构作用在受众群体作用和建设成效之间起到完全中介效应。

政府作用对体育服务综合体的建设成效的总效应为 0.264,95% 的置信区间为 0.136 至 0.393,置信区间不包含 0,表明此路径存在且显著;政府作用对体育服务综合体的建设成效的直接效应为 0.149,95% 的置信区间为 0.009 至 0.280,置信区间不包含 0,表明此路径存在且显著;政府作用通过运营管理机构作用对体育服务综合体的建设成效的间接效应为 0.115,95% 的置信区间为 0.053 至 0.201,置信区间不包含 0,表明此路径存在且显著。综合分析表明政府作用对体育服务综合体的建设成效的总效应存在且显著、直接效应存在且显著、间接效应也存在且显著,所以运营管理机构作用在社会作用和建设成效之间也起到完全中介效应。

社会作用对体育服务综合体的建设成效的总效应为 0.159,95% 的置信区间为 0.038 至 0.285,置信区间不包含 0,表明此路径存在且显著;社会作用对体育服务综合体的建设成效的直接效应为 0.056,95% 的置信区间为 -0.088 至 0.194,置信区间包含 0,表明此路径存在但不显著;社会作用通过运营管理机构作用对体育服务综合体的建设成效的间接效应为 0.104,95% 的置信区间为 0.047 至 0.179,置信区间不包含 0,表明此路径存在且显著;综合分析表明社会作用对体育服务综合体的建设成效的总效应存在且显著、直接效应存在但不显著、间接效应存在且显著,所以运营管理机构作用在政府作用和建设成效之间起到部分中介效应。

此外,中介效应占比为 $0.115/0.264 \approx 43.6\%$。据此,文中提到的假设 H8、H9、H10 均得到所搜集数据的支持。

5.5.4 结果分析

通过体育服务综合体建立路径影响因素假设模型的检验结果得知,规制的完善、政策指引、市场监管、区域经济发展的规划和布局、资产的引入和开发等 5 项作用因素对体育服务综合体建设路径具有正向作用,能够很好地表达政府对体育服务综合体建设的引领作用。赛事活动、精准的市场定位、配套设施供给、服务和安全保障体系、运营管理、规

5 基于扎根理论的我国体育服务综合体建设路径影响因素分析

划与建设、人力资源等 7 项作用因素对体育服务综合体建设路径具有正向的作用,能够很好地表达运营管理机构对体育服务综合体建设的管理作用。体育需求、休闲游憩需求、服务内容的多样化、公共设施的便捷程度、场地设施的维护程度、消费水平等 6 项作用因素对体育服务综合体建设路径具有正向的作用,能够表达受众群体对体育服务综合体建设的推动作用。区域经济环境、体育产业发展水平、体育文化氛围、体育人口数量、自然人文交通资源、商业体育科技资源对体育服务综合体建设路径具有正向的作用,能够表达社会作用因素。

  实证研究中所提到的理论假设全部通过检验,得到了实证支持。根据所得数据显示:(1)运营管理机构作用对体育服务综合体的建设路径影响最大($\beta=0.264, P<0.001$),并且各项因素影响大小排序为:运营管理>规划与建设>配套设施供给>赛事活动>精准的市场定位>人力资源;(2)政府作用对体育服务综合体的建设路径具有显著正向影响($\beta=0.414, P<0.001$),且各项因素影响大小排序为:政策指引>规制的完善>资产的引入和开发>区域经济发展的规划和布局;(3)受众群体作用对体育服务综合体的建设路径具有正向影响($\beta=0.16, P<0.001$),各项因素影响大小排序为:体育需求>休闲游憩需求>服务内容的多样化>消费水平>场地设施的维护程度;(4)社会作用对体育服务综合体的建设路径具有正向影响($\beta=0.159, P<0.001$),各项因素影响大小排序为:自然人文交通资源>商业体育科技资源>体育产业发展水平>区域经济环境>体育人口数量;(5)体育服务综合体建设路径影响因素中运营管理机构作用>政府作用>社会作用>受众群体作用,并且运营管理机构在政府作用、受众群体作用和社会作用影响体育服务综合体建设路径中起到中介作用,这也说明了运营管理机构是体育服务综合体建设和发展的重要执行者,外部影响因素中政府、社会、人相互作用于运营机构影响其建设、改造其他综合体。运营管理机构围绕消费者的真实需求,为消费者提供可自由选择的多样化体育服务,并通过机制制度安排和公共政策引导,借助社会力量和资源,优化并扩大公共体育服务供给,缓解体育服务领域的供给与需求,发挥出社会效益和经济效益。

6 精准治理视角下的我国
体育服务综合体建设路径研究

6.1 精准治理理论

6.1.1 精准治理理论的诠释

近年来,治理的概念已成为国内外学者和政治决策界的流行语。在探讨"精准治理"术语之前,我们有必要先回顾一下"治理"相关理论体系的起源及发展。

"治理"一词源于希腊文,最初的含义有"操纵引导"的意思。"治理"一词出自 1995 年联合国全球治理委员会发表的《天涯成比邻》的报告中,因注重"参与、平等、回应、责任、合法、有效"等关键词,并从政府与市场、政府与社会、政府与公民这三对互动关系的反思中产生,常用于应对经济社会运行中可能发生的市场失灵或政府失灵[①]。

20 世纪 90 年代以来,"治理"一词因被世界银行、联合国以及国际货币基金等组织的运用其当代涵义被极大拓宽,以世界银行的"全球治理指数(WGI)"为例,其衡量治理的 6 个维度分别为意见与问责、政治稳定与暴力禁止、政府效能、监管质量、法治、腐败控制,包括经济学、政治学以及社会学的广泛内容[②],随着对治理概念的广泛使用,政治领域以及公私部门逐渐形成了一系列以"治理"为核心的战略术语,比如"全球治理""地方治理""社会治理""公共治理""善治"等不同类型和层次的治理概念。

"治理"的相关理论进入中国后,在学界掀起了一股研究的热潮,从中央到地方的各级政府也将"治理"纳入顶层设计之中。2015 年 10 月党的十八届五中全会通过了《中共中央关于制定国民经济和社会发展第十三个五年规划的建议》,明确指出,加强和创新社会治理,推进社会治理精细化,构建全民共建共享的社会治理格局。五中全会首提"社会

---

① 陈光义.大国小镇:中国特色小镇顶层设计与行动路径[M].北京:中国财富出版社,2018,54.
② Norris P. Measuring governance[J]. The Sage handbook of governance,2011:179-200.

治理精细化",这既是对提高社会治理水平提出的新要求,也为社会治理创新指明了方向[1]。"社会治理精细化"是继十八大提出的"加强和创新社会管理"以及十八届三中全会强调的"推进国家治理体系和治理能力现代化"并着手"改进社会治理方式"之后再次将社会治理提档升级,这也预示着中国将全面进入精准治理时代。

"精准治理"作为治理理论体系中涌现出来的一种新的战略术语,其意义与"治理精细化"的理念不谋而合。关于精准治理的内涵,国内外学者给予了不同的诠释,其核心思想均是为了增强和提高治理的效率和治理效果。如美国学者约翰斯顿(Johnston)将精准治理定义为:在增强社会政策决策中,通过一定的技术和系统的集合来代表个人和集体的选择以及政策偏好的一种设计治理基础结构的能力。政策领域的学者认为,精准治理是一种可以通过个人的偏好、群体的需求和环境等信息来增强政策的决策[2]。

国内现有研究中,对精准治理内涵的界定有两种:一种是从社会转型思维入手,认为精准治理在理念上实现了从"社会管理"向"社会治理"的转变,操作层面实现从"精细化"向"精准化"转变[3]。另一种是从范式生成的意义出发,认为精准治理的"问题效应"超越了传统管理的"工具效应",是以民众需求为导向、以知识挖掘为支撑、以政策匹配为目标的回应技术变革与治理需求的政府治理范式的转换过程。也就是说,精准治理是指由政府、公共部门、经授权的组织所秉持或奉行的以政策的分析、制定、发布、实施、调整为主要内容的行动或过程,其目的是实现公共政策与公众需求的匹配、社会的持续平稳发展。精准治理是以全面精准的个体化信息集成为治理基础,以科学严谨的信息挖掘分析为治理前提,以历史最佳的政策知识推理为治理参考,以相宜有效的政策需求匹配为治理目的的治理体系和治理能力的创新再造过程[4]。

还有学者认为,精准治理作为中国场景下政府治理范式的一种进化,相比一般的治理理论体系而言,更讲究治理的目标导向、公民的有效参与、过程的合法透明以及结果的评估监督。也就是说,精准治理是充分利用现代技术等形成的知识网络,在对民众需求准确甄别基础上,明确目标群体,立足实地实情实际实践,政府、社会组织、个体等多元主体协商与合作,利用方式多样的治理工具,采用差异性、在地化的治理方法,通过有效的政策传递和资源流动,提供个性化、有针对性、有效的公共服务,进而满足特定对象的需

---

[1] 中国政府网. 中共中央关于制定国民经济和社会发展第十三个五年规划的建议[EB/OL]. (2015-11-03)[2022-01-19]. http://www.gov.cn/xinwen/2015-11/03/content_5004093.htm.

[2] Hondula D M, Kuras E R, Longo J, et al. Toward precision governance: infusing data into public management of environmental hazards[J]. Public Management Review, 2018, 20: 5, 746-765.

[3] 王阳,叶敏. 从"精细化管理"到"精准化治理":社会治理的理念变革与政府实践:以上海市社会治理改革方案为例[J]. 新视野,2016(1):54-60.

[4] 李大宇,章昌平,许鹿. 精准治理:中国场景下的政府治理范式转换[J]. 公共管理学报,2017,14(1):1-13,154.

求,是一种具有综合性、可持续性、未来前瞻性的治理理念与方式[1]。

6.1.2 精准治理理论的应用价值

Mayntz 说:"医生在给病人治疗前,如不先进行诊断,就无法理智地确定治疗方案。"[2]精准治理在国外通常被视为解决治理失败的一种新方法。作为一种政府管理能力,精准治理首先,因其清晰的目标而被广泛应用于公共行政和管理科学领域,政府为实现城市的总体管理目标,减少碎片化、主动性不足的治理局限性而建立连贯统一的精准治理干预模式[3];其次,精准治理也被应用到危机管理领域,政府的职能之一是保护公共安全,政府和公众也都更加关注自然灾害(如龙卷风、洪涝灾害、暴风雪、极端高温)对健康的影响;再次,精准治理还被应用于网络治理,以及市场和分层治理[4];最后,精准治理还被广泛地应用于体育领域,如欧盟职业体育的治理[5]、全球化背景下的体育精准治理、各国的体育精准治理以及在全球化背景下体育非政府组织(奥林匹克委员会、国际足球联合会等)在体育善治中所发挥的政治角色[6]、国际体育中的善治等等[7]。

精准治理进入中国后,经本土的演化与发展,从根本上突破了传统的"公共行政治理"主动性不足的范式,实现了以民众需求为导向、以知识挖掘为支撑、以政策匹配为目标的回应技术变革与治理需求的政府治理范式的转换。精准治理主要应用到新时期的政府治理改革与发展的各个领域,如扶贫攻坚、扫黑除恶、环境整治等方面的工作,精准治理、精准打击等也成为政府治理的常见词汇。这一治理理论的应用不仅有利于推进我国政府各领域的顶层设计与建设,也为社会各领域提供了一个富有创造力的治理模板。

精准治理被用于中国特色的体育治理领域,为凸显治理的科学性、合理性与规范性,以体育助力精准治理推进体育治理现代化的研究具有突出的现实意义与深远的社会价值。首先,以体育+模式(体育+健康、体育+旅游、体育+文化等)推动了我国农村体育

---

[1] 刘海龙,何修良.精准治理:内涵界定、基本特征与运行模式[J].中共福建省委党校(福建行政学院)学报,2021(1):109-116.

[2] Mayntz R. Governing Failures and the Problem of Governability: Some Comments on a Theoretical Paradigm[J]. In J. Kooiman(Ed.), Modern Governance: New Government-Society Interactions. London: Sage., 1993, 9-20.

[3] Whitehead M. 'In the shadow of hierarchy': meta-governance, policy reform and urban regeneration in the West Midlands'[J]. Area, 2003, 35(1): 6-14.

[4] Gjaltema J, Biesbroek R, Termeer K. From government to governance… to meta-governance: a systematic literature review[J]. Public Management Review, 2020, 22:12, 1760-1780.

[5] Geeraert A. New EU Governance Modes in Professional Sport: Enhancing Throughput Legitimacy[J]. Journal of Contemporary European Research 10, 2014: 302-321.

[6] Chatzigianni E. Global sport governance: globalizing the globalized[J]. Sport in Society, 2018, 21:9, 1454-1482.

[7] Geeraert A, Alm J, Groll M. Good governance in international sport organizations: an analysis of the 35 Olympic sport governing bodies[J]. International Journal of Sport Policy and Politics, 2014, 6:3, 281-306.

的全面治理①;其次,针对我国青少年体质健康促进的治理困境,精准治理用于揭示青少年体质健康促进的特点和精准治理体系的构建②;再次,作为一种具有明确目标导向的治理范式,精准治理还被广泛应用于中国特色体育小镇的功能定位和建设中③;最后,针对中国体育组织的复杂化,精准治理也被用于体育组织以及政府与社会组织的治理研究中④;另外,以美国为代表的政府引导+社会组织及企业组织参与的体育服务综合体发展模式也为我国体育服务综合体的精准治理提供了启发和思路。

6.2 体育服务综合体建设路径的探索

6.2.1 体育服务综合体的创建主体

体育服务综合体的创建主体作为体育服务综合体开发运营的利益主体,主要负责相关政策措施的制定、资金投入、发起融资的响应度等方面的工作。而这些也是保障体育服务综合体成功运营的关键因素。借鉴我国特色小镇建设的参与主体形式⑤,纵观国内外具有代表性的体育服务综合体建设的主体,其创建主体模式通常表现为政府引导,以企业或社会组织为主体,市场化运作的模式,具体可分为以下两种形式。

6.2.1.1 政府引导+社会组织及企业组织参与的形式

以美国为代表的西方国家的体育服务综合体的建设,主要是政府引导+社会组织及企业组织参与的形式,这一形式在西方发达国家是较为普遍的一种体育服务综合体发展模式。政府多个部门整合协调社会组织共同引导企业组织作为体育服务综合体的投资、建设及运营主体,政府、社会组织、企业组织之间相互合作、相互联系、相互监督(见图6-1)。

---

① 周铭扬,谢正阳,缪律,严鑫.体育助力精准扶贫:农村体育治理现代化推进研究[J].沈阳体育学院学报,2021,40(1):64-71.
② 李冲,史曙生.精准治理:青少年体质健康促进治理范式的转换[J].上海体育学院学报,2019,43(4):1-6.
③ 胡昌领.体育特色小镇的功能定位、建设理念与精准治理研究[J].体育与科学,2018,39(3):69-74.
④ 孟欢欢,李健,张伟.政府培育社会体育组织的实践与反思:以上海为例[J].沈阳体育学院学报,2018,37(2):16-22.
⑤ 李季.大国小镇:中国特色小镇规划与运营模式[M].北京:中国建筑工业出版社,2018:31.

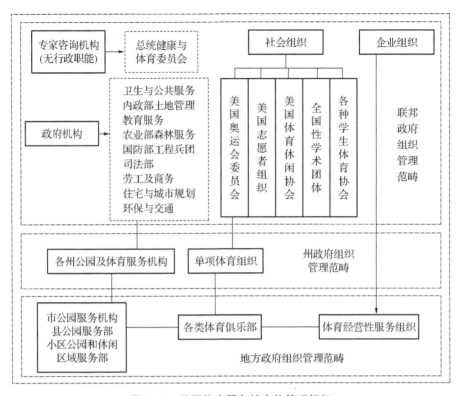

图 6-1 美国体育服务综合体管理框架

资料来源：根据国家体育总局信息所大众体育数据库相关文献改编。

6.2.1.2 政府引导＋社会组织、单项俱乐部或体育联盟参与的形式

以韩国为代表的东方的体育服务综合体的建设，主要是政府引导＋社会组织、单项俱乐部或体育联盟参与的形式。该发展模式在本质上也是政府引导、多元合作，但多元创建主体包括的主要是社会组织、单项俱乐部或体育联盟。除此之外，对于产业发展韩国政府一直以来都是通过各项政策来实现政府的引导意图与目标任务。韩国的体育服务综合体的创建主体具有如下两个特点：一是在体育服务综合体发展的早期，韩国政府采取的是"政府主导"的创建模式，也就是通过建设大型体育场馆、体育公共服务设施为体育服务综合体的建设与发展奠定物质基础，同时也通过扶持政策，激发社会以及企业参与体育服务综合体建设的活力。二是在体育服务综合体发展的中后期，韩国政府适时采取"政府引导"的创建模式，即相关政府部门制定和出台各项具体的扶持政策，同时通过转移政府具体管理职能或委托社会组织，推进各项体育政策的落实（见图6-2）。

6 精准治理视角下的我国体育服务综合体建设路径研究

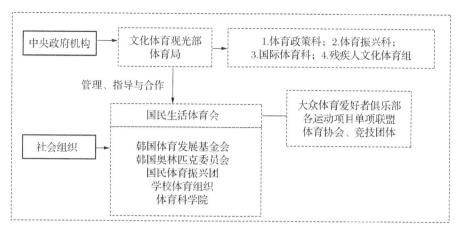

图 6-2　韩国体育服务综合体管理框架

资料来源：根据韩国文化体育观光部（2018）相关文献改编。

6.2.2 体育服务综合体的支撑体系

以美国为代表的体育服务综合体的建设，除了创建主体的相互合作和监督，也离不开支撑体系的有力保障。如在管理体制与机制方面，美国多个政府部门从本部门的职能特性及专业出发出台了一系列相关的法规政策，为体育服务综合体发展树立了目标及明确的任务，并通过立法、执法活动引导体育服务综合体发展使其与目标任务相符。与此同时，政府对于企业组织的一般性的体育服务综合体运营活动并不多加干涉。对于社会组织政府依法转移具体管理职能或委托社会组织对企业组织的体育服务综合体运营活动进行具体管理和相关业务指导与服务。

企业组织在体育服务综合体的投资、建设及运营过程中充分发挥市场机制的作用，针对市场需求进行精准市场定位及实施相应的运营活动。例如坐落在纽约曼哈顿的中央公园，其总面积达到 340 公顷，号称纽约"后花园"，是纽约人开展各项体育活动的大本营，非节假日里每天近 3 万游客，造访游客数量据美国首位。为了方便纽约市民就近参与体育活动，纽约市政府积极引导企业组织在中央公园依据市场需求改造和新建各类体育活动设施，同时根据人们喜欢在大自然环境中运动的特点，在地处纽约城市中心的中央公园内特别改建了骑车、骑马、步行的专门道路。又如自 2014 年起，国际马术集团（IEG）在中央公园举办马术比赛，吸引了全球约四分之一最优秀的马匹和骑手参与其中，比赛结束后，该集团对五个美国当地慈善项目进行了捐助，总金额高达 8 万美元。

以韩国为代表的体育服务综合体的建设，主要是政府引导＋社会组织、单项俱乐部或体育联盟参与的创建形式。其支撑体系也是建立在多元主体共同参与政策制定和政策扶持、投融资等基础上。

另外,单项俱乐部或体育联盟作为体育服务综合体的市场运营主体,也充分发挥了与广大消费者紧密接触、了解消费者需求的特性,积极创新、精准定位、有效供给,依托各类体育服务综合体所产生的体育健身服务以及体育竞赛表演服务等特点,由此极大地促进了体育服务综合体的建设与发展。例如,首尔奥林匹克公园是韩国最大的体育场地,是政府为了纪念举办 1988 年夏季奥林匹克运动会通过引入 PPP 与韩国冰球联盟等职业体育联盟共同兴建的多功能体育服务综合体,总面积约 167 万多平方米。为了有效开发该体育公园,韩国冰球联盟等运营主体将该公园分为 3 个主题(健康、观赏、游玩)、四大板块(文化艺术、生活体育、环境生态和历史体验)。设计者因地制宜,最大化利用园内多变的地势、起伏的地形,设计出不同的空间以满足市民的健身需求。公园中心的"和平广场",是旱冰爱好者的天堂。公园周边有载入吉尼斯世界纪录的、世界最大的室内主题公园——乐天世界,其中体育中心、高档酒店、购物广场、免税店、餐厅等与奥林匹克公园一起,组成一个巨型体育服务综合体。

6.3 体育服务综合体的分类及分析

6.3.1 体育服务综合体的类型

精准治理既要强调治理主体的多元化,对于治理的客体也要强调灵活处理、因时因地制宜,多维度发展才能实现精准治理的目标任务。国内外城市体育服务综合体发展过程中也体现了类型多样、多元多维度发展的精准治理的要求。目前城市体育服务综合体类型多样,主要可以划分为以下六种类型。

6.3.1.1 全民健身类综合体

全民健身中心内体育场地类型相对齐全,是群众健身的重要聚集地,在公共体育服务方面发挥着重要的作用,但由于普及程度不高、专业服务程度较低、功能业态单一等现状制约了其发展进程。而全民健身中心的建筑形态与功能基本符合体育综合体范畴,在功能定位方面仍需以大众体育消费为核心,同时根据地段适度扩充体育场地类型与面积,融合餐饮美食、休闲娱乐、购物中心等业态,为广大群众提供一站式体育健身服务,并大力挖掘潜在商业价值,实现盈利并反哺体育公益事业。如佛山的国际体育演艺文化中心,就是集 NBA 级标准篮球场与演艺中心、商业街区、大型购物中心、商务办公、高档酒店、私家公寓于一体的大型城市体育服务综合体,每年近 200 天有各种体育赛事和大型演艺活动在此举办,惠及周边大型社区的十余万人,不仅极大地方便了周围市民进入中心进行健身锻炼,也为该城市商业与体育相融合,开启体育服务综合体的艺术之旅,提供了丰富的城市休闲空间体验。

6.3.1.2 社区体育服务类综合体

随着我国城市中心人口压力上升,郊区城市化趋势加强,新城区配套的体育设施十分匮乏,人们进行正常体育活动的需求受到极大限制,因此将城市体育服务综合体定位为社区体育服务,既可以辐射方圆数以万计的居民,填补体育健身市场空白,又能完善业态组合,带动相关业态商家入驻,吸引更多人流前来消费。同时面对电商冲击与商业地产同质化竞争,设计街景式体育情景体验,有助于凸显创新,延长顾客的停留时间,使体育综合体成为周边居民体育休闲、购物消遣的好去处[①]。比如,西南地区最大的社区体育服务综合体——莱茵体育(重庆盘龙)体育生活广场总建筑面积为 33 000 平方米,是集多种体育场馆设施、体育休闲、运动健康为一体的体育服务综合体,这一体育综合体不仅为周边社区居民的体育锻炼提供了便利的场所,也为社区居民开展体质监测、健康评估、制定科学的健身方法提供了指导。

6.3.1.3 体育商务类综合体

现代快节奏的生活与工作,使白领阶层需要得到更加直接的压力释放方式,而白领阶层这类中高收入人群消费能力强,并有着较为强烈的休闲健身意识,因此将城市体育服务综合体融入商务休闲,可为综合体增添中高端体育消费群体,通过提供运动处方,健身私教,网球、高尔夫培训等体育服务主力业态,吸引世界著名体育品牌入驻,与写字楼、酒店等业态形成良性呼应,在提升消费人群生活品质的同时,体育业态的输入也能提升综合体的整体形象。如广东的南沙游艇会综合体,南沙新区的区域功能是"服务内地、连接港澳的商业服务中心、科技创新中心和教育培训基地"。在这个背景下,南沙区政府与霍英东集团携手开发南沙游艇会,总占地面积达 17 万平方米,是集游艇的停靠、租赁、保养和维修以及帆船、海钓培训和体验,以及餐饮、商务会议和度假为一体的中高端水上运动休闲综合体[②]。

6.3.1.4 康体养生型综合体

康体养生型综合体是近年来新兴的综合体业态,它是将康体保健、养生会所、高端住

---

① 张强,陈元欣,王华燕,等.我国城市体育服务综合体的发展路径研究[J].成都体育学院学报,2016,42(4):21-26.
② 黄晓慧,邹开敏."一带一路"战略背景下的粤港澳大湾区文商旅融合发展[J].华南师范大学学报(社会科学版),2016,(4):106-110,192.

宅、5A写字楼、空中花园、购物中心等业态集结于一体,拥有私人健康顾问,是供人们快速切换生活的城市建筑集群,有着广阔的前景与持久的生命力。康体养生型综合体是拥有养生环境、养生运动项目、养生服务以及养生居住四大体系的度假式综合体[①]。如北京ONE低碳养生综合体,融汇恒湿、恒温、限氧、低碳、适光、智能等科技,可助消费者远离污染,将自然环境与生存环境完美契合。再比如,广东的观澜湖集团是我国最早倡导休闲体育的企业,它是集体育项目、商务会议、养生旅游、文化美食、购物居住等为一体的国际休闲旅游度假区。迄今已形成一个世界级的高尔夫和多元休闲体育产业群。观澜湖也是中国最负盛名的国际赛事和国际体育文化交流活动的理想举办地。根据消费水平的高低,可选择的项目也呈现多元化,有高尔夫、NBA篮球、网球学院,也有商业综合体、手艺工场,集团中还有生态艺术园、休闲生态园等占地22万平方米以体育为主题的综合主题景区。其中七人足球、拓展攀爬、沙滩排球场、CS野战基地、体育游戏嘉年华等运动项目适合一家大小游玩。

6.3.1.5 体育休闲类综合体

体育休闲类综合体主要以体育文化为形象定位,综合商业、娱乐、演艺、会展、休闲、体育比赛和酒店餐饮等多元化业态,并在体育赛事的基础上结合旅游、度假、养老等多种功能。如北京奥体文化综合体、广州的天河体育中心等,最具代表性的当属澳门银河综合旅游度假城。澳门银河综合旅游度假城也是世界上顶级度假胜地之一,有一个面积相当于十个足球场的水上乐园,其中有全球最大的空中激流和冲浪池,可满足世界各地的玩家体验刺激好玩的水上体育项目。同时,多元化、气派不凡的场地,周到优质的服务,各种风格的米其林星级餐厅等成为世界级合作伙伴欣赏舞台表演、展览活动、社交聚会、商贸会议等的首选。

6.3.1.6 体育会展类综合体

体育会展类综合体是以体育场馆为依托,涵盖会展、酒店和商务业态的综合体。如镇江体育会展中心,该会展中心是由镇江市市政府投资兴建的大型体育场馆,主要由综合训练馆、体育会展馆、主体育场和蛋山体育公园组成。该体育会展中心探索出大型体育场馆的"1+X+Y"创新发展模式,所谓"1"为以国内外大型体育赛事为本,在聚人气增影响中求效益;"X"为着力与体育相关联的内容再造,根据市场供给来满足市民消费需求;"Y"是指贯彻创新体制机制,从消费者的需求出发,培育多元主体而采用的多种经营活动。

---

① 国家发展改革委城市和小城镇改革发展中心. 2018中国特色小镇发展报告[M]. 北京:中国发展出版社,2018:292.

6.3.2 体育服务综合体治理主体多元化和智库化

治理体系与治理能力现代化的核心要素之一就是强调治理主体的多元参与和协同共享,这与传统自上而下的行政管理模式不同。在体育服务综合体治理主体的选择上要结合精准治理的核心思想,不仅要综合当地政府和地方精英的治理观点,更要考虑与体育服务综合体建设相关联,与其运营相融合的多方参与的主体,形成地方政府和精英、市场化的第三方、专家智囊团以及成熟智库相结合的多元化、智库化治理联盟模式。

体育服务综合体的建设及运营过程十分复杂,需要治理主体的紧密配合和管理,所以,体育服务综合体对治理主体的合作能力有较高的要求:首先,多元化和智库化的治理主体需要统一化的建设。治理联盟中各主体应及时交流和共享信息,倾听多方的声音,避免由于沟通的不及时而造成建设上的障碍。其次,多元化和智库化的治理主体还需要强有力的运行机制的保障。治理联盟中各主体之间在强有力的运行机制的保障下,可以实现有效的互动,实现无缝的对接以及高效的决策制定。多元化和智库化的治理主体思路可以协同多元利益,从而促进体育服务综合体的精准治理。

6.3.3 体育服务综合体运行机制平台化和网络化

近年来,随着网络技术的快速发展,"互联网+"的概念也被应用到人们的日常生活中,国家也出台了很多文件,倡导互联网技术与各行各业融合起来,共同发展。互联网技术在体育服务综合体的运行机制中也发挥着重要的作用。

精准治理是以全面精准的个体化信息集成为治理基础,以科学严谨的信息挖掘分析为治理前提,这一治理是建立在对信息精准把握的基础上实现的网络化和平台化的运行模式。体育服务综合体的创建和日常运营建立在一整套完善的规范制度基础之上。首先,互联网平台的建设实现了体育服务综合体的资源共享。所有参与体育服务综合体运行的各主体通过权限的分配,可以在搭建好的网络服务工作平台上(包括线上和线下)直接共享体育服务综合体的相关运行信息,回应各方需求,解决各类诉求。其次,平台化和网络化的运行机制也为消费者提供了一个信息评价平台,倾听消费者对体育服务综合体建设及运营的意见能并及时优化和调整治理的思路。

6.3.4 体育服务综合体创新体系常态化和本土化

体育服务综合体是在一定的空间范围内,依托体育场馆设施建成的导向型的新型体育产业和城市功能区。有效促进体育消费升级和体育产业的发展,对体育服务综合体的常态化和本土化的创新体系提出了一定的要求。

精准治理是以历史最佳的政策知识推理为治理参考,以相宜有效的政策需求匹配为治理目的的治理体系和治理能力的创新再造过程。将其运用到体育服务综合体的治理中就体现为创新体系的常态化,即不仅体育服务综合体的多元主体要有创新意识,各协调部门也要建立常态化的创新体系。体育服务综合体作为一种多业态融合的创新体系,具有自身的本土化特点,创建主体部门在建设设计之初,就要分析本土文化特点,其人文设计理念也要与本土的生态绿色发展相结合,在不断完善商业、休闲娱乐和餐饮等配套功能的同时,将其特色体育功能充分发挥出来,以满足民众的体育需求,同时,根据其自身定位对各业态进行合理的动态的重组,切莫一味追求经济效益而忽略本土文化的融入和建设。

6.3.5 体育服务综合体绩效评估精细化及分析

体育服务综合体作为城市发展的"区域性精英",集多种功能为一体,破解了城市传统的体育场馆运营的难题,且与城市规划形成新的互动,其强大的辐射作用满足了不同人群的多元化休闲需求,有效推动了居民的健康发展和城市的更新与再生,所以在其发挥作用的同时不可缺少对其绩效评估的环节。

精准治理模式要求体育服务综合体应选取和构建一整套精准度较高的发展绩效评估体系,从体育服务综合体的内涵出发,可将发展评估指标分为体育服务综合体的基本信息、发展绩效和特色水平三个方面,分别从总体、分项和特色三个方面对体育服务综合体的发展水平进行评估。发展绩效指标主要反映了体育服务综合体在产业、功能、形态和制度四个维度上的发展效率与成绩,所以这四个方面要紧扣体育服务综合体的发展动向和概念内涵,突出其体育服务聚焦发展平台的特点,表现其作为休闲娱乐和产城融合区的新空间模式的特点。

6.4 构建我国体育服务综合体建设路径理论模型

6.4.1 理论价值

首先,构建我国体育服务综合体建设路径理论模型,是对近期中央经济工作会议反复提出的"发展体育产业,促进体育消费"以及"以体育设施为载体,打造城市体育服务综合体,推动体育与住宅、休闲、商业综合开发"思想的一个具体应用和重要体现。

其次,构建我国体育服务综合体建设路径理论模型,是对体育场馆现有理论的进一步创新,可为创新体育场馆经营模式提供理论支撑与决策参考。

再次,我国体育服务综合体建设路径理论模型的构建,为城市规划学界、政府决策者以及商业地产开发企业对合理定位设计、完善体育综合体的发展方式提供一定的借鉴和参考。

最后,我国体育服务综合体建设路径理论模型的构建,可以促使政府发挥主导作用,推进改革与扶持政策,创新建设模式,鼓励社会力量参与融资与运营。

6.4.2 实际应用价值

我国体育服务综合体建设路径理论模型的构建,不仅具备一定的理论价值,还有实际的应用价值。

首先,体育服务综合体建设路径理论模型的构建为体育服务市场注入催化剂,可以引导各阶层群体的体育消费,带动相关业态的发展,减轻政府财政压力。

其次,体育服务综合体建设路径理论模型的构建可以改善现有场馆功能与业态单一、配套不足以及设施陈旧的现状,通过理论模型促进多业态的融合,破解现有场馆运营难题,不断提升商业化运营水平。

再次,体育服务综合体建设路径理论模型的构建可以改善现阶段体育赛事资源匮乏的现状,通过理论模型的构建来丰富赛事活动内容,提升体育服务综合体的人气,促进体育场馆的可持续发展。

最后,体育服务综合体建设路径理论模型的构建可以将体育文化融入人们的日常消费和休闲娱乐生活中去,促进健康生活方式的养成。

7 我国体育服务综合体建设路径实施保障体系建构

7.1 体育服务综合体建设路径实施保障体系构建的理论及原则

7.1.1 体育服务综合体建设路径保障体系构建的理论

随着时代的进步与发展,大多经营不善的大型体育场馆逐渐向体育服务综合改造发展,以更好地保障人民公平健身的合法权益,提高居民健康素质和生活质量。体育服务综合体建设路径的保障需要建构清晰的理论体系,明确体育服务综合体作为一种承载体育且服务于体育消费的重要载体的理论价值与现实发展的应用价值。随着供给侧结构性改革政策的出台,我国体育产业发展面临的宏观环境更加复杂,体育产业累积了产品供给过剩等矛盾和问题,要实现体育产业的健康长远发展,就必须积极借鉴经济供给侧改革的基本思路,全面分析供给侧改革背景下我国体育事业发展面临的困境和阻碍,落实好体育产业结构优化、创新等多方面的工作,从而实现体育产业与经济社会发展之间的协调发展。体育服务综合体作为一种新兴的经济结构节点,在寻求体育产业与多业态融合中积极推进经济转型升级中的创新。体育服务综合体在多业态融合中求发展,在发展中求创新,并产生了积极的经济价值、社会价值、文化价值以及生态价值等。

7.1.1.1 跨学科、多维度的探索和解读

自国务院将体育服务综合体的建设上升到国家发展战略地位后,企业、资本以及各类社会组织对其关注度也迅速上升,全国各地形成了一股体育服务综合体建设热潮。由于体育服务综合体融多种业态于一体,在发挥体育核心功能的基础上,拓展和延伸出诸多的配套功能和价值。不同研究领域的人基于各自的学科背景知识及应用实践经历审视和分析体育服务综合体建设的视角不尽相同。由于体育服务综合体本身的复杂性,要形成一个全面、系统、准确而又具体的认识就需要跨学科的信息资源整合,多维度的观

察、思考和认识，以便为体育服务综合体的建设路径保障给予尽可能全面的解释。

7.1.1.2 发展定位、创建模式和投融资模式的再审视

体育服务综合体建设路径保障体系构建也是对其发展定位、创建模式和投融资模式的再审视。一方面，审视了其发展定位是否精准、空间布局定位是否协调、文化定位辨识度是否合理、体制机制定位是否有创新、功能定位是否协同发展等；另一方面，分析其创建模式是否强调了体育综合体自身的内驱力，多元主体在建设过程中是否起到了主导的作用，是否充分发挥了市场在资源配置中的决定性作用；再一方面，审视投融资模式是否缓解了政府的财政压力，是否开拓了体育综合体的融资渠道，是否降低了体育服务综合体建设的风险，是否吸引和扩大了社会资本参与体育综合体的规划建设，是否采用了PPP融资模式，政府和社会资本是否合作稳定等等。

7.1.2 体育服务综合体建设路径保障体系构建的原则

通过总结国内外经验，体育服务综合体建设路径保障体系的构建，应坚持以下五个原则。

7.1.2.1 精心布局、整体规划

首先要做好体育服务综合体可行性和总体的规划，规划方案需要多轮的专家论证和第三方的评估。首先，体育服务综合体要根据自身的基础和条件，明确精准定位，充分策划，支撑其发展；其次，体育服务综合体的布局要聚集体育的主题元素、坚持精选产业、善于发掘城市的可用空间，评估周边人口结构及其需求类型的支撑盈利能力，把握体育综合体的整体发展，注重营造有特色的空间环境，规划高质量的设施服务并辐射周边，注重地方性文化的发展，使体育服务综合体富有内涵；再次，注重软硬件的打造，使体育服务综合体充满活力和人气，注重互联网、智慧体系的专项规划；最后，强调多维度的综合规划，注重具有实效的建设规划，最终通过一个空间的优化落地政策落实所有的规划设想。

7.1.2.2 业态融合、创造优势

体育服务综合体在建设中要考虑内外部业态的有机融合，体现其功能和区位的优势。一方面，其在建设中对外要充分挖掘地方的自然资源和传统的体育人文资源，与当地的资源相结合更好地实现产业的聚集和多样性，吸引更多的人流；另一方面，对内要找准对接点，打造以"裸心"体育为主要核心元素，充分链接休闲娱乐、全民健身、教育培训、餐饮住宿、商务会议、文化旅游、地产等相关产业，通过多业态的有机融合，形成相对完善

的体育综合体产业链。

7.1.2.3　政府引导、社会组织、企业主体、市场化运作

在体育服务综合体的建设过程中,首先,要坚持并强化政府的多元化引导作用,将"政府引导、社会组织、企业主体、市场化运作"作为根本,政府充分发挥引领作用,发挥配套制度建设和良好建设环境营造的作用。在建设过程中,其主导力量交由社会组织(包括非政府组织、企业主体)进行市场化的运作,突出市场的导向作用。其次,体育服务综合体的治理也要由单维度以政府为主的治理模式向多维度的社会治理转变,运用精准治理的模式,多元协同形成治理合流推动体育服务综合体的更好发展。

7.1.2.4　财政引导、多元主体的金融支持

不同地域的体育产业领域具有不同的产业特色、经济特征和融资模式,体育服务综合体的建设需要创新投融资模式,以多元化的融资模式来解决其投融资问题,政府与社会资本合作的公私合作关系 PPP(Pubic-Private-Partnership)模式为体育服务综合体的建设提供了建设保障的参考。为此,政府要发挥资金的杠杆作用,通过吸引多元主体筹资和参与体育服务综合体的共建,不仅能减轻政府的财政支出压力,还能拓展社会资本的生存发展空间,提高体育服务综合体的建设效率,降低资金风险。

7.1.2.5　因地制宜、凸显特色

体育服务综合体与传统体育场馆设施不同,各地应从实际出发,发展体育服务综合体。一方面,各地规划部门在改造升级现有的体育场馆的同时,因结合当地经济社会发展和基础设施条件,因地制宜,挖掘本地独具魅力和特色的体育文化,打造特色鲜明的体育综合体建筑风格、绿化景观和人文特色文化,为体育综合体的建设发展注入文化元素,提升城市的建设品质,彰显体育综合体的特色和魅力。另一方面,在区位环境和资源禀赋等条件下,紧扣产业发展趋势,锁定体育服务综合体的主攻方向,加快发展地方特色体育主导产业,延伸产业链,促进各业态更好融合发展。

7.2　我国体育服务综合体建设路径实施保障的现状模式

7.2.1　我国体育服务综合体建设路径实施保障的现有保障模式

我国体育服务综合体仍处于发展的初级阶段,从综合体的发展路径方面看,王家宏

等人分别从制度、政策、组织等三大层面入手,提出:(1)制度保障。制定城市、体育发展规划,利益协调机制和相关标准。(2)政策引导。融资渠道拓宽、完善扶持政策、实施现代企业制度。(3)组织协调。健全组织机构,实现内部科学化管理,组建专业化运营集团等[①]。兰燕从以下六个方面提出业界发展路径的新实践:工商业改造焕发新活力、场馆转变新模式、旅游景区引领新潮流、露营基地拓展新思路、体育小镇促进新融合、田园乡村开创新体验[②]。从综合体的发展模式看:丁云霞基于城市资源条件和市场需求,根据运动项目的产业属性和特点,依托综合体的服务内容和运行方式,针对体育发展的重点领域和主体板块,围绕发展载体的具体类型和结构特征等五个层面分析体育综合体的发展模式定位[③]。由此可见,建设运营模式和路径实施的保障一直在根据时代需求进行调整与细化,并且通过对国外体育服务综合体的学习以及自身的经验积累取得了一定的进步。体育服务综合体蕴藏着我国体育产业的未来,全方位的梳理现阶段我国体育服务综合体建设路径保障的现有保障模式,对促进体育服务综合体的高质量发展意义重大。

7.2.1.1 各级组织领导的强化和协调

自体育服务综合体纳入体育产业发展规划中后,从中央到地方,从2014年国务院颁布的《关于加快发展体育产业促进体育消费的若干意见》首次提出体育服务综合体的概念到2019年提出的《关于促进全民健身和体育消费推动体育产业高质量发展的意见》,都在鼓励建设一批不同体育特色体育功能完善、经济效益良好的高质量体育服务综合体。2020年,体育总局办公厅公布体育服务综合体典型案例遴选结果,共评选出26个省(自治区、直辖市)共49例体育服务综合体典型案例。通过出台的建设体育服务综合体的相关实施意见,各级体育部门加快了体育服务综合体建设的发展规划和运营管理的跟踪监测,形成了体育服务综合体建设的合力。

7.2.1.2 规划引导、分类指导和典型培育

体育综服务合体是独具发展优势和发展前景体育产业发展的新兴业态,虽然近几年我国体育行业得到快速的发展,但在我国GDP中占有的比重不高,在《加快部署体育产业,促进体育消费和大众健身》《国务院办公厅关于促进全民健身和体育消费推动体育产业高质量发展的意见》等相关政策的指导下,北京市遴选了一批功能完善、效益优良、特色鲜明的典型案例:如国家游泳中心、华熙LIVE.五棵松、新首钢高端产业综合服务区北

---

① 王家宏,蔡朋龙,陶玉流,等.我国城市体育服务综合体的发展模式与推进策略[J].武汉体育学院学报,2017,51(7):5-13.
② 兰燕,陈刚.我国体育服务综合体困境与发展对策[J].体育文化导刊,2020(3):92-98,110.
③ 丁云霞,潘时华.体育综合体转型发展的逻辑动因及路径:基于"以人民为中心"的体育价值取向[J].上海体育学院学报,2018,42(6):30-35.

区,以新模式促进体育消费,并向全国推广,同时通过地方智库对辖区内的体育服务综合体的建设和运营加强指导和服务,做好典型培育和宣传,推动地方体育服务综合体的发展。

7.2.1.3 运营管理的创新与服务水平的提高

我国体育服务综合体虽起步较晚,但政府充分认识到体育服务综合体建设和运营的重要意义,通过坚持以人为本,以满足人民群众体育需求作为出发点和落脚点,在开展全民健身活动、举办公益性赛事和体育服务便民方面做了大量卓有成效的工作。为了提高运营效率,从体制入手,突出公益属性,强化服务的功能,并通过优化运营模式,在中央政策的引领下,根据地方发展的实际情况,实现"资源+资金+人才+市场"的完美整合。随着时代的进步,面对大型体育场馆经营困境,引入现代企业制度并加强绩效考核,建立大型体育场馆标准化、规范化的管理制度,全方位、多层次促进大型体育场馆向体育服务综合体的转变,有效保障了体育服务综合体的建设和运营。

7.2.1.4 多方融合发展和功能的有效发挥

合理运用体育服务综合体创新融合的思维,为体育产业谋求一条创新、多元、高效的发展之路,推动我国 GDP 的增长。第一,将旅游景区改造成"旅游+体育"类综合体,很大程度推动了体育设施和旅游设施的深度融合,江苏无锡蠡湖景区是典型的体育旅游综合体。第二,梅赛德斯-奔驰文化中心作为都市场馆综合体,汇聚了国内外文化、演艺及体育盛事,为运动训练、休闲娱乐、竞赛演出等活动提供一系列配套服务。第三,多元营地综合体将营地、运动、游玩、购物融于一体,位于国家 4A 景区的洈水风景区,自营业之日起,营地日均客流量已达 900 余人,很大程度上推动了我国体育产业与体育经济的发展。第四,体育小镇综合体将自然与体育完美结合,把握体育小镇的特色,突出"特点",并在此基础上打造成综合体,满足现代广大消费者的多元需求。在多方融合发展的思维下,充分发挥体育服务综合体的功能,促进城市功能的提升,优化城市的品质,促进发展环境的优化,保障体育服务综合体的健康有序发展。

7.2.1.5 各级各类政策的支持与保障

体育服务综合体建设支持的政策包括国家层面的宏观政策、部分省份出台的指导政策,以及地方出台的相关配套政策。国家层面的宏观政策主要有国务院、国家体育总局等发布的指导意见和相关财政资金的支持政策,如 2014 年国务院印发的《关于加快发展体育产业促进体育消费的若干意见》(以下简称《意见》),首次提到关于体育服务综合体的相关规定①;2015年国家体育总局印发的《体育场馆运营管理办法》,明确提出鼓励建设体育服务综合体和体育产业集群②;2016年国务院发布的《全民健身计划(2016—2020年)》提出到2020年每周参加1次及以上体育锻炼的人数达到7亿,体育消费总规模达到1.5万亿元③;2016年国家体育总局印发的《体育发展"十三五"规划》再次将场馆服务业归为重点行业④;2016年国务院办公厅印发的《关于加快发展健身休闲产业的指导意见》提出加强健身休闲设施建设,鼓励打造健身休闲服务综合体等⑤。

部分省份也先后出台了体育服务综合体的指导意见。如2020年江苏省体育局制定了《省体育局关于加快体育服务综合体建设的指导意见》,进一步明确了加快建设体育服务综合体的总体要求⑥;2017年,陕西省人民政府办公厅出台了《关于加快旅游供给侧结构性改革推动旅游业转型升级的意见》⑦,陕西省体育局和陕西省旅游发展发展委员会又共同制定了《陕西省人民政府办公厅关于加快推进旅游与体育融合发展的实施意见》。

除此之外,部分地市也出台了相关的配套指导意见。如2017年福建省泉州市体育局提出的有关多措并举扶持体育服务企业发展的相关意见、江苏省体育局2017年印发的《关于加快体育服务综合体建设的指导意见》、2020年常州市颁布的《关于促进全民健身和体育消费推动体育产业高质量发展的实施意见》等等,各地方目前正在陆续出台相关的配套支持政策⑧。

7.2.1.6 绩效监测评价体系

一些省市区建立了体育服务综合体的监测和考核机制,构建了初步的发展水平评估框架。如浙江省分别从产业维度、环境维度、文化维度、功能维度和制度维度五个维度进行交叉构建,得到体育服务综合体评估的框架,并牵头责任部门分别制定有针对性的年

---

① 中国政府网.国务院关于加快发展体育产业促进体育消费的若干意见(国发〔2014〕46号)[EB/OL].(2014-10-20)[2022-04-19]. http://www.gov.cn/zhengce/content/2014/10/20/content_9152.htm.

② 国家体育总局.国家体育总局关于印发体育场馆运营管理办法的通知[EB/OL].(2015-01-15)[2022-04-19]. https://www.sport.gov.cn/n315/n331/n403/n1957/c784228/content.html.

③ 中国政府网.国务院关于印发全民健身计划(2016—2020年)的通知(国发〔2016〕37号)[EB/OL].(2016-06-23)[2022-03-18]. http://www.gov.cn/zhengce/content/2016-06/23/content_5084564.htm.

④ 国家体育总局.体育发展"十三五"规划[EB/OL].(2016-05-05)[2022-04-19]. http://www.sport.gov.cn/n10503/c722960/content.html.

⑤ 中国政府网.国务院办公厅印发《关于加快发展健身休闲产业的指导意见》[EB/OL].(2016-10-28)[2022-03-18]. http://www.gov.cn/xinwen/2016-10/28/content_5125602.htm.

⑥ 江苏省体育局.省体育局关于加快体育服务综合体建设的指导意见(苏体经〔2017〕6号)[EB/OL].(2017-01-25)[2022-03-18]. http://jssports.jiangsu.gov.cn/art/2020/6/5/art_78432_9198212.html.

⑦ 陕西省人民政府.陕西省人民政府办公厅关于加快旅游供给侧结构性改革推动旅游业转型升级的意见[EB/OL].(2016-10-19)[2022-03-18]. http://www.shaanxi.gov.cn/zfxxgk/fdzdgknr/zcwj/szfbgtwj/szbf/201610/t20161019_1666332_wap.html.

⑧ 杜菲.中国特色小镇建设政策汇编(第二版)[M].北京:经济管理出版社,2018:27-28.

度考核办法,开展绩效监测和评价,并将考核的结果与政策的兑现挂钩。我国体育服务综合体仍处于快速发展阶段,绩效监测和评估指标体系的构建不成熟,一些省市区通过先易后难、进程和结果并重、需要和可能数出有据便于检查的原则来不断完善绩效监测和评估体系。

7.2.2 我国体育服务综合体建设路径实施保障现状模式的内容

7.2.2.1 组织领导层面

各省市将体育服务综合体的建设纳入区域发展规划,各级组织领导开展对典型案例经验做法的学习、宣传和推广工作,加快地方培育体育服务综合体的进程,不断促进体育消费。一方面,各级体育部门在协调发展促进改革的前提下,减少城乡建设、国土资源、财政住房和城乡规划等部门之间的博弈,共同推动各省市依据地区优势结合当地特色,建设体育服务综合体。另一方面,积极发挥体育服务综合体的联席会议作用,政府牵头联合各投资主体建立相应的工作机制,统筹规划建设和运营,强化跟踪监测与分析研判等。

7.2.2.2 规划引领层面

首先,统筹发展规划和布局,初步形成了分级分类、特色鲜明、功能相对完备的体育服务综合体,如南京五台山体育中心和北京五棵松体育中心;其次,基本明确了体育服务综合体的建设标准,结合地方实际情况,统筹群众体育和竞技体育与其他业态的均衡发展,完善体育综合体的内容,优化体育服务综合体的相关配套功能;再次,各地综合考虑地方经济发展的基础、居民消费水平和城市发展的需要,合理规划和有序开展体育服务综合体的建设。

7.2.2.3 政策保障层面

首先是建设环境的营造和多元主体的合作。从国家层面到各省市区出台的建设支持政策均为体育服务综合体的建设提供了相应的建设保障环境:政府简政放权,创新体制机制,创新体育场馆的运营机制,优化体育产业的布局和结构,鼓励社会力量参与,吸引社会资本的投资,培育政府和社会资本多元合作的模式,拓宽体育产业投融资渠道等。

其次是各级财政的支持和多元资本的保障。首先,在体育服务综合体的建设中,从中央到各省市,陆续将全民健身经费纳入财政预算,完善健身的消费政策;在所得税、营业税、房产税、土地使用税和水电热价等方面给予优惠政策,完善了价格的调整;其次,多元主体休闲娱乐健身设施的改造和配建也得到一定的资金财政支持。最后,在政府的引导下,鼓励社会资本和各类投资基金投资体育服务综合体的建设和运营等。

7.2.2.4 运营管理层面

首先,初步优化了运营的模式。建立了政府和社会资本多方合作的多元化运营模式,打造出有自身特色和与地方经济社会发展相适应的发展模式。其次,对体育服务综合体的无形资产也进行了一定的挖掘,如PPP融资模式,拓展了资金的来源,盘活了体育服务综合体的场馆产业,促进了体育服务综合体与其他产业的联动发展。再次,提高运营的效能。统筹规划业态结构、商业模式和服务项目,选择相对合理的企业入驻综合体,部分地区打造了智慧型的体育服务综合体,探索出具有特色的体育服务综合体发展生态链,当然,也逐步完善了体育服务综合体的服务内容,突出了体育服务的功能,提升了体育赛事的质量。

7.2.2.5 融合发展层面

首先,促进体育服务综合体的集聚发展,集群发展。部分区域在引导体育服务综合体体育本体产业的基础上,积极拓展了健康、文化、会展、旅游和建筑等产业发展,带动了体育和相关产业围绕体育服务综合体集聚发展,集群发展,增强其辐射带动的效应。其次,促进城市功能的提升。一些地区的体育服务综合体的建设已经纳入城市建设的规划之中,与城市的文化相协调,与经济发展相适应,完善了城市的功能,促进了体育服务综合体与周边区域互动发展,优化和提升了城市的品质。再次,促进发展环境的优化。一些区域的体育服务综合体已经搭建好公共服务平台,针对体育服务综合体的特点,开展了投资融资、行业交流、产业孵化和产业培训等服务,维护了经营的秩序,为体育服务综合体的健康有序发展创造了良好的发展环境。

7.2.2.6 人力资源层面

我国体育服务综合体的建设还处于初步发展阶段,对复合型体育产业的人才需求量很大,《意见》中也指出要完善体育服务综合体的人才培养和就业政策,培养复合型的体育产业人才,同时,鼓励和支持退役运动员从事体育产业的相关工作。为此,一些地方也已经开始强化体育服务综合体的人才支撑。首先,开展了体育服务综合体的规划、运营和专业人才培养和培训等相关工作,部分体育院校也对人才培养方案进行了改革,培育既懂经济又懂体育的专业人才;其次,一些省市近些年先后引进和聘用了国外高级人才,发挥这些人才在体育服务综合体建设及运营中的智库作用,加强战略性和前瞻性的指导及研究。

7.2.3 我国体育服务综合体建设路径实施保障现状模式的效果

我国体育服务综合建设路径实施模式为体育综合体的可持续发展提供了保障,纵观我国现有体育服务综合体的建设保障内容,因不同运营模式的体育服务综合体的保障模式存有差异,效果也有所不同。整体来看,体育服务综合体发展成绩集中在以下四个方面:

7.2.3.1 政策推广层面

2014年国务院46号文件《关于加快发展体育产业促进体育消费的若干意见》(简称《意见》)的正式出台,加快了体育服务综合体的规划和布局,体育服务综合体呈现出发展类型多样化的态势,体育产业成为社会资本的新宠,《意见》明确提出要完善市场机制,吸引社会资本参与,鼓励社会资本进入体育产业领域,拓宽体育产业投融资渠道,推广和运用政府和社会资本合作等多种模式,吸引社会资本参与体育产业的发展。

7.2.3.2 地方积极响应

从近年来国内部分省份出台的政策和指导性文件来看,大型体育场馆开始向体育服务综合体转型,体育服务综合体的发展步伐整齐、势头良好,中央提出号召后,各地纷纷响应号召,充分显示体育服务综合体的建设受到了国家与地方的高度重视,为体育服务综合体的可持续发展提供了一定的便利。

7.2.3.3 社会资本参与

随着社会资本进入体育领域的门槛逐渐降低且机制不断完善,越来越多的投资主体进入体育服务综合体的建设中,减轻政府财政负担的同时,也有效盘活了社会闲置资本,体育服务综合体的发展主体逐渐趋于多元化。

7.2.3.4 产业融合配套

体育服务综合体融合多种业态于一体,在发挥体育核心功能的基础上,打造运动主题区+商业配套区两大区域,拓展和延伸出诸多的配套功能,汇集全民健身、健身培训、大众赛事、餐饮住宿、文娱活动等多种体育休闲业态,其中文娱活动包括举办演唱会、音乐会、颁奖典礼、产品发布会以及各类展会等活动,这些配套功能促使服务功能逐步完善,打造面向全民健身的多功能体育综合体。

我国体育服务综合体的建设处于快速发展期,其在运营中虽有相关实施路径的保障,积累了一定的经验,取得了良好的成效,但也有不可回避的问题。

7.2.4 我国体育服务综合体建设路径实施保障现状模式的瓶颈

7.2.4.1 缺乏因地制宜的独特性

体育服务综合体是一种全新的城市经济形态,还处于探索阶段。与其他成熟的经济业态相比,我国体育服务综合体相对较新,在我国的建设和运营还处于发展阶段,为了应对新冠肺炎疫情对体育产业的影响,体育总局遴选并且确定出一批典型案例供各地方参考。但是大多案例没有充分体现中国特色,也没有相对成熟科学的理论体系来指导,各省(市、区)应该因地制宜,探索出适合本地发展的体育服务综合体。

7.2.4.2 前期规划的科学性受限

前期规划的科学性不足,后期运营乏力。体育服务综合体在前期规划中缺乏顶层设计理论的指导,相关设计理念、积累的经验以及优秀的代表案例相对缺乏,且在技术层面的规划方案也缺乏学术层面的支撑,缺乏本土的因地制宜的独特性,导致前期规划方案存在不足。体育服务综合体与传统业态不同,它是区域经济上的主导产业,缺乏事业性与产业性之间的平衡,在后期运营中就不能很好地平衡体育事业性和市场需求性之间的关系,不能很好地平衡体育服务综合体的长远发展和短期经济、社会及生态的效益。

7.2.4.3 管理体制存在局限性

管理体制仍不完善,现有的治理政策仍存在一定的局限性。从国家层面来看,出台的政策性文件均对推进体育服务综合体的建设提供了政策的保障和治理的思路,但整体较为简单且宽泛,指向模糊,措施笼统不具有目标的导向及标杆作用。体育服务综合体运营的配套政策仍不完善,治理政策仍存在一定的局限性,可能导致体育服务综合体的社会参与力量缺少积极性,另外,实现体育综合服务体的发展目标和任务的推进政策也尚未形成一个完整的政策体系,这均会影响体育服务综合体的功能目标,影响其可持续发展。

7.2.4.4 体育场馆利用效率低

体育服务功能是体育服务综合体的核心功能,满足大众的健身娱乐、体育竞赛等相关需求是体育服务综合体发展的基本要义。然而,相关数据显示,我国超过一半的体育场馆每周的平均接待人数不足 500 人次,接待人数超过 5000 人次的场馆更是不到 10%[①]。目前为止中国上百万个体育场馆中,59%的场馆都是不对外开放的,对外开放的场馆只有不到三成,场馆面向普遍大众的开放度比较低,这也是造成场馆利用率低的原因之一,且国内大型体育场馆的运营模式是以事业单位经营为主,很大程度限制了场馆的发展。

7.2.4.5　发展目标的契合度不明确

我国体育服务综合体正处于快速发展期,体育服务综合体的建设与区域建设之间有效契合的目标与举措仍不明确。首先,体育服务综合体相关产业与区域内其他产业和民生建设的协调性不足,产业聚集度较差,无法实现联动发展。其次,在国家关于建设体育服务综合体的利好政策出台之后,各省市地方政府热情高涨,部分地方政府没有结合好地方经济发展的实际情况,对体育服务综合体的核心要素和发展目标了解不到位,存在目标内部之间的矛盾,缺少创建主体的协调。再次,我国城市经济发展不平衡,地区差异较大,东部发达区域体育产业较为集中,有基础和强劲的持续发展动力,而西部欠发达地区新兴体育产业不足,产业的聚集度不高,持续发展的动力有待进一步提高。

7.2.4.6　建设和运营的专业人才匮乏

相较发达国家,我国目前的体育服务综合体的管理模式还不够专业,一方面,部分地区的体育服务综合体开发和建设出现与文化创意脱节的情况,当地的人文和旅游资源没有得到充分的运用。体现在体育服务综合体上就是产业特色不鲜明、环境风貌缺少特色、人文旅游不够诱人,整体承载的能力也较差。另一方面,缺少充沛的专业运营团队和人才储备。体育服务综合体的运营关键要有创新创业、技术和管理等专业人才及团队,我国体育服务的运营因起步较晚,内外部开放性的平台还没有搭建完善,人才交流和互动不足,创新生态和产业生态还没有形成良性的循环。

7.3　我国体育服务综合体建设路径实施保障的发展模式

7.3.1　国外体育服务综合体建设路径实施保障模式的启示

我国的体育服务综合体仍处于初级发展阶段。迪拜以及美国、法国、澳大利亚、新加

---

① 国内外体育场馆运营投资分析报告[DB/OL].(2016-10-26)[2021-09-01]. http://www.sohu.com/a/117304412_500724.

7 我国体育服务综合体建设路径实施保障体系建构

坡、日本等发达国家的体育服务综合体的实施保障发展模式相对比较成熟,全面分析国外体育服务综合体建设实施路径的保障模式,可以为我国体育服务综合体的发展提供一定的经验借鉴。为此,在分析国外体育服务综合体建设路径实施保障模式对我国的启示之前,我们有必要回顾一下东西方几个具有代表性的体育服务综合体建设案例。

7.3.1.1 迪拜 Sport Sociely:全球最大体育综合体

Mirdif 住宅区的 Sport Society 位于地理位置优越的地带,与迪拜国际机场驾车仅需10分钟,距离大型购物中心 City Centre Deira 也仅有15分钟车程,若驾车去迪拜市中心也只需20分钟。在如此优越的位置条件下,该体育场的的辐射覆盖范围内有超100万居民。不仅如此,该项目也在设计和活动方面给人们带来巨大的惊喜,结合了购物、娱乐和体育等功能。因此,Sport Society 也成为迪拜这座旅游城市的热门目的地。

建筑面积达8万平方米的 Sport Society 大小相当于12个足球场,在这庞大的建筑物内,共建有3层。商场还包括各种国际知名的体育品牌零售店、各种体育活动的专用空间以及大型连锁餐厅和咖啡馆。不仅如此,该场馆还有一个巨大的LED显示屏。游客可以在这里观看国际体育表演和比赛。总体来看,体育、零售和大健康业态成为 Sport Society 主要的三大业态,吸引重大体育赛事的举办,提高体育赛事产业和旅游业的整体收入成为其一方面目标,另外,Sport Society 中每个项目都承诺为参加体育活动的人们提供相关的培训[①]。并且该项目的建成符合迪拜哈姆丹王子发起的健身挑战赛的愿景,这个挑战赛致力于鼓励所有迪拜居民以及游客在30天内每天锻炼30分钟,把迪拜打造成世界上最活跃的城市之一。

迪拜的 Sport Society 虽然位于城市的郊区,但在建设规划中运用了大量的生态元素,是以体育为核心,融合多业态为一体的多功能体育服务综合体的典范,正如迪拜 Sport Society 的负责人所说:"我们领先于其他城市,我们正在城市内创造一个城市,而不是在周围有几座塔的体育馆内开展比赛。"[②]

Sport Society 一楼是一个巨大的竞技场,灵活性是其设计亮点。一层空间可以随时根据不同种类的运动竞技和大型娱乐活动进行调整,能够作为超过40种运动项目的竞技场,包括足球、篮球、保龄球、棒球、高尔夫等运动项目。除此之外,一层竞技场还有常年维持在-5 ℃的冰场,可随时举办冰上运动,可为职业冰球队等国家队提供训练、竞技空间,这也是 Sport Society 竞技场的另一个亮点。除了竞技运动之外,Sport Society 内设有高科技健身中心、蹦床公园、台球馆、攀岩中心等设施,为消费者提供多元的健身运

---

① Andrew Smith. The Development of "Sports-City" Zones and Their Potential Value as Tourism Resources for Urban Areas[J]. European Planning Studies,2010,18(3):385-410.
② Dubai Sports City[DB/OL]. [2021-09-01]. https://www.dsc.ae/#.

动选择。Sport Society 的三层是一个奥特莱斯,容纳着众多运动品牌,同时,餐饮商户也全部集中在三层,其中还包括 Sport Society 的自营咖啡厅。大健康业态方面,Sport Society 有一个诊所和一个医疗中心,主要提供运动康复,以及因运动造成的身体损伤等疾病治疗。

迪拜 Sport Society 成功地将体育与房地产开发以及跨国公司的合作相结合。体育主题是 Sport Society 最为突出的特色,其壮观的体育场设计也成为迪拜的地标。通过 Sport Society 激发全民运动的同时,还能更好地发挥其潜在的社会效益,促进各业态的全面发展。如今 Sport Society 不仅成为迪拜提升国际形象的重要发展战略,同时也减少了阿拉伯联合酋长国对石油生产的经济依赖[①]。

7.3.1.2 美国典型的体育服务综合体

美国以体育赛事为核心吸引物,许多场馆围绕体育赛事将场馆与酒店、办公、娱乐休闲、商业等进行一体化的复合设计,使单一的体育中心演变为休闲娱乐中心、文化中心及商业中心。

1) 纽约的 American Dream:休闲娱乐+运动主题

纽约大都会核心地带有一座集零售、餐饮、娱乐、旅游于一体的大型场馆 American Dream,该场馆总建筑使用面积占地约 27.87 万平方米。

这里包含了北美最大的全室内水上公园——梦工厂水上乐园、游乐园、尼克宇宙主题公园、12 层高的室内滑雪滑冰乐园、87 米高的摩天轮、6500 平方米的水族馆(SEA LIFE 水族馆)、愤怒的小鸟主题高尔夫球场、国家冰球联盟级别的滑冰场、4.27 万平方米的奢侈潮流区域及 15 间全套服务餐厅等。由此 American Dream 无疑颠覆了历史,开创了一个新的零售商业综合体模式——主题体育娱乐业态首次压倒零售业态,占比高达 55%,成为购物中心的绝对主体。

American Dream 近 2 万平方英尺(1 英尺=0.304 8 米)的大健康中心,提供一流的锻炼、健身、营养、美容、SPA 品牌与设施场所。在该场馆项目的 50 英里(1 英里=1.609 344 千米)辐射范围内居住人口达 2000 万以上,家庭平均收入 97 000 美元。由于体量巨大,该场馆采取分期开放:第一期对外开放的主题是"惊险与寒冷"。"惊险"的体验由占地 8.5 英亩(1 英亩=0.004 047 平方千米)室内主题公园 Nickelodeon Universe 提供;"寒冷"则来自室内滑雪乐园 Big Snow America,两个主题第一次联合,以休闲与冰雪运动相结合。第二期主题是"大放异彩"。开放的版块亦最贴合入冬后北美消费者的期待——8 英亩全玻璃室内恒温水上乐园 Dream Works Water Park,在初冬时刻让人们感

---

① Peter Nicholas Pye, Kristine Toohey & Graham Cuskelly. The social benefits in sport city planning: a conceptual framework[J]. Sport in Society, 2015, 18: 10, 1199 - 1221.

受水上运动的魅力。最后一期主题为"雄伟的风格",包括其他娱乐休闲项目、350个零售店铺和100个餐饮品牌,目标是带给消费者最丰富、最具场景感的娱乐、休闲和购物体验,彻底实现体育、休闲、娱乐、购物、餐饮、儿童乐园、主题公园等的室内大融合,使American Dream成为多个世界之最,初步预计项目年客流量为4000万人次。

2) 洛杉矶L. A. LIVE:城市体育综合体典范

洛杉矶L. A. LIVE是一个面积400万平方英尺(1英尺=0.304 8米),投资30亿美元,于1999年建成,位于洛杉矶市中心,集体育、娱乐、酒店、餐饮、购物为一体的体育娱乐综合体。

L. A. LIVE整体区域共有6个街区,聚集了斯台普斯中心、格莱美展览馆。此外还有19家餐厅、超过1000间酒店房间和224套奢华公寓。

斯台普斯体育中心是这个项目的核心,也是大洛杉矶地区主要的体育设施之一,拥有者是AEG,由史泰博公司冠名赞助。斯台普斯中心是全美最受欢迎的体育中心之一,它是NBA洛杉矶湖人队、洛杉矶快船队、WNBA洛杉矶火花队、NHL洛杉矶国王队、AFL洛杉矶Avengers和NBDL洛杉矶防御者队的共同主场,最大容量2万人,也是NBA两支球队共用的球馆,每年接待量在400万人次。

3) 纽约曼哈顿麦迪逊广场花园球馆

麦迪逊广场花园球馆由Cablevision集团独资开发,是纽约尼克斯篮球队、纽约巡骑兵冰球队及WNYA纽约自由女神队的共用主场,全年赛事达300余天,围绕赛事活动附设商贸、餐饮、酒店、金融、传媒等不同业态的综合体,使之成为城市经济、文化发展的新载体[①]。

4) 波士顿Life Time Center

波士顿Life Time Center也是一个典型的集健康生活方式与商业为一体的体育服务综合体,其前身是购物中心Atrium Mall,2017年改造后成为波士顿当地健康医疗的重要场所。

Life Time Center总面积约2.8万平方米,在健康、营养、形象管理、理疗等方面为消费者提供服务。Life Time Center由两个主力店组成:医疗中心Chestnut Hill Medical和康养中心LT Proactive Care。

除此之外,Life Time Center还有7个健身工作室、400余件专业器材,提供健身和运动课程;自营的Life cafe提供健康餐以及Life Spa作为Spa馆提供相关服务。其他服务业态多与形象管理有关,如瑜伽课程、美发沙龙、美甲服务等,Life Time Center均能提供。

---

① 王家宏,蔡朋龙,陶玉流,等.我国城市体育服务综合体的发展模式与推进策略[J].武汉体育学院学报,2017,51(7):5-13.

7.3.1.3 英、法为代表的欧洲体育服务综合体

体育服务综合体的建设、运营与城市之间的关系早在20世纪90年代就成为欧洲城市研究领域的重要组成部分。21世纪以来,在欧洲许多国家,越来越多的领域开始关注主题文化城市区的建设和价值,体育运动主题公园的建设也逐渐兴起,尤其是一些娱乐公司尤为关注体育综合体的开发。

体育主题公园的发展对城市的零售业、旅游产业以及休闲娱乐产业带来了巨大的经济效益,城市体育综合体逐渐成为城市规划和发展的重要发展趋势,欧洲一些发达国家开始注重体育场(馆)商业资源的开发,许多新建或改建的体育场馆融合了商业、购物中心、住宅、办公、休闲等功能业态,形成商业性体育服务综合体发展模式,以重新定位城市经济,振兴休闲和旅游业。如:英国加的夫和曼彻斯特自1980年以来就将体育作为一种经济发展的工具。加的夫的千禧体育馆(为1999年橄榄球世界杯重建)和曼彻斯特市体育场(2002年英联邦运动会的主要场馆)就是通过举办众多的大型活动来吸引游客,推动旅游、餐饮、住宿、消费等产业的发展。

曼彻斯特为吸引体育赛事游客(主动和被动)、感兴趣的游客以及娱乐参与者,打造了Sport City体育综合体,并特意出版了一份"体育指南"。指南承诺将Sport City中的"世界一流的设施"向观众、游客和体育人士开放。Sport City还通过建造大型的雕塑和地标来提高城市的吸引力。卡迪夫ISV更是利用其独特的地理位置,在其体育综合体规划中设计了一个400英尺(1英尺=0.304 8米)高的观景塔,游客在参与体育运动的同时,还可以欣赏到南威尔士和布里斯托尔海峡的景色。

法国圣米歇尔(Saint-Michel)体育公园由许多功能区组成:城市滑冰公园、旱冰鞋公园、水上运动场、儿童游乐场、篮球场、人造草地、沙地公园(最多可容纳3或4个沙滩排球场)、山墙球场、自行车道和广阔的天然草丛。一个问讯处位于公园的中间,可以在开放时间内租用设备(球,网等)并寻找工作人员。整个公园内还有三个免费洗手间。在傍晚时分,投光器为用户提供必要的照明以方便他们活动[①]。圣米歇尔体育公园经常举办诸如"le quai des sports"之类的活动,这是一个为期一个月的活动,具体在每年7月15日至8月15日。它提供了尝试新运动的机会,例如拳击、攀岩、网球、篮球和冲浪。

7.3.1.4 新加坡体育城:体育人的天堂

新加坡体育城是体育服务综合体成功运营的典型案例,也是新加坡城市体育设施总体规划的重点项目。新加坡体育城毗邻新加坡市中心,地理位置得天独厚,占地面积仅

---

① Miaux S, Garneau J. The sports park and urban promenade in the 'quais de Bordeaux': An example of sports and recreation in urban planning[J]. Loisir et Société/Society and Leisure, 2016, 39(1):12-30.

为35公顷,却创造了一个以体育为主导,融商业、社区、办公、休闲娱乐、交通等功能为一体的动态系统,便利的公共交通设施将体育城完全纳入新加坡城市公共交通系统之中,实现最大程度的开发和利用①。

新加坡体育城在规划设计时就充分考虑了其特殊的自然生态环境和地域文化,体育城产权的归属很明确,组织架构也很完善,社会力量的支持以及政府的福利倾斜政策是新加坡体育城成功运营的坚实保障。新加坡体育城突破了传统体育场馆的单一设计功能,集多种功能为一体,人文精神与文化内涵兼备,有效地促进了大众的体育发展。同时,体育城与城市规划形成互动,推动了城市不断更新,体育城还打造了地标建筑,塑造了良好的国家形象。

新加坡体育城之所以成功运营,与其实施保障模式密不可分。新加坡体育城的成功运营首先是政府引导与专业化运营相结合的结果,尤其是PPP模式的成功运用,也为其他体育综合体的建设运营提供了可参照的经验;其次是城市多元功能与体育综合体的融合,二者相互渗透、相互影响;再次,新加坡体育综合体的功能布局同民众体育的需求相结合,满足了民众的各类体育需求;最后,新加坡体育城突破了传统场馆固定的规划思路,将人文设计理念与生态绿色发展相结合,民众能预约进行游览体验,该思路节约了运营成本,改善了城市的环境,展示了国家的形象,新加坡体育城成为新加坡向世界宣传展示自身的一张独特的名片②。

7.3.1.5 澳大利亚:悉尼奥林匹克公园

澳大利亚以奥运人文景观和地域自然景观为核心吸引物,通过政府和私人企业共同经营,形成以运动、休闲娱乐、商务、旅游于一体的体育休闲旅游综合体的发展模式。如悉尼奥林匹克公园,改造了部分奥运场馆,围绕奥运人文景与海滨自然景观进行复合化设计,综合体内设有超市、商店、药房、邮局、银行、餐馆、住宅、办公区等。该综合体的游客数量连年增长,已经从2002年550万人次增长到2008年850万人次③。

7.3.1.6 日本最受欢迎的体育综合体:Round1

日本体育产业与体育娱乐产业高度发达,日本将其发达的休闲娱乐产业与传统的体育项目紧密结合,衍生出以Round1为代表的集运动、娱乐、休闲、健身、餐饮、文教等内容于一体,满足国民多样性消费需求的体育服务综合体。日本体育服务综合体内设有KTV、保龄球馆、电动游戏馆、迷你高尔夫球场、羽毛球场、乒乓球馆、台球馆、飞镖馆、旱

---

① Lewis C. Singapore sports hub[G]. Panstadia,2012,18(1):128-135.
② Kong Y H. Different model of PPP[J]. PPIAF,Kuala Lumpur,2007.
③ 姬伟.悉尼奥林匹克公园赛后开发与利用研究[D].北京:北京体育大学,2010:3.

冰场以及儿童游乐区等场地及相关设施,可以一站式满足各种人群的需求,成为日本国民朋友聚会和全家娱乐的首选场所。

日本 Round1 之所以成为日本极具影响力的民族品牌,并在短时间内成功地在北美市场打响知名度,充分体现其在实施保障方面积累了丰富经验。第一,Round1 因地制宜,依托区位特点合理规划设计;第二,Round1 发展定位明确,针对不同顾客群体的特点精准进行项目投放;第三,Round1 各功能发挥协同效应,促进多业态融合发展;第四,Round1 设计创新性运动娱乐主题,打造出独有的品牌特色[①];第五,拓宽项目选择范围,提升新颖项目比例。

总体而言,结合国外发达国家比较成熟和典型的成功案例,有以下几点启示:

(1) 强调以人为本,遵循因地制宜

各省市区要在实地调研的基础上,以人为本,从人民的需求出发,因地制宜,依据地方的实际情况合理规划,多方位、多维度,参考典型案例,立足多功能设计合理开发。利用我国体育服务综合体的规范标准,最大限度地凸显资源利用的集约化。

(2) 明确场馆主题,进行精准定位

各省市区要根据地方经济和文化等现实情况,明确体育服务综合体的建设的主题类型,并进行精准定位,明确体育服务综合体的主题与核心功能。

(3) 筛选专业团队,构建合理业态

各省市区在建设和运营时,要将体育、健康、旅游、文化、商业、休闲、住房等产业有机融合于一体,筛选出一批专业水平高的团队,将"体育"作为核心功能的前提下,构建合理的业态布局,促进多业态功能之间的融合,提升体育服务综合体的商业运营水平。

(4) 拓展融资渠道,吸引社会资本

各省市区在国家的政策引领下,进一步拓展融资渠道,努力吸引社会资本对综合体建设的资金支持和投入。采取 ABS(证券化融资方式)、PPP 和 BOT 等模式,鼓励社会力量参与融资与运营,缓解政府的财政压力。

(5) 借鉴发展模式,开发运营模式

筛选国外运营成熟的体育服务综合体,选出适合我国参考借鉴的发展模式,最后总结出不同种类中运营成功的体育服务综合体的类型、特征以及特色,在借鉴经验的同时,探索出一条适合中国特色的"政府引导、社会组织、企业主体、市场化运作"的相对成熟的开发运营模式。

(6) 强调多元业态融合,实现协调发展

在丰富体育服务综合体的活动内容的过程中,既要"立足体育干体育",也要"跳出体

---

① 吴昕歌,刘恒.日本体育服务综合体运营经验及启示[J].福建体育科技,2019,38(2):13-16.

育兴体育",将体育、健康、文化、旅游、休闲、娱乐、商业等功能融为一体,实现各功能相互依存、相互支撑、相互裨益的多功能、多业态、高效益的体育消费聚集区。通过各业态之间的互相支撑,提升体育服务综合体的人气,吸引人流,带动相关业态的协调发展。

(7) 建立管理机制,进行体制改革

建立一套适宜发展的监测和管理评价机制,充分发挥政府与市场主体等各自优势,对于事业单位运营管理的体育服务综合体,应积极推进所有权与经营权分离,进行管理体制改革;对于以市场为经营主体的体育服务综合体,引入现代企业管理制度,通过品牌输出、管理输出和资本输出,实现经营创收。

(8) 落实校企合作,执行"产、学、研、用"

在从国内外引进一批对建设运营体育服务综合体有丰富经验的高水平人才的基础上,高校依据国内对于人才培养的需要,从培养方案、培养计划入手,积极与企业合作,落实"产、学、研、用"一体化的培养机制。

当然我们在推进我国体育服务综合体建设和运营的同时,不可全套复制国外的模式,因为以美国为代表的发达国家的体育服务综合体模式是由他们所处的国内、国际条件决定的,而建立具有中国特色的、社会主义现代化的体育服务综合体建设保障模式则是由我国的体育资源、社会与自然环境、人口数量和传统文化等诸多因素所决定的,在建设和运营中存在问题也是在所难免的。正如上文所述,我们可以依托精准治理理论来解决体育服务综合体的建设和运营中出现的瓶颈与障碍,包括"由谁建""如何建""建好后如何运营""如何评估绩效"等问题,以及运营机构、企业、体育部门、行业协会、中介服务机构等对体育服务综合体影响的分析等都是需要认真思考的问题。

7.3.2 我国体育服务综合体建设路径实施保障体系的发展模式

我国体育服务综合体建设路径实施保障体系的发展模式可以在参考以美国为代表的国外成功案例的基础上,从精准治理的视角出发,根据种类明确主力业态,构建出有中国特色的体育服务综合体建设路径实施保障体系的发展模式。

7.3.2.1 精准定位

如何精准定位是中国发展体育服务综合体的首要命题,定位如果不准确,不仅会造成相关资源的浪费,也会错失良好的发展机会。所以,在精准治理理论的指导下,要通过以下四个步骤实现精准定位。

第一,地域战略的定位。地域战略定位是体育服务综合体精准定位的第一步,随着经济全球化的发展,世界也随之"变小",中国体育服务综合体的发展,需要放眼世界,深度分析世界政治和经济的发展格局及走势,以面向全球的战略高度,定位中国特色的体育服务综合体的发展。当然,我们要认识和思考:体育服务综合体在世界格局中处于什么位置?未来将如何发展?扮演了什么角色?还将扮演什么角色?能发挥什么样的功能以及未来可以发挥什么作用?

第二,区域经济定位。区域经济一体化是区域经济的主要表现形式和内容。体育服务综合体的区域经济定位是在经济发展全球化大背景下精准定位的第二步骤。我国东部、中部和西部发展不平衡,各地也划分了优先开发的区域和重点开发区域。体育服务综合体的建设和运营要在区域经济划分下进行合理定位。当然,体育服务综合体的定位还要充分考虑与周边其他城市的关系,注重与周边城市定位的匹配性,充分发挥区域资源优势,加强区域合作,互利共赢,实现体育服务综合体更快、更合理发展。

第三,产业链定位。作为体育服务综合体定位的第三个步骤,合理的产业链定位首先要科学、合理且有效地利用好自然资源(如旅游文化资源)与人为改造的社会人文资源(如道路交通、地方特色文化等)。其次,产业链的内外循环要素也要平衡好,内循环要确保产业链的闭环,确保体育服务综合体的各业态能在内部有效流通,实现价值的转换,从而提升体育服务综合体产业链抗击外部风险的能力,保障平稳发展。产业链的外循环则是在完善内循环的基础上,向外辐射,抓住外部的机遇和资源,加快体育服务综合体的发展。内外产业链平衡发展,既不过分保守,又不过分冒险,可以实现体育服务综合体的可持续发展。

第四,行业趋势定位。行业趋势就是远大的眼光和高明的见识。巴克斯顿曾说过,人生如下棋,深谋远虑者方可获胜。基于上述三个定位的行业趋势定位,是体育服务综合体定位的第四个步骤。从行业预测的角度,甄别发展障碍,及时创新发展方式和转型升级,才能保持体育服务综合体的长期可持续发展。

7.3.2.2 政策扶持

为加快发展我国体育产业,促进体育消费,国家出台了若干的指导性政策文件,各省区市也先后出台了加快体育服务综合体建设的相关指导意见,以强化政策引领,创新运营管理,推动融合发展,加大保障力度,进一步提升体育公共服务水平。

为配合国家战略的落实,加快体育服务综合体的建设步伐,国家体育总局也出台了一系列政策来指导相关工作,各省市区在结合地区特点和自身资源优势的基础上,也纷纷出台了具体的政策规划或行动指南,如《浙江省市人民政府关于加快发展体育产业促进体育消费的实施意见》的相关文件,从政策层面支持体育服务综合体的建设[①]。中国地

---

① 体育综合体相关的国家及地方政策汇总[DB/OL].(2018-05-09)[2021-09-01].https://www.sohu.com/a/230930053_534292.

大物博,民情复杂,不同省市区都结合自身特点,扎实推动体育与健康、休闲、健身、旅游、商业、地产、建筑、交通、制造、信息、食品、培训、销售、传媒、会展、演艺、养老、文化、教育、广告、影视、康复等业态融合发展。各级政府也陆续出台了体育服务综合体的投融资政策,拓宽了体育产业投融资渠道,鼓励社会资本和各类投资基金投资于体育服务综合体的建设和运营等,进一步加大了体育服务综合体的建设和运营保障力度。

7.3.2.3 规划先行,多规合一

合理的规划是我国体育服务综合体建设和发展的基础。首先,各省市区要在实地调研的基础上,根据自身的经济和社会文化基础,合理规划;其次,体育服务综合体是一个多业态构成的整体,谋划好整体性问题是体育综合体可持续发展的重要条件,所以,要坚持精选产业,以项目落地为理念,注重营造既休闲又有特色的空间环境,规划高质量的场馆设施服务并辐射四周,注重人气聚集和活力的创造,注重生态、智慧等新时代理念的运用,加强高效而创新的管理,立足多功能设计的基础,强调多维度的综合规划。

7.3.2.4 标准先行,协调利益

要协调好政府、组织、市场和居民利益的关系,就需要标准先行。各省市区要在合理规划的基础上,立足体育服务综合体的多功能设计,出台体育服务综合体的规范标准,最大限度地凸显资源利用的集约化。体育服务综合体的规范标准要制定合理,不可过高或过低,要考虑社会条件的成熟度,要结合城市发展和人民的实际需要,不可盲目开发。如超出客观条件的阈值和主观努力的极限,在实践中就会出现各种"幼稚病"。此外,体育服务综合体的空间布局定位与周边的生态利益关系也需要相互协调,各业态的发展要步调一致。

7.3.2.5 政府引导,合作发展

传统治理理论中的主体主要是政府。政府单一地依托大中型体育场馆进行多元化经营的体育服务综合体发展模式,已经无法适应区域市场经济的飞速发展,而在精准治理视角下,为了实现治理的最大效用与价值,需要多元主体参与治理过程,从而弥补政府精准治理能力的不足以及治理过程中资源投入不足的问题。为此,为保障我国体育服务综合体建设路径的实施,就必须采用市场化的发展与运行机制,精准定位、积极创新,以满足大众多样化体育需求为原则,实现多种发展模式并存。比如,作为粤港澳大湾区的核心城市之一,我国经济特区和国家创新型城市——深圳,在加快建成现代化国际化城市的进程中,在"服务"的核心理念指引下,政府与非政府组织、市场主体开始密切合作,大量引入政府与社会资本合作的PPP(Public-Private Partnership)等模式,转变政府职

能,从而改善公共体育设施的服务质量,提高大型场馆的使用率,提升城市的品牌影响力,最大限度地满足粤港澳大湾区体育服务综合体多元化发展的需求。

7.3.2.6 尊重规律,创新方法

体育服务综合体要成为引领地方产业发展的"增长区",就要理清三个主要的发展规律,首先,体育服务综合体的建设必须尊重产业发展的规律。需要重视产业发展趋势和市场发展规律,实施精准的产业定位。其次,体育服务综合体的发展必须尊重城市化发展规律,重点关注不同城市的发展空间与居民的生活方式。再次,体育服务综合体的发展要尊重规划与运营并重的规律。规划固然重要,体育服务综合体的运营和管理同样特别重要。为此,规划团队和运营团队的同步规划十分必要,两个团队需要同时从产业研究、规划选址、建设管理、招商融资、精准治理等方面紧密合作与沟通,绝不能形成规划、运营两张皮,也不能形成重一方,轻另一方的局面,要树立以"运营为导向的规划"理念。最后,要创新方法,确保体育服务综合体的可持续发展。政府引导方式要创新,观念要创新,产业要创新,要素也要创新。

7.3.2.7 利益共享,风险共担

政府与社会资本合作的PPP模式是政府与市场主体共同建立起来的一种"利益共享、风险共担、全程合作"的共同体关系。PPP融资模式可以缓解政府的财政压力,开拓体育服务综合体的融资渠道,有效降低体育服务综合体的建设风险,扩大社会资本的投资领域。为此,政府要将体育服务综合体作为一种特许经营项目,通过签订特许的合同来确定各方主体的权利和义务。政府做好引导和政策支持,以"市场化运作"为机制,发挥财政资金的导向和杠杆放大作用,进一步吸引社会资本参与体育服务综合体的规划、建设及运营。此外,要合理平衡好政府与市场主体间的利益共享。体育服务综合体在特许经营期间,要保障好市场各投资主体的收益回报,政府也可适当收取一定的特许经营费或给予一定的补偿来平衡体育服务综合体建设和运营期间的投资性和公益性之间的关系。

7.3.2.8 创新驱动,试点先行

在"健康中国,全民健身"的大背景下,我国自上而下都在实施体育服务综合体的创新驱动发展战略,一些城市或将旧商场、旧厂房改造为体育综合体,或将景区改造为体育服务综合体,或将户外营地建设为体育服务综合体,或将运动休闲特色小镇建成体育服务综合体,再或将美丽乡村综合体发展为体育服务综合体,体育服务综合体正日益成为我国体育服务业业态发展和转型的重要载体之一。因此,打造一批充满活力、具有一定

创新能力的体育服务综合体很有必要。各地在国家政策下集中人力、物力和财力打造适合自己的体育服务综合体,并在试点成功后作为典范向周边推广和辐射,从而更好地带动区域经济一体化发展。

7.3.2.9 绩效考核,评价管理

各省市区主管部门对确定的重点培育的体育服务综合体,要加强动态监测和督导考核。一方面,加强工作调度,及时评估和总结体育服务综合体的建设成果和有效经验。另一方面,建立年度考核制度,以有效投资、新增税收、市场主体数量、营业收入、休闲健身人口数量、体育赛事级别及数量等为主要指标,对体育服务综合体实行年度专项考核,考核结果纳入地方政府的目标考核体系,并将考核评价结果与政策兑现挂钩:对考核优秀的体育服务综合体给予适当的奖励,并推荐上报全国特色体育服务综合体;对考核合格的体育服务综合体给予继续落实财政扶持政策;对考核不合格的体育服务综合体,适当减少财政扶持,调整进入观察名单,并适当问责和督促整改。对于整改不到位的体育服务综合体,经建设工作联席会议讨论后终止观察并向相关部门通报。

7.3.2.10 改善环境,吸引人才

建设和运营体育服务综合体的关键就是要有一支包含创新创业、技术和管理等人才的团队。我国在体育服务综合体的建设和运营中,首先要搭建好内外部开放性平台,加大、加强相同和相关产业人才的交流和合作,不断完善和壮大体育服务综合体的业态产业链,形成良性的发展循环。其次要吸引"金凤凰"落地生根、开花结果,将人才变成体育服务综合体生态系统的一部分,在政策上给予一定的倾斜,构筑人才高地[1]。如对高端人才实行个税优惠政策,吸引高端的复合型人才加盟,在岗位设置、工资待遇、专项培养等方面给予特殊政策。最后要鼓励和支持体育服务综合体与地方院校、科研所开展合作,探索产学研一体化的人才培养方案,强化人才的支撑,进一步提高体育服务综合体的专业化管理和运营能力。

---

[1] 唐洪雷,汪明,崔卫国.特色小镇的经济学分析:以浙江湖州的特色小镇为例[M].北京:中国社会科学出版社,2020:194.

7.4 构建我国体育服务综合体建设路径保障体系理论模型

7.4.1 理论价值

目前国内对于体育服务综合体的研究处于起步阶段,通过中国知网文献检索可以发现,2012年至2022年10年间发表的关于体育服务综合体的相关文献共有约80篇,其中2019年共发表14篇,2020年共发表9篇,2021年共发表14篇,发文量总体上呈现稳定的趋势,研究范围主要集中于综合体的分类、发展模式、发展路径、功能定位、现实困境等,但是对于大型场馆改造成体育服务综合体,以及构建体育服务综合体发展模式等方面的研究不足。目前,国务院办公厅发布了诸多文件,鼓励建设一批不同体育特色资源导向、服务功能完善、经济效益良好的高质量体育服务综合体。

本研究根据体育服务综合体相关研究现状,将以人为本作为出发点,充分利用专业管理人才,依据场馆改造的不同需求,综合考量场馆内部空间功能转换、场馆外部空间功能拓展、场馆及周边区域整体改造以及场馆规划重建等方面问题,同时,从人民的多样性需求出发,将体育服务与商业、休闲、娱乐、居住、文化、科技及旅游等功能完美融合,着手解决体制机制不活、资源闲置严重、扶持政策缺乏、服务水平低下等方面的问题。

本研究从以下五个方面概括构建我国体育服务综合体建设路径保障体系理论模型的理论价值:

(1) 构建我国体育服务综合体建设路径保障体系的理论模型,是对近些年来国务院工作会议反复提出的"发展体育产业,促进体育消费"和国家体育总局工作会议多次强调的创新体育场馆运营模式思想的一个重要体现和具体应用;

(2) 我国体育服务综合体建设路径保障体系的理论模型的构建,对丰富体育产品的供给,提升公共体育服务水平,满足群众个性化、多样化的体育需求具有一定的理论参考价值;

(3) 构建我国体育服务综合体建设路径保障体系的理论模型,对创新城市体育的发展模式,完善城市的功能具有重要的理论参考价值;

(4) 构建我国体育服务综合体建设路径保障体系的理论模型,是助力供给侧结构性改革、促进城市经济结构转型升级的重要体现;

(5) 构建我国体育服务综合体建设路径保障体系的理论模型,能为我国不同地区体育服务综合体建设绩效水平评价提供一定的理论依据,促进体育服务综合体的健康可持续发展。

7.4.2 实际应用价值

本研究旨在全面梳理当前体育服务综合体所面临的现实困境,同时对国内外体育服务综合体案例的成功经验进行整理、归纳,进而构建我国体育服务综合体建设路径实施保障体系,运用不同的研究方法提炼出影响城市体育服务综合体在业态布局上的原则与策略,剖析各子系统间的相互作用关系,展望城市体育服务综合体的未来发展趋势,为大型体育场馆向体育服务综合体改造建设提供理论支持和实践参考。

本研究从以下四个方面概括构建我国体育服务综合体建设路径保障体系理论模型的实际应用价值:

(1) 我国体育服务综合体建设路径保障体系理论模型的构建,为加快推进体育强国建设,推动全民健身,培育体育人才,推动体育事业改革发展提供一定的实际应用参考;

(2) 我国体育服务综合体建设路径保障体系理论模型的构建,为体育服务综合体的建设和发展营造了良好的环境,理论模型有效丰富了体育产业的内容,促进了体育旅游、体育传媒、体育会展、体育广告、体育影视等相关业态的发展,从而打造了健康生活生态圈,形成聚合效应,推动了体育与休闲娱乐、商业和房地产的综合开发;

(3) 我国体育服务综合体建设路径保障体系理论模型的构建,对正在规划的体育服务综合体的顶层设计、行动路径、创建主体和多元主体投资决策以及有效规避相关投资风险,都具有极为重要的参考意义和实践指导价值;

(4) 我国体育服务综合体建设路径保障体系的理论模型的构建,能系统指导我国体育服务综合体的开发模式、发展模式、PPP 投融资模式、运营模式、管理模式和经营模式。

参考文献

一、中文文献

1. 专著类

[1] 李涛.宙斯的奥运笔记[M].北京:新华出版社,2008.

[2] 王以欣.神话与竞技:古希腊体育运动与奥林匹克赛会起源[M].天津:天津人民出版社,2008.

[3] 约翰·史蒂文森.欧洲史[M].李幼萍,刘嘉琪,张源,等译.广州:南方日报出版社,2018.

[4] 陈彦,关维涛.话说奥运:奥运之光[M].沈阳:东北大学出版社,2011.

[5] 刘秉果.中国古代体育简史[M].北京:中华书局,2010.

[6] 人民教育出版社历史室.世界近代现代史[M].2版.北京:人民教育出版社,2006.

[7] 谢春涛.历史的轨迹:中国共产党为什么能?[M].北京:新世界出版社,2011.

[8] 赵祥,殷宁宇.城市化制度与产业结构优化升级研究[M].北京:人民出版社,2020.

[9] 吴秀芹,张洪岩,李瑞改,等.ArcGIS9地理信息系统应用与实践[M].北京:清华大学出版社,2007.

[10] 陈元欣.大型体育场馆投融资实务[M].北京:北京体育大学出版社,2012.

[11] 苏东水.产业经济学[M].3版.北京:高等教育出版社,2010.

[12] 李孟刚.产业经济学[M].2版.北京:高等教育出版社,2012.

[13] 聂亚珍,陈冬梅.产业经济学[M].北京:光明日报出版社,2011.

[14] 王健,陈元欣.国内体育场馆运营管理典型案例分析[M].北京:北京体育大学出版社,2012.

[15] 叶依广.区域经济学[M].北京:中国农业出版社,2006.

[16] 王缉慈.创新的空间:企业集群与区域发展[M].北京:北京大学出版社,2001.

[17] 凡勃伦.有闲阶级论:关于制度的经济研究[M].李华夏,译.北京:中央编译出版社,2012.

[18] 保继刚,楚义芳.旅游地理学[M].3版.北京:高等教育出版社,2012.

[19] 约翰·凯莉.走向自由:休闲社会学新论[M].赵冉,译.昆明:云南人民出版社,2000.

[20] 孙海植.休闲学[M].朴松爱,李仲广,译.大连:东北财经大学出版社,2005.

[21] 克里斯托弗·埃金顿,苏珊·赫德森,罗德尼·戴森.休闲项目策划:以服务为中心的利益方法[M].4版.李昕,译.重庆:重庆大学出版社,2010.

[22] 张维亚,汤澍.休闲学概论[M].大连:东北财经大学出版社,2013.

[23] 黄汉升.体育科学研究方法[M].3版.北京:高等教育出版社,2015.

[24] 张力为.体育科学研究方法[M].北京:高等教育出版社,2002.

[25] 邱建钢,赵元吉,王莉丽.多元经济背景下构建川渝两地农村公共体育服务体系的构建研究[M].成都:电子科技大学出版社,2012.

[26] 吴明隆.结构方程模型:AMOS的操作与应用[M].2版.重庆:重庆大学出版社,2010.

[27] 陈光义.大国小镇:中国特色小镇顶层设计与行动路径[M].北京:中国财富出版社,2018.

[28] 李季.大国小镇:中国特色小镇规划与运营模式[M].北京:中国建筑工业出版社,2018.

[29] 国家发展改革委城市和小城镇改革发展中心.2018中国特色小镇发展报告[M].北京:中国发展出版社,2018.

[30] 《中国特色小镇建设政策汇编》编委会.中国特色小镇建设政策汇编[M].2版.北京:经济管理出版社,2018.

[31] 唐洪雷,汪明,崔卫国.特色小镇的经济学分析:以浙江湖州的特色小镇为例[M].北京:中国社会科学出版社,2020.

2. 论文类

[1] 李大宇,章昌平,许鹿.精准治理:中国场景下的政府治理范式转换[J].公共管理学报,2017,14(1):1-13,154.

[2] 汪毅.消费升级:下一个值得期待的风口[J].财富时代,2019(10):15-22.

[3] 曹文明.城市广场的人文研究[D].北京:中国社会科学院,2005.

[4] 路光辉.古代奥运会的宗教起源[J].体育学刊,2008(11):25-28.

[5] 张芳.新疆阿尔泰山系岩画的宗教象征性初探[D].乌鲁木齐:新疆师范大学,2015.

[6] 张晓彤.内蒙古阴山岩画视觉语言研究[D].呼和浩特:内蒙古师范大学,2020.

[7] 徐卫民,裴蓓.西汉昆明池的前世今生[J].秦汉研究,2020(1):123-143.

[8] 徐媛.评汉武帝的经济政策[D].南京:南京师范大学,2005.

[9] 邹颖,卞洪滨.对中国城市居住小区模式的思考[J].世界建筑,2000(5):21-24.

[10] 张小刚.体育场馆的经营管理模式与设计[D].上海:同济大学,2007.

[11] 陈元欣,李国立,王健.大型体育场馆余裕空间利用研究[J].北京体育大学学报,2014,37(4):27-31.

[12] 姬伟.悉尼奥林匹克公园赛后开发与利用研究[D].北京:北京体育大学,2010.

[13] 刘戈.日本东京墨田区综合体育馆的社会服务及其启示[J].体育文化导刊,2015(6):27-30.

[14] 毛振明,罗帅呈,盖清华.论建党百年体育发展中的"民族振兴梦想"[J].武汉体育学院学报,2021,55(7):5-12.

[15] 何仲山,庞桂香.矗立在北京的世界第二大世贸中心:中国国际贸易中心的筹建与辉煌[J].百年潮,2001(6):22-31.

[16] 丁云霞,潘时华.体育综合体转型发展的逻辑动因与路径:基于"以人民为中心"的体育价值取向[J].上海体育学院学报,2018,42(6):30-35.

[17] 姚建.对我国体育产业问题的哲学思考[J].武汉交通科技大学学报(社会科学版),2000(4):72-74.

[18] 陈悦,刘则渊,陈劲,等.科学知识图谱的发展历程[J].科学学研究,2008,26(4):449-460.

[19] 高明,段卉,韩尚洁.基于CiteSpaceⅢ的国外体育教育研究计量学分析[J].体育科学,2015,35(1):4-12.

[20] 李立峰,王洪彪.中国公共体育服务研究10年(2007—2016):热点、趋势与展望——基于CiteSpaceⅢ的可视化分析[J].沈阳体育学院学报,2017,36(3):39-47.

[21] 李柏,金银哲,朱小涛.基于CiteSpace的国际体育场馆知识图谱分析及启示[J].沈阳体育学院学报,2018,37(6):57-64.

[22] 高明.基于CiteSpaceⅤ的国外体育教育评价研究回溯与前瞻[J].北京体育大学学报,2019,42(7):114-125.

[23] 陈悦,陈超美,刘则渊,等.CiteSpace知识图谱的方法论功能[J].科学学研究,2015,33(2):242-253.

[24] 宋娟,吴瑛,梁亚姿,等.中国体育舞蹈主要研究内容及动态演进分析[J].河南师范大学学报(自然科学版),2020,48(5):112-118.

[25] 姚迪.基于CiteSpace对国内近十年运动训练学研究领域的可视化分析[D].呼和浩特:内蒙古师范大学,2021.

[26] 钟文娟.基于普赖斯定律与综合指数法的核心作者测评——以《图书馆建设》为例[J].科技管理研究,2012,32(2):57-60.

[27] 徐丽芳,周伊.我国数字阅读研究知识图谱分析:基于CSSCI期刊论文[J].出版科学,2021,29(6):84-96.

[28] 王家宏,蔡朋龙,陶玉流,等.我国城市体育服务综合体的发展模式与推进策略[J].武汉体育学院学报,2017,51(7):5-13.

[29] 丁云霞.体育综合体服务供应链利益主体间的关系及其协调机制研究:基于对消费者需求的实证分析[D].上海:上海体育学院,2019.

[30] 蔡朋龙.城市体育服务综合体的功能定位与价值实现[J].体育文化导刊,2017(6):118-123.

[31] 曾俊山.城市体育服务综合体开发定位与业态布局研究[D].苏州:苏州大学,2018.

[32] 丁宏,金世斌.江苏发展城市体育服务综合体的路径选择[J].体育与科学,2015,36(2):34-37.

[33] 张强,陈元欣,王华燕,等.我国城市体育服务综合体的发展路径研究[J].成都体育学院学报,2016,42(4):21-26.

[34] 吴昕歌,陈元欣.新加坡体育服务综合体典型案例分析及启示[J].体育文化导刊,2019(5):93-98.

[35] 付群,石岩.多案例视角下我国场馆型体育服务综合体主要特点及提升路径[J].体育文化导刊,2021(6):90-95,103.

[36] 谢志华,吴必虎.中国资源型景区旅游空间结构研究[J].地理科学,2008,28(6):748-753.

[37] 袁俊,余瑞林,刘承良,等.武汉城市圈国家A级旅游景区的空间结构[J].经济地理,2010,30(2):324-328.

[38] 李强.特色小镇是浙江创新发展的战略选择[J].小城镇建设,2016(3):9-14.

[39] 唐承财,孙孟瑶,万紫微.京津冀城市群高等级景区分布特征及影响因素[J].经济地理,2019,39(10):204-213.

[40] 贾垚焱,胡静,刘大均,等.长江中游城市群A级旅游景区空间演化及影响机理[J].经济地理,2019,39(1):198-206.

［41］王兆峰,刘庆芳.中国国家级特色小镇空间分布及影响因素[J].地理科学,2020,40(3):419-427.

［42］李航飞,韦素琼,陈松林.海峡西岸经济区市域经济网络结构及成因分析[J].经济地理,2017,37(7):9.

［43］王劲峰,徐成东.地理探测器:原理与展望[J].地理学报,2017,72(1):116-134.

［44］陈元欣,姬庆.大型体育场馆运营内容产业发展现状、问题及对策[J].首都体育学院学报,2015,27(6):483-487.

［45］曾庆贺,马书军,陈元欣,等.大型体育场馆市场化供给的可行性分析[J].北京体育大学学报,2009,32(4):17-20.

［46］陈元欣,刘倩.我国大型体育场馆运营管理现状与发展研究[J].体育成人教育学刊,2015,31(6):23-31.

［47］李沁汶.基于区域经济学的关天经济区土地利用分区研究[D].兰州:甘肃农业大学,2014.

［48］邹蕾,钱建蓉,王志文.我国区域体育发展战略研究中区域经济学理论应用综述[J].成都体育学院学报,2013,39(7):23-28.

［49］鲍明晓.从体育部门经营创收到现代体育产业体系初创:对改革开放以来中国体育产业发展的思考[J].体育科学,2018,38(7):15-16.

［50］丰志培,刘志迎.产业关联理论的历史演变及评述[J].温州大学学报,2005(1):51-56.

［51］于文谦,王乐.当代中国竞技体育的非均衡发展[J].体育学刊,2008(9):15-20.

［52］张广瑞,宋瑞.关于休闲的研究[J].社会科学家,2001(5):17-20.

［53］刘文娟.黑河流域游憩机会谱——兼论祁连山国家公园游憩开发[D].兰州:兰州大学,2021.

［54］滕苗苗,陈元欣,何于苗,等.我国城市体育服务综合体的发展:进程·困境·对策[J].首都体育学院学报,2018,30(2):113-116.

［55］倪建伟,王晨跃,张伟.岛屿产业集群与新型城镇化互动发展研究:浙江案例解析[J].区域经济评论,2016(5):136-142.

［56］尤振来,刘应宗.产业集群的概念综述及辨析[J].科技管理研究,2008,28(10):262-264.

［57］曹玉莹.石首市"西普体艺中心"体育服务综合体经营现状及发展对策研究[D].武汉:武汉体育学院,2020.

［58］何宛余,杨小荻.体育场馆的过去、现在与未来[J].城市建筑,2010(11):26-27.

［59］杨强.体育与相关产业融合发展的路径机制与重构模式研究[J].体育科学,2015,35(7):3-9,17.

［60］秦宏,孟繁宇.我国远洋渔业产业发展的影响因素研究:基于修正的钻石模型[J].经济问题,2015(9):57-62.

［61］裴韬武,宋维明,王斯一,等.西南林区省域间森林公园旅游竞争力研究[J].林业经济问题,2021,41(5):518-526.

［62］陈鲁夫,邵云飞."钻石模型"视角下战略性新兴产业创新绩效影响因素的实证研究:以新一代信息产业为例[J].技术经济,2017,36(2):1-7.

［63］丁洁,黄亚玲,韩二涛.近15年外国学者关于社区体育社会组织能力提升研究的启示[J].首都体育学院学报,2021,33(5):488-495.

[64] 王健清,刘兵.上海"30分钟体育生活圈"建设对市民体育参与影响的实证研究[J].上海体育学院学报,2021,45(8):87-94.

[65] 韩宏宇,郑家鲲.公共体育服务精准化供给的内涵、困境及实现策略[J].体育学研究,2021,35(3):75-82.

[66] 夏漫辉,李乐虎.我国公共体育服务政策嵌入体育治理的主要障碍与突破路径[J].沈阳体育学院学报,2021,40(3):122-129.

[67] 何夷,陈磊,等.公共体育场馆改造建设体育服务综合体的现实困境与应对之策[J].武汉体育学院学报,2021,55(3):56-62.

[68] 武金爽,张涛.中国演艺与旅游产业融合发展水平测度[J].统计与决策,2021,37(21):52-56.

[69] 梁树广,马中东,张延辉,等.基于钻石模型的区域制造业质量竞争力评价[J].统计与决策,2020,36(23):173-177.

[70] 李冰.基于"钻石模型"的我国服务贸易竞争力空间差异研究[J].商业经济研究,2017(14):136-138.

[71] 阳艺武,伍艺昭,黄彩虹.基于SWOT分析的城市体育服务综合体发展研究[J].体育文化刊,2020(11):91-97.

[72] 褚贝,陈刚.基于GEM模型的体育综合体竞争力研究[J].体育与科学,2018,39(5):93-101.

[73] 储节旺,曹振祥.乡村振兴战略科技支撑路径的理论模型构建[J].安徽大学学报(哲学社会科学版),2020,44(4):133-143.

[74] 宋娟.我国体育院校体育舞蹈教师专业素养评价与提升策略研究[D].上海:上海体育学院,2021.

[75] 程艳霞,王紫穗,王虎,等.基于扎根理论:ISM的县域科普制约因素研究[J].科普研究,2021,16(5):66-75,102-103.

[76] 张党珠,王晶,齐善鸿.基于扎根理论编码技术的道本领导理论模型构建研究[J].管理学报,2019,16(8):1117-1126.

[77] 程超.ICU护理质量敏感性指标体系的构建[D].合肥:安徽医科大学,2018.

[78] 周浩,龙立荣.共同方法偏差的统计检验与控制方法[J].心理科学进展,2004,12(6):942-942.

[79] 刘畅.基于SEM的施工企业信用评价体系研究[D].福州:福建农林大学,2017.

[80] 谷文立,李安娜.基于扎根理论的吉林松花湖冰雪小镇建设研究[J].体育科技文献通报,2021,29(9):67-70.

[81] 蔡振峰.重庆市大型体育场馆消费者满意度及忠诚度的关系研究[D].重庆:西南大学,2017.

[82] 温忠麟,叶宝娟.中介效应分析:方法和模型发展[J].心理科学进展,2014,22(5):731-745.

[83] 王阳,叶敏.从"精细化管理"到"精准化治理":社会治理的理念变革与政府实践:以上海市社会治理改革方案为例[J].新视野,2016(1):54-60.

[84] 刘海龙,何修良.精准治理:内涵界定、基本特征与运行模式[J].中共福建省委党校(福建行政学院)学报,2021(1):109-116.

[85] 周铭扬,谢正阳,缪律,等.体育助力精准扶贫:农村体育治理现代化推进研究[J].沈阳体育学院学报,2021,40(1):64-71.

[86] 李冲,史曙生.精准治理:青少年体质健康促进治理范式的转换[J].上海体育学院学报,2019,43(4):1-6.

[87] 胡昌领.体育特色小镇的功能定位、建设理念与精准治理研究[J].体育与科学,2018,39(3):69-74.

[88] 孟欢欢,李健,张伟.政府培育社会体育组织的实践与反思:以上海为例[J].沈阳体育学院学报,2018,37(2):16-22.

[89] 黄晓慧,邹开敏."一带一路"战略背景下的粤港澳大湾区文商旅融合发展[J].华南师范大学学报(社会科学版),2016(4):106-110.

[90] 兰燕,陈刚.我国体育服务综合体困境与发展对策[J].体育文化导刊,2020(3):92-98.

[91] 吴昕歌,刘恒.日本体育服务综合体运营经验及启示[J].福建体育科技,2019,38(2):13-16.

3. 网站类

[1] 中国政府网.国务院关于加快发展体育产业促进体育消费的若干意见(国发〔2014〕46号)[EB/OL].(2014-10-20)[2022-04-19].http://www.gov.cn/zhengce/content/2014-10/20/content_9152.htm.

[2] 中国政府网.体育强国建设纲要[EB/OL].(2019-09-02)[2022-04-22].http://www.gov.cn/zhengce/content/2019-09/02/content_5426485.htm.

[3] 中国政府网.中华人民共和国国民经济和社会发展第十四个五年规划和2035年远景目标纲要[EB/OL].(2021-03-13)[2022-04-19].http://www.gov.cn/xinwen/2021-03/13/content_5592681.htm.

[4] 向春玲.十九大关于加强和创新社会治理的新理念和新举措[EB/OL].(2017-12-11)[2022-04-19].http://theory.people.com.cn/n1/2017/1211/c40764-29697335.html.

[5] 吴丹丹.提升社会治理精准度的四个着力点[EB/OL].(2017-06-05)[2022-04-19].http://theory.people.com.cn/n1/2017/0605/c40531-29316771.html.

[6] 国家体育总局.2006—2008全国体育及相关产业统计公报[EB/OL].(2010-04-29)[2021-09-05].https://www.sport.gov.cn/n4/n97/n101/c211955/content.html.

[7] 国家体育总局.大型体育场馆运营管理工作领导小组成立暨第一次工作会议在京召开[EB/OL].(2012-04-13)[2022-04-19].https://www.sport.gov.cn/jjs/n5032/c658454/content.html.

[8] 国家体育总局,国家发展改革委,公安部,等.关于加强大型体育场馆运营管理改革创新提高公共服务水平的意见[EB/OL].(2013-10-28)[2022-04-19].https://www.sport.org.cn/search/system/gfxwj/tyjj/2018/1115/193609.html.

[9] 国家体育总局.国家体育总局关于印发《体育场馆运营管理办法》的通知[EB/OL].(2015-01-15)[2022-04-19].https://www.sport.gov.cn/n315/n331/n403/n1957/c784228/content.html.

[10] 国家体育总局.体育发展"十三五"规划[EB/OL].(2016-05-05)[2022-04-19].http://www.sport.gov.cn/n10503/c722960/content.html.

[11] 中国政府网.中共中央国务院印发《"健康中国2030"规划纲要》[EB/OL].(2016-10-25)[2022-04-19].http://www.gov.cn/xinwen/2016-10/25/content_5124174.htm.

[12] 中国政府网.关于促进全域旅游发展的指导意见(国办发〔2018〕15号)[EB/OL].(2018-3-22)

[2022-04-19]. http://www.gov.cn/zhengce/content/2018-03/22/content_5276447.htm.

[13] 中国政府网.国务院办公厅关于促进全民健身和体育消费推动体育产业高质量发展的意见(国办发〔2019〕43号)[EB/OL]. (2019-9-17)[2022-04-19]. http://www.gov.cn/zhengce/content/2019-09/17/content_5430555.htm.

[14] 国家统计局.中华人民共和国2020年国民经济和社会发展统计公报[EB/OL]. (2021-02-28)[2021-09-05]. http://www.stats.gov.cn/xxgk/sjfb/zxfb2020/202102/t20210228_1814159.html.

[15] 方晓丹.居民收入增长持续稳定恢复 居民消费支出恢复性反弹[N/OL]. (2021-04-17)[2022-05-06]. http://www.stats.gov.cn/tjsj/zxfb/202104/t20210416_1816459.html.

[16] 人民日报.不断开创体育事业发展新局面——习近平总书记在教育文化卫生体育领域专家代表座谈会上重要讲话在体育界引发热烈反响[N/OL]. (2020-09-27)[2022-05-06]. http://politics.people.com.cn/n1/2020/0927/c1001-31876061.html.

[17] 中国政府网.行政区划[EB/OL]. (2005-06-24)[2022-04-22]. http://www.gov.cn/test/2005-06/24/content_9188.htm.

[18] 国家统计局.东西中部和东北地区划分方法[EB/OL]. (2011-06-13)[2022-04-22]. http://www.stats.gov.cn/ztjc/zthd/sjtjr/dejtjkfr/tjkp/201106/t20110613_71947.htm.

[19] 中国政府网.中共中央关于制定国民经济和社会发展第十三个五年规划的建议[EB/OL]. (2015-11-03)[2022-01-19]. http://www.gov.cn/xinwen/2015-11/03/content_5004093.htm.

[20] 中国政府网.国务院关于印发全民健身计划(2016—2020年)的通知(国发〔2016〕37号)[EB/OL]. (2016-06-23)[2022-03-18]. http://www.gov.cn/zhengce/content/2016-06/23/content_5084564.htm.

[21] 中国政府网.国务院办公厅印发《关于加快发展健身休闲产业的指导意见》[EB/OL]. (2016-10-28)[2022-03-18]. http://www.gov.cn/xinwen/2016-10/28/content_5125602.htm.

[22] 江苏省体育局.省体育局关于加快体育服务综合体建设的指导意见(苏体经〔2017〕6号)[EB/OL]. (2017-01-25)[2022-03-18]. http://jssports.jiangsu.gov.cn/art/2020/6/5/art_78432_9198212.html.

[23] 陕西省人民政府.陕西省人民政府办公厅关于加快旅游供给侧结构性改革推动旅游业转型升级的意见(陕政办发〔2016〕90号)[EB/OL]. (2016-10-19)[2022-03-18]. http://www.shaanxi.gov.cn/zfxxgk/fdzdgknr/zcwj/szfbgtwj/szbf/201610/t20161019_1666332_wap.html.

二、英文文献

[1] Burgesg EW. The Growth of the city[M]. Chicago: University of Chicago Press, 1925.

[2] Duyckaerts C, Godefroy G. Voronoi Tessellation to Study the Numerical Density and the Spatial Distribution of Neurons[J]. Journal of Chemical Neuroanatomy, 2000, 20(1): 83-92.

[3] Jones P, Jones A. Attitudes of Sports Development and Sports Management Undergraduate Students towards Entrepreneurship[J]. Education & Training, 2014, 56(8/9): 716-732.

[4] Auerbach C F, Silverstein, Louise B. Qualitative data: An introduction to Coding and Analysis[C]// Qualitative Studies in Psychology. New York: New York University Press, 2003: 102-124.

[5] Kaiser H F. An index of Factorial Simplicity[J]. Psychometrika,1974,39(1):31-36.

[6] Jackson D L,Gillaspy J A,Purc-Stephenson R. Reporting Practices in Confirmatory Factor Analysis: An Overview and Some Recommendations[J]. Psychological methods,2009,14(1):6-23.

[7] Mackinnon D P. Introduction to Statistical Mediation Analysis[M]. New York,:Routledge,2008.

[8] Byrne B M. Structural Equation Modeling with EQS:Basic Concepts, Applications and Programming [M]. New Jersey:Lawrence Erlbaum Associates,2001.

[9] Barbara G T,Lina S F. Using Multivariate Statistics[M]. 5th ed. Needham Heights,MA:Allyn and Bacon,2001.

[10] BagozziR P,Yi Y. On the Evaluation of Structural Equation Models[J]. Journal of the Academy of Marketing Science,1988,16(1):74-94.

[11] Preacher K J, Hayes F. Asymptotic and Resampling Strategies for Assessing and Comparing Indirect Effects in Multiple Mediator Models[J]. Behavior Research Methods,2008,40(3):879-891.

[12] Hondula D M,Kuras E R,Longo J,et al. Toward Precision Governance:Infusing Data into Public Management of Environmental Hazards[J]. Public Management Review,2018,20(5):746-765.

[13] Mayntz R. Governing Failures and the Problem of Governability:Some Comments on a Theoretical Paradigm[M]. Modern governance:New government-society interactions. Sage,1993:9-20.

[14] Whitehead M. "In the shadow of hierarchy":Meta-governance, Policy Reform and Urban Regeneration in the West Midlands[J]. Area,2003,35(1):6-14.

[15] Gjaltema J,Biesbroek R,Termeer K. From Government to Governance…to Meta-governance:A Systematic Literature Review[J]. Public Management Review,2020,22(12):1760-1780.

[16] Geeraert A. New EU Governance Modes in Professional Sport:Enhancing Throughput Legitimacy [J]. Journal of Contemporary European Research,2014,10(3):302-321.

[17] Chatzigianni E. Global Sport Governance:Globalizing the Globalized[J]. Sport in Society,2018,21 (9):1454-1482.

[18] Geeraert A,AlmJ,GrollM. Good Governance in International Sport Organizations:An Analysis of the 35 Olympic Sport Governing Bodies[J]. International Journal of Sport Policy and Politics,2014, 6(3):281-306.

[19] Smith A. The Development of "Sports-City" Zones and Their Potential Value as Tourism Resources for Urban Areas[J]. European Planning Studies,2010,18(3):385-410.

[20] Pye P N,Toohey K,Cuskelly G. The Social Benefits in Sport City Planning:A Conceptual Framework[J]. Sport in Society,2015,18(10):199-1221.

[21] Miaux S,Garneau J. The Sports Park and Urban Promenade in the "quais de Bordeaux":An Example of Sports and Recreation in Urban Planning[J]. LoisiretSociété/Society and Leisure, 2016,39(1):12-3.

附录A "体育服务综合体发展水平评价指标"专家咨询表(第一轮)

体育服务综合体是指依托体育场馆、户外运动休闲空间、商业空间等载体,以体育服务为核心吸引,有效组合体育、健康、文化、旅游、休闲、娱乐、商业等功能,且各功能间相互依存、相互支撑、相互裨益的多功能、多业态、高效益的体育消费聚集区。

本研究组正在开展关于体育服务综合体发展水平评价指标的筛选工作,请您结合对体育服务综合体的认识,对下列指标做出评判。本问卷匿名填写,目的在于收集相关信息仅供学术研究之用。本研究组郑重承诺:我们会严格保守您的秘密,绝不泄露您的隐私。本研究组对您的配合表示衷心的感谢!

教育部人文社会科学研究青年基金项目调研组
2021年9月

一、一级指标

序号	一级指标	影响程度						
		没必要	不重要	不太重要	一般	比较重要	重要	非常重要
1	产业结构							
2	功能价值							
3	形态维度							
4	制度体系							

二、二级指标

序号	二级指标	影响程度						
		没必要	不重要	不太重要	一般	比较重要	重要	非常重要
1	生产要素							
2	需求条件							

附录 A "体育服务综合体发展水平评价指标"专家咨询表(第一轮)

续表

序号	二级指标	影响程度						
		没必要	不重要	不太重要	一般	比较重要	重要	非常重要
3	相关和支持产业							
4	战略、结构与竞争							
5	机遇和政府							
6	产业功能							
7	社区功能							
8	文创功能							
9	服务生产							
10	资讯共享							
11	社群构建							
12	人力资源制度							
13	资金投入保障							
14	组织协调制度运行							
15	法律法规制度							
16	绩效评价制度							

三、三级指标

序号	三级指标	影响程度						
		没必要	不重要	不太重要	一般	比较重要	重要	非常重要
1	综合体用地质量水平							
2	自然资源利用率							
3	综合体发展长效机制的成熟度							
4	相关产业扶持力度							
5	资金投入水平							
6	周边人群文化程度							
7	高等院校、科研所集中度							
8	适应人群							
9	市场条件的广阔程度							
10	综合体发展趋向							

续表

序号	三级指标	影响程度						
		没必要	不重要	不太重要	一般	比较重要	重要	非常重要
11	周边人群体育意识							
12	相关协会数量							
13	合作团队数量							
14	组织化程度							
15	产业化程度							
16	产业科技含量							
17	关联产业发展程度							
18	综合利用深度							
19	主导产业数量							
20	产业集聚性							
21	产业规模							
22	竞争与共生关系							
23	共生圈外的竞争数量							
24	产业多样性构造							
25	国家对于产业相关政策的出台数量							
26	产业机遇周期							
27	地方对于产业相关政策的出台数量							
28	特色服务产业种类							
29	服务综合体产业链延伸影响度							
30	优质服务种类							
31	吸引青年就地就业成效							
32	当地体育服务综合体服务质量							
33	周边居民的生活满意度变化							
34	体育文化活动的举办							
35	文化生活的转变							
36	人才聚集贡献率							
37	周边居民体育知识水平的变化							
38	体育服务综合体主体间合作水平							
39	价值生产的综合运用度							

附录 A "体育服务综合体发展水平评价指标"专家咨询表(第一轮)

续表

序号	三级指标	影响程度						
		没必要	不重要	不太重要	一般	比较重要	重要	非常重要
40	服务动机的多元化							
41	参与行为的主动性							
42	多元合作过程的制度化							
43	结果改善时间							
44	公民参与程度							
45	体育服务综合体与社会居民间的沟通渠道							
46	反馈机制完善度							
47	月均信息传播量							
48	公民参与体育服务综合体服务意识							
49	体育服务综合体构建社群的现代化手段							
50	居民对于体育服务综合体的归属感							
51	综合体辐射区域公民流失量							
52	管理人员的配置比例							
53	管理人员的学历							
54	管理人员的行政级别							
55	管理人员的从业年限							
56	管理人员业务能力培训次数							
57	管理人员引进数量							
58	管理人员辞职、离退数量							
59	财政拨款占体育财政比例							
60	工作预算							
61	工作经费投入增长率							
62	社会资本投入							
63	拥有工作机构数量							
64	知识普及的次数							
65	政府监督体系							
66	国家法律法规政策							
67	机构内的监管体系							
68	国家税收政策的权衡与颁布数量							

续表

序号	三级指标	影响程度						
		没必要	不重要	不太重要	一般	比较重要	重要	非常重要
69	政府颁布的管理人员规范与约束管理文件							
70	政府颁布的渠道管理的文件							
71	政府颁布的内容约束与引导文件							
72	政府颁布的工作奖惩机制文件							
73	财政投入评价							
74	过程的评价							
75	反馈结果的评价							
76	政府机构评价							
77	政策法规评价							
78	政府运行评价							
79	效益评价							
80	满意度评价							

附录 B "体育服务综合体发展水平评价指标"专家咨询表(第二轮)

结合上一轮咨询结果,本研究组将体育服务综合体发展水平评价指标进行了调整,现就调整后的结果开展第二轮专家咨询。

教育部人文社会科学研究青年基金项目调研组
2021 年 9 月

一、一级指标

序号	一级指标	影响程度					
		没必要	不重要	不太重要	一般	比较重要	重要	非常重要
1	产业结构							
2	功能价值							
3	形态维度							
4	制度体系							

二、二级指标

序号	二级指标	影响程度					
		没必要	不重要	不太重要	一般	比较重要	重要	非常重要
1	生产要素							
2	需求条件							
3	相关和支持产业							
4	战略、结构与竞争							
5	机遇和政府							
6	产业功能							
7	社区功能							
8	文创功能							

续表

序号	二级指标	影响程度						
		没必要	不重要	不太重要	一般	比较重要	重要	非常重要
9	服务生产							
10	资讯共享							
11	社群构建							
12	人力资源制度							
13	资金投入保障							
14	组织协调制度运行							
15	法律法规制度							
16	绩效评价制度							

三、三级指标

序号	三级指标	影响程度						
		没必要	不重要	不太重要	一般	比较重要	重要	非常重要
1	综合体用地质量水平							
2	自然资源利用率							
3	综合体发展长效机制的成熟度							
4	相关产业扶持力度							
5	资金投入水平							
6	周边人群文化程度							
7	高等院校、科研所集中度							
8	适应人群							
9	市场条件的广阔程度							
10	综合体发展趋向							
11	周边人群体育意识							
12	相关协会数量							
13	合作团队数量							
14	组织化程度							
15	产业化程度							
16	产业科技含量							

附录 B "体育服务综合体发展水平评价指标"专家咨询表(第二轮)

续表

序号	三级指标	影响程度						
		没必要	不重要	不太重要	一般	比较重要	重要	非常重要
17	关联产业发展程度							
18	综合利用深度							
19	主导产业数量							
20	产业集聚性							
21	产业规模							
22	竞争与共生关系							
23	共生圈外的竞争数量							
24	产业多样性构造							
25	国家对于产业相关政策的出台数量							
26	产业机遇周期							
27	地方对于产业相关政策的出台数量							
28	特色服务产业种类							
29	服务综合体产业链延伸影响度							
30	优质服务种类							
31	产业经济增长效能							
32	吸引青年就地就业成效							
33	当地体育服务综合体服务质量							
34	周边居民的生活满意度变化							
35	体育文化活动的举办							
36	文化生活的转变							
37	人才聚集贡献率							
38	周边居民体育知识水平的变化							
39	体育服务综合体主体间合作水平							
40	价值生产的综合运用度							
41	服务动机的多元化							
42	参与行为的主动性							
43	多元合作过程的制度化							
44	结果改善时间							
45	公民参与程度							

续表

序号	三级指标	影响程度						
		没必要	不重要	不太重要	一般	比较重要	重要	非常重要
46	体育服务综合体与社会居民间的沟通渠道							
47	反馈机制完善度							
48	月均信息传播量							
49	公民参与体育服务综合体服务意识							
50	体育服务综合体构建社群的现代化手段							
51	居民对于体育服务综合体的归属感							
52	综合体辐射区域公民流失量							
53	管理人员的配置比例							
54	管理人员的学历							
55	管理人员的行政级别							
56	管理人员的从业年限							
57	管理人员业务能力培训次数							
58	管理人员引进数量							
59	管理人员辞职、离退数量							
60	财政拨款占体育财政比例							
61	工作预算							
62	工作经费投入增长率							
63	社会资本投入							
64	拥有工作机构数量							
65	知识普及的次数							
66	政府监督体系							
67	国家法律法规政策							
68	机构内的监管体系							
69	国家税收政策的权衡与颁布数量							
70	政府颁布的管理人员规范与约束管理文件							
71	政府颁布的渠道管理的文件							
72	政府颁布的内容约束与引导文件							
73	政府颁布的工作奖惩机制文件							
74	财政投入评价							

附录 B "体育服务综合体发展水平评价指标"专家咨询表(第二轮)

续表

序号	三级指标	影响程度					
		没必要	不重要	不太重要	一般	比较重要	重要	非常重要
75	过程的评价							
76	反馈结果的评价							
77	政府机构评价							
78	政策法规评价							
79	政府运行评价							
80	效益评价							
81	满意度评价							

附录 C "体育服务综合体发展水平评价指标"专家咨询表(第三轮)

结合上一轮咨询结果,本研究组将体育服务综合体发展水平评价指标进行了调整,现就调整后的结果开展第三轮专家咨询。

教育部人文社会科学研究青年基金项目调研组
2021 年 9 月

一、一级指标

序号	一级指标	影响程度						
		没必要	不重要	不太重要	一般	比较重要	重要	非常重要
1	产业结构							
2	功能价值							
3	形态维度							
4	制度体系							

二、二级指标

序号	二级指标	影响程度						
		没必要	不重要	不太重要	一般	比较重要	重要	非常重要
1	生产要素							
2	需求条件							
3	相关和支持产业							
4	战略、结构与竞争							
5	机遇和政府							
6	产业功能							
7	社区功能							
8	文创功能							

附录C "体育服务综合体发展水平评价指标"专家咨询表(第三轮)

续表

序号	二级指标	影响程度						
		没必要	不重要	不太重要	一般	比较重要	重要	非常重要
9	服务生产							
10	资讯共享							
11	社群构建							
12	人力资源制度							
13	资金投入保障							
14	组织协调制度运行							
15	法律法规制度							
16	绩效评价制度							

三、三级指标

序号	三级指标	影响程度						
		没必要	不重要	不太重要	一般	比较重要	重要	非常重要
1	综合体用地质量水平							
2	自然资源利用率							
3	综合体发展长效机制的成熟度							
4	相关产业扶持力度							
5	资金投入水平							
6	周边人群文化程度							
7	高等院校、科研所集中度							
8	适应人群							
9	市场条件的广阔程度							
10	综合体发展趋向							
11	周边人群体育意识							
12	相关协会数量							
13	合作团队数量							
14	组织化程度							
15	产业化程度							
16	产业科技含量							

续表

序号	三级指标	影响程度						
		没必要	不重要	不太重要	一般	比较重要	重要	非常重要
17	关联产业发展程度							
18	综合利用深度							
19	主导产业数量							
20	产业集聚性							
21	产业规模							
22	竞争与共生关系							
23	共生圈外的竞争数量							
24	产业多样性构造							
25	国家对于产业相关政策的出台数量							
26	产业机遇周期							
27	地方对于产业相关政策的出台数量							
28	特色服务产业种类							
29	服务综合体产业链延伸影响度							
30	优质服务种类							
31	产业经济增长效能							
32	吸引青年就地就业成效							
33	当地体育服务综合体服务质量							
34	周边居民的生活满意度变化							
35	体育文化活动的举办							
36	文化生活的转变							
37	人才聚集贡献率							
38	周边居民体育知识水平的变化							
39	体育服务综合体主体间合作水平							
40	价值生产的综合运用度							
41	服务动机的多元化							
42	参与行为的主动性							
43	多元合作过程的制度化							
44	结果改善时间							
45	公民参与程度							

附录 C "体育服务综合体发展水平评价指标"专家咨询表(第三轮)

续表

序号	三级指标	影响程度					
		没必要	不重要	不太重要	一般	比较重要	重要	非常重要
46	体育服务综合体与社会居民间的沟通渠道							
47	反馈机制完善度							
48	月均信息传播量							
49	公民参与体育服务综合体服务意识							
50	体育服务综合体构建社群的现代化手段							
51	居民对于体育服务综合体的归属感							
52	综合体辐射区域公民流失量							
53	管理人员的配置比例							
54	管理人员的学历							
55	管理人员的行政级别							
56	管理人员的从业年限							
57	管理人员业务能力培训次数							
58	管理人员引进数量							
59	管理人员辞职、离退数量							
60	财政拨款占体育财政比例							
61	工作预算							
62	工作经费投入增长率							
63	社会资本投入							
64	拥有工作机构数量							
65	知识普及的次数							
66	政府监督体系							
67	国家法律法规政策							
68	机构内的监管体系							
69	国家税收政策的权衡与颁布数量							
70	政府颁布的管理人员规范与约束管理文件							
71	政府颁布的渠道管理的文件							
72	政府颁布的内容约束与引导文件							
73	政府颁布的工作奖惩机制文件							
74	财政投入评价							

续表

序号	三级指标	影响程度						
		没必要	不重要	不太重要	一般	比较重要	重要	非常重要
75	过程的评价							
76	反馈结果的评价							
77	政府机构评价							
78	政策法规评价							
79	政府运行评价							
80	效益评价							
81	满意度评价							

附录 D　我国体育服务综合体建设路径的影响因素调查问卷(小样本测试)

体育服务综合体是指依托体育场馆、户外运动休闲空间、商业空间等载体,以体育服务为核心吸引,有效组合体育、健康、文化、旅游、休闲、娱乐、商业等功能,且各功能间相互依存、相互支撑、相互裨益的多功能、多业态、高效益的体育消费聚集区。

本研究组正在开展关于体育服务综合体建设路径影响因素的调研工作,请您结合对本职岗位及体育服务综合体的认识,对下列影响因素做出评判。本问卷匿名填写,目的在于收集相关信息仅供学术研究之用。

本研究组郑重承诺:我们会严格保守您的秘密,绝不泄露您的隐私。本研究组对您的配合表示衷心的感谢!

教育部人文社会科学研究青年基金项目调研组
2021 年 9 月

一、政府作用影响部分

序号	QA 政府作用影响因素	赞同程度				
		赞同	比较赞同	一般	比较不赞同	不赞同
QA1	规制的完善对体育服务综合体建设路径的影响程度很大					
QA2	政策指引对体育服务综合体建设路径的影响程度很大					
QA3	市场监管对体育服务综合体建设路径的影响程度很大					
QA4	区域经济发展的规划和布局对体育服务综合体建设路径的影响程度很大					
QA5	资产的引入和开发对体育服务综合体建设路径的影响程度很大					

二、运营管理机构作用影响部分

序号	QB 运营管理机构作用影响因素	赞同程度				
		赞同	比较赞同	一般	比较不赞同	不赞同
QB1	赛事活动对体育服务综合体建设路径的影响程度很大					
QB2	宣传与推广对体育服务综合体建设路径的影响程度很大					
QB3	精准的市场定位对体育服务综合体建设路径的影响程度很大					
QB4	配套设施供给对体育服务综合体建设路径的影响程度很大					
QB5	服务和安全保障体系对体育服务综合体建设路径的影响程度很大					
QB6	资产管理对体育服务综合体建设路径的影响程度很大					
QB7	运营管理对体育服务综合体建设路径的影响程度很大					
QB8	规划与建设对体育服务综合体建设路径的影响程度很大					
QB9	人力资源对体育服务综合体建设路径的影响程度很大					

三、受众群体作用影响部分

序号	QC 受众群体作用影响因素	赞同程度				
		赞同	比较赞同	一般	比较不赞同	不赞同
QC1	体育需求对体育服务综合体建设路径的影响程度很大					
QC2	休闲游憩需求对体育服务综合体建设路径的影响程度很大					
QC3	服务内容的多样化对体育服务综合体建设路径的影响程度很大					
QC4	公共设施的便捷程度对体育服务综合体建设路径的影响程度很大					
QC5	场地设施的维护程度对体育服务综合体建设路径的影响程度很大					
QC6	消费水平对体育服务综合体建设路径的影响程度很大					

附录 D　我国体育服务综合体建设路径的影响因素调查问卷（小样本测试）

四、社会作用影响部分

序号	QD 社会作用影响因素	赞同程度				
		赞同	比较赞同	一般	比较不赞同	不赞同
QD1	区域经济环境对体育服务综合体建设路径的影响程度很大					
QD2	体育产业发展水平对体育服务综合体建设路径的影响程度很大					
QD3	社会监督实效对体育服务综合体建设路径的影响程度很大					
QD4	体育文化氛围对体育服务综合体建设路径的影响程度很大					
QD5	体育人口数量对体育服务综合体建设路径的影响程度很大					
QD6	自然人文交通资源对体育服务综合体建设路径的影响程度很大					
QD7	商业体育科技资源对体育服务综合体建设路径的影响程度很大					

五、建设成效部分

序号	CP 体育服务综合体的建设成效	赞同程度				
		赞同	比较赞同	一般	比较不赞同	不赞同
QD1	体育服务综合体的建设速度很快					
QD2	体育服务综合体的建设质量很高					
QD3	群众对体育服务综合体的建设满意程度高					

附录E 我国体育服务综合体建设路径的影响因素调查问卷(正式问卷)

体育服务综合体是指依托体育场馆、户外运动休闲空间、商业空间等载体,以体育服务为核心吸引,有效组合体育、健康、文化、旅游、休闲、娱乐、商业等功能,且各功能间相互依存、相互支撑、相互裨益的多功能、多业态、高效益的体育消费聚集区。

本研究组正在开展关于体育服务综合体建设路径影响因素的调研工作,请您结合对本职岗位及体育服务综合体的认识,对下列影响因素做出评判。本问卷匿名填写,目的在于收集相关信息仅供学术研究之用。

本研究组郑重承诺:我们会严格保守您的秘密,绝不泄露您的隐私。本研究组对您的配合表示衷心的感谢!

教育部人文社会科学研究青年基金项目调研组
2021 年 9 月

一、政府作用影响部分

序号	QA 政府作用影响因素	赞同程度				
		赞同	比较赞同	一般	比较不赞同	不赞同
QA1	规制的完善对体育服务综合体建设路径的影响程度很大					
QA2	政策指引对体育服务综合体建设路径的影响程度很大					
QA3	市场监管对体育服务综合体建设路径的影响程度很大					
QA4	区域经济发展的规划和布局对体育服务综合体建设路径的影响程度很大					
QA5	资产的引入和开发对体育服务综合体建设路径的影响程度很大					

附件 E 我国体育服务综合体建设路径的影响因素调查问卷(正式问卷)

二、运营管理机构作用影响部分

序号	QB 运营管理机构作用影响因素	赞同程度				
		赞同	比较赞同	一般	比较不赞同	不赞同
QB1	赛事活动对体育服务综合体建设路径的影响程度很大					
QB3	精准的市场定位对体育服务综合体建设路径的影响程度很大					
QB4	配套设施供给对体育服务综合体建设路径的影响程度很大					
QB5	服务和安全保障体系对体育服务综合体建设路径的影响程度很大					
QB7	运营管理对体育服务综合体建设路径的影响程度很大					
QB8	规划与建设对体育服务综合体建设路径的影响程度很大					
QB9	人力资源对体育服务综合体建设路径的影响程度很大					

三、受众群体作用影响部分

序号	QC 受众群体作用影响因素	赞同程度				
		赞同	比较赞同	一般	比较不赞同	不赞同
QC1	体育需求对体育服务综合体建设路径的影响程度很大					
QC2	休闲游憩需求对体育服务综合体建设路径的影响程度很大					
QC3	服务内容的多样化对体育服务综合体建设路径的影响程度很大					
QC4	公共设施的便捷程度对体育服务综合体建设路径的影响程度很大					
QC5	场地设施的维护程度对体育服务综合体建设路径的影响程度很大					
QC6	消费水平对体育服务综合体建设路径的影响程度很大					

四、社会作用影响部分

序号	QD社会作用影响因素	赞同程度				
		赞同	比较赞同	一般	比较不赞同	不赞同
QD1	区域经济环境对体育服务综合体建设路径的影响程度很大					
QD2	体育产业发展水平对体育服务综合体建设路径的影响程度很大					
QD4	体育文化氛围对体育服务综合体建设路径的影响程度很大					
QD5	体育人口数量对体育服务综合体建设路径的影响程度很大					
QD6	自然人文交通资源对体育服务综合体建设路径的影响程度很大					
QD7	商业体育科技资源对体育服务综合体建设路径的影响程度很大					

五、建设成效部分

序号	CP体育服务综合体的建设成效	赞同程度				
		赞同	比较赞同	一般	比较不赞同	不赞同
QD1	体育服务综合体的建设速度很快					
QD2	体育服务综合体的建设质量很高					
QD3	群众对体育服务综合体的建设满意程度很高					

附录 F　问卷专家效度表

尊敬的专家：

　　您好！

　　体育服务综合体是指依托体育场馆、户外运动休闲空间、商业空间等载体，以体育服务为核心吸引，有效组合体育、健康、文化、旅游、休闲、娱乐、商业等功能，且各功能间相互依存、相互支撑、相互裨益的多功能、多业态、高效益的体育消费聚集区。

　　本研究组正在开展关于体育服务综合体建设路径影响因素的调研工作，请您结合对本职岗位及体育服务综合体的认识，对下列影响因素做出评判。本问卷匿名填写，目的在于收集相关信息仅供学术研究之用。

　　本研究组郑重承诺：我们会严格保守您的秘密，绝不泄露您的隐私。本研究组对您的配合表示衷心的感谢！

教育部人文社会科学研究青年基金项目调研组
2021 年 9 月

一、专家基本情况（请在对应栏上打"√"）

1. 性别：男____　女____　　　2. 职称：教授____　副教授____
3. 学历：研究生____　本科生____　　4. 学位：博士____　硕士____　学士____

二、请您在审阅《精准治理视角下的我国体育服务综合体建设路径及其实施保障体系研究》调查问卷后，对问卷的总体情况给予评价（请在对应栏上打"√"）

问卷设计及内容评价

评价内容	能够反映研究调查的目的的需要	基本反映研究调查的目的的需要	不能反映研究调查的目的的需要
问卷设计的总体评价			
问卷内容的总体评价			

问卷结构评价

评价内容	合理	基本合理	不合理
问卷结构的总体评价			